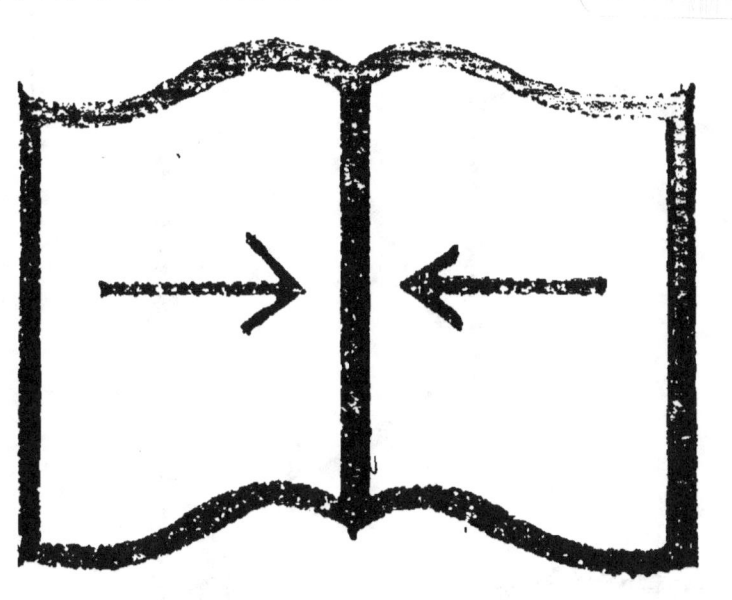

RELIURE SERREE
Absence de marges
intérieures

ALABLE POUR TOUT OU PARTIE
DU DOCUMENT REPRODUIT

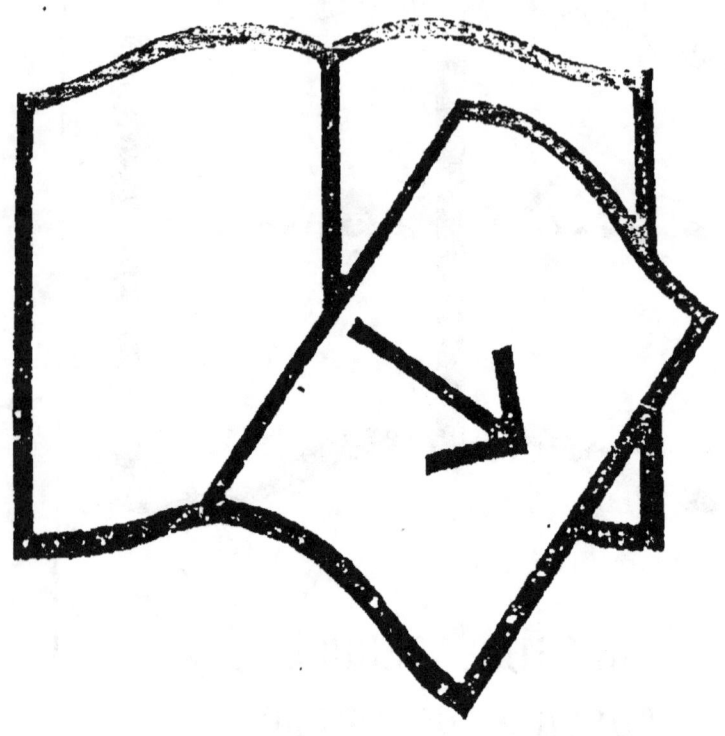

Couverture supérieure manquante

LE PARC
AUX BICHES

—

I

LIBRAIRIE DE E. DENTU, ÉDITEUR

OUVRAGES DU MÊME AUTEUR

Collection grand in-18 jésus à 3 francs le volume.

Le Mari de Marguerite, 13ᵉ édition	3	vol.
Les Tragédies de Paris, 7ᵉ édition	4	—
La Vicomtesse Germaine, 7ᵉ édition	3	—
Le Bigame, 6ᵉ édition	2	—
La Maîtresse du Mari, 5ᵉ édition	1	—
Le Secret de la Comtesse, 4ᵉ édition	2	—
La Sorcière rouge, 4ᵉ édition	3	—
Le Ventriloque, 4ᵉ édition	3	—
Une Passion, 4ᵉ édition	1	—
La Bâtarde, 3ᵉ édition	2	—
La Débutante, 3ᵉ édition	1	—
Deux amies de Saint-Denis, 4ᵉ édition	1	—
Sa Majesté l'Argent, 5ᵉ édition	5	—
Les Maris de Valentine, 3ᵉ édition	2	—
La Veuve du Caissier, 3ᵉ édition	2	—
La Marquise Castella, 3ᵉ édition	2	—
Une Dame de Pique, 3ᵉ édition	2	—
Le Médecin des Folles, 4ᵉ édition	5	—
Le Chalet des Lilas, 3ᵉ édition	2	—
Le Parc aux Biches	2	—

Sous Presse:

Les Filles de Bronze.
Son Altesse l'Amour.
Les Filles du Saltimbanque.
L'Homme au Masque.

XAVIER DE MONTÉPIN

LE PARC
AUX BICHES

TOME PREMIER

PARIS
E. DENTU, ÉDITEUR
LIBRAIRE DE LA SOCIÉTÉ DES GENS DE LETTRES
PALAIS-ROYAL, 15-17-19, GALERIE D'ORLÉANS
1879

(Tous droits réservés

LE PARC AUX BICHES

CHAPITRE PREMIER.

Un médecin de campagne.

L'an passé je revenais de Bourgogne par le chemin de fer de Lyon. — J'avais voyagé seul, depuis Dijon, dans un wagon de première classe, et je bénissais mon isolement grâce auquel il m'avait été permis de fumer un nombre indéterminé de cigares.

A la station de Fontainebleau la portière du compartiment s'ouvrit, — un voyageur, vêtu de coutil blanc et coiffé d'un irréprochable panama, s'élança lestement sur le marchepied et, après m'avoir regardé pendant le quart d'une seconde, s'écria, comme dans les vaudevilles :

— Quoi !... c'est vous ! !..

Ce à quoi je répondis, toujours comme dans les vaudevilles :

— Oui, c'est moi...
— Quel heureux hasard ! !..
— Quelle bonne fortune inespérée !...

Et cœtera, et cœtera...

Ce voyageur était, non pas l'un de mes amis intimes, mais un homme de bonne compagnie et de conversation charmante, que je rencontrais souvent dans le monde et que j'aimais à y rencontrer.

De Fontainebleau à Brunoy, nous échangeâmes force menus propos qu'il est tout à fait inutile de rapporter ici.

A Brunoy, mon compagnon se pencha à la portière et, me montrant du doigt au fond de la vallée une construction prétentieuse cachée à demi sous de grandes masses de verdure, il me dit :

— Vous voyez cette *machine* grise et blanche, ornée de mâchicoulis et de créneaux ?...
— Une imitation mal réussie du gothique flamboyant, n'est-ce pas ?
— Précisément.
— Est-ce que c'est curieux ?...
— Oui et non. — Cette *villa gothique* est la maison du Parc aux Biches...
— Hein ?... vous dites ?...

Mon compagnon répéta.

— Et, qu'est-ce c'est que le *Parc aux Biches* ?...

— Un titre et un sujet de roman pour vous, si vous voulez...

— Il y a donc une histoire ?...

— Parbleu !...

— Et vous la savez, cette histoire ?...

— Le mieux du monde, car justement je viens de relire les journaux judiciaires de 1837, et les curieux détails de *l'Affaire du pont de Neuilly* sont présents à mon esprit depuis le premier jusqu'au dernier... — Vous souvenez-vous de l'affaire du pont de Neuilly ?...

— Pas le moins du monde.

— Cela m'étonne, car le drame terrible et mystérieux qui porta ce nom, fit naître et surexcita la curiosité et l'intérêt de Paris et de toute la France... — Du reste, vous allez voir...

— J'écoute de toutes mes oreilles...

— Et moi je commence...

C'est le récit de mon compagnon que je vais à mon tour raconter à mes lecteurs.

En 1835, sur les bords de la petite rivière qui déroule ses capricieux méandres au fond de la vallée de Brunoy, existait une jolie maison blanche entourée d'un enclos de moyenne grandeur, bien planté de beaux arbres fruitiers en plein rapport.

Cette maison appartenait à un médecin célibataire, le docteur Leroyer, qui l'habitait seul avec une vieille servante, nommée Suzanne, mais que tout le monde appelait Suzon.

Le docteur avait soixante-deux ou soixante-trois ans. — Suzon était du même âge. — Depuis longtemps elle remplissait au logis les doubles fonctions de *cordon bleu* et de *garçon d'écurie*, préparant le repas du maître, et soignant le bidet qu'il montait pour ses courses.

Suzon passait pour avoir été très jolie autrefois. — Les méchantes langues de Brunoy s'étaient donné carrière jadis sur le compte du jeune médecin qui ne se mariait point, et de la jeune servante qui repoussait les propositions matrimoniales des garçons du village, mais le docteur et Suzon étant devenus vieillards, la médisance avait été forcée de parler bas, puis de se taire, et enfin elle n'existait plus qu'à l'état de souvenir.

Sur quelle base plus ou moins sérieuse reposaient ces malins propos du temps passé? — Nous ne le savons pas et nous ne tenons guère à le savoir.

Le docteur Leroyer, alors en âge de se marier, expliquait d'ailleurs d'une façon toutefois plausible et presque spirituelle sa prédilection obstinée pour le célibat.

A ceux qui le pressaient de prendre femme et qui lui offraient d'excellents partis parmi les filles de la bonne bourgeoisie des environs (ce qui arrivait fréquemment car il était très estimé, très occupé, gagnait de l'argent et faisait d'assez notables économies), à ceux-là, disons-nous, il répondait :

— J'ai étudié de mon mieux, — je pratique de mon mieux, — je réussis parfois au delà de mes espérances, — mais je n'en reste pas moins convaincu que la médecine est une science conjecturale et que le plus habile d'entre nous se trompe presqu'aussi souvent que le plus ignorant de nos confrères... — J'ai guéri des malades dont l'état me semblait désespéré, — j'en ai vu d'autres succomber entre mes mains au moment où je me croyais certain de les sauver... — Comment voulez-vous que je me marie après cela ? — Supposons un instant que je cède à vos instances... — me voilà dans mon ménage... — j'ai une femme, elle est charmante et je l'aime ! — j'ai des enfants... « *mes petits sont mignons !...* » et je les adore !... — voilà qui va bien... — Un beau matin, ma femme ou mes enfants se réveillent avec l'une des dix mille maladies dont nous autres savants nous connaissons parfaitement les noms latins et fort mal les remèdes français... — Que faire ? — Si, n'écoutant que ma conscience timorée et doutant de moi-même, j'appelle à l'aide un autre médecin, c'est crier sur les toits que je suis un âne et que je me reconnais incapable de soigner ma propre famille, et voilà ma carrière perdue et ma clientèle dispersée!! — Si, au contraire, j'expérimente une de ces médications qui réussissent la veille et qui échouent le lendemain, ma femme et mes enfants s'en vont tout doucettement dans l'autre monde, — je me persuade, peut-être à bon droit, que j'ai tué ces êtres chéris et je reste seul dans ma maison déserte, avec d'abominables remords!...

— La perspective me séduit peu ! — Voilà pourquoi, je vous le dis tout net, garçon je suis, garçon je resterai...

A cela il n'y avait rien à répondre ; — les bienveillants marieurs ne répondaient rien en effet et n'insistaient pas.

C'était en vérité un très digne et très excellent homme que le docteur Leroyer, — il avait, ainsi qu'on le dit vulgairement, *le cœur sur la main ;* — il s'en allait, par tous les temps, visiter les malades les plus pauvres à de grandes distances, et non seulement il ne réclamait point le prix de ses visites à ceux qui ne pouvaient pas les payer, mais encore, bien souvent, il *oubliait* quelque pièce de monnaie sur l'humble table des chaumières, ou bien il donnait un *bon* qui permettait de prendre à son compte, chez l'apothicaire de Brunoy, les médicaments dont il venait de prescrire l'emploi.

On ne lui connaissait qu'un seul défaut, à ce bon docteur, et certes le défaut dont il s'agit ne pouvait, en aucune façon, passer pour un vice. —

Nous voulons parler du plus innocent, sans contredit, des sept péchés capitaux, *la gourmandise.*

Certes, il était gourmand, — (lui-même ne songeait guère à le nier) — gourmand, mais point glouton. — Où est le mal?...

N'allez pas croire au moins qu'il ambitionnât des menus extravagants : — l'huître du lac Lucrin, — le potage aux nids d'hirondelles, — le sterlet du Volga, — la bartavelle ou la gélinotte, — l'ortolan cuit dans une grosse truffe, — les asperges en décembre et les pêches en avril, — et, pour arroser ces choses exquises, quelques flacons de Château-Laffitte retour de l'Inde, ou de la Romanée-Conti de l'année 1811 !...

Oh! non! — la sage gourmandise du docteur se contentait à moins de frais. — Viande de premier choix, savamment marinée et prudemment rôtie, — poulets tendres et gras, — bon poisson de Seine ou de mer, — primeurs en légumes et en fruits provenant de son jardin, — vieux vin de Thorins dépouillé si parfaitement qu'il avait pris la couleur de la topaze brûlée, et parfois une demi-bouteille de vin d'Aï veuve Cliquot. — Cela suffisait au complet bonheur du vieillard.

Aucun cuisinier d'ailleurs, — eût-il eu l'honneur insigne de *travailler* pour la bouche de l'archichancelier Cambacérès, — eût-il reçu des leçons de Carême et de Plumerey et des conseils de Brillat-Savarin lui-même, — n'aurait pu remplacer Suzon avec avantage. — La brave fille, payée deux cents francs par an, excellait à confectionner ces petits dîners fins qui faisaient la joie du docteur. — Elle connaissait les goûts de son maître et elle réalisait des chefs-d'œuvre pour les satisfaire. — Ses salmis atteignaient les limites de la perfection et ses fritures les dépassaient.

Hâtons-nous d'ajouter que Suzon professait pour le vieillard une de ces affections sans bornes qui ne se démentent jamais, mais qui prennent parfois des allures un peu tyranniques. — Affection et tyrannie, le bon docteur acceptait tout en souriant.

Au moment où commence notre récit, on touchait à la fin du mois de novembre de l'année 1835, — les coteaux dont les flancs doucement inclinés forment la vallée de Brunoy ne conservaient plus que des lambeaux de leur belle robe verdoyante. — Çà et là quelques grands arbres plus obstinés gardaient encore à leur cime des panaches de feuillage d'un rouge sombre ou d'un jaune pâle, mais la bise en passant dans leur ramure enlevait un à un ces derniers vestiges de la parure printanière et, s'emparant des pauvres feuilles mortes et flétries, les poussait devant elle par petits tourbillons, avec ce bruit triste et continu que ne manque guère d'accompagner le croassement des corbeaux, ces estafettes de l'hiver.

Gonflée par les pluies récentes, la rivière qui coule en été si calme et si transparente sous le berceau des saules argentés, se rejoignant d'une rive à l'autre, roulait à pleins bords ses flots jaunis et faisait mine d'inonder les prairies voisines.

Il était sept heures du soir, — la nuit était venue depuis longtemps, — le vent du nord soufflait et sifflait,—des averses bruyantes tombaient par intervalles, battant les chemins défoncés, — de grandes masses de nuages sombres couraient sur la surface du ciel comme des chevaux au galop, laissant parfois entrevoir dans une éclaircie le disque échancré de la lune, semblable à un esquif d'argent échoué parmi les écueils, puis, aussitôt après, rendant plus compacte et plus impénétrable l'obscurité.

Les rues de Brunoy étaient complètement désertes.— Les volets bien clos des habitations bourgeoises attestaient que leurs propriétaires frileux avaient quitté la campagne pour regagner Paris. — Les villageois fermaient leurs portes afin de se défendre des visites de cet hôte importun qu'on appelle la bise, mais de vives clartés s'échappant par les fenêtres à petits carreaux annonçaient qu'on faisait grand feu au foyer des chaumières.

On ne voyait de lumière qu'au rez-de-chaussée de la maison du docteur Leroyer. — La porte verte de cette maison s'ouvrait de quart d'heure en quart d'heure. La vieille Suzon traversait rapidement la cour, entre-bâillait les battants de la modeste grille donnant sur la rue, — elle passait sa tête inquiète dans l'entre-bâillement, elle interrogeait les ténèbres et le silence, mais elle n'apercevait dans l'obscurité que les squelettes dépouillés des arbres immobiles au bord de l'eau, elle n'entendait que les rafales bourdonnant parmi les méandres de la vallée, et les grondements de la rivière prenant des allures de torrent.

La digne servante rentrait alors à pas lents, en frappant du pied et en donnant les témoignages les moins équivoques de la plus vive impatience.

Cinq ou six fois déjà elle avait recommencé le même manège quant tout à coup le vent redoubla de furie, les nuages fouettés crevèrent et une pluie froide et impétueuse commençant à tomber avec grand tapage put faire supposer que les cataractes du ciel venaient de s'ouvrir.

Suzon n'eut que le temps de rentrer en toute hâte pour éviter d'être mouillée de la tête aux pieds. — Elle s'assit, ou plutôt elle se laissa glisser sur un vieux fauteuil de bois blanc, garni de joncs, placé dans sa cuisine près de ses fourneaux, et elle se mit à discourir à haute et intelligible voix, selon la coutume des vieilles gens qui volontiers se parlent à eux-mêmes. — Ceux qui croient que le *monologue* fut l'invention déplorable d'un auteur dramatique dans l'embarras, sont dans l'erreur la plus complète...

— Est-il, bon Dieu ! permis d'être dehors par un

temps pareil, à plus de sept heures du soir, quand le dîner est prêt pour six heures ! — murmura la servante. — Depuis onze heures du matin, le voilà parti !! — Que fait-il? je vous le demande !! — A-t-il au moins son manteau? — Oui, je me souviens que je l'ai bouclé moi-même derrière la selle... — et comme c'est heureux que j'y aie pensé !! — sans moi, pour sûr, il l'oubliait !! — Pas plus de tête qu'un jeune homme !! — il ne se corrigera jamais !! — Le dîner ne vaudra plus rien ! — J'avais trempé le potage... — un potage aux œufs pochés !. — les jaunes sont déjà durcis !! — le poulet sera desséché !... — un poulet si tendre et si fin !! —les écrevisses peuvent attendre, mais la crème au chocolat ne sera plus mousseuse !! — pourvu encore qu'il ne lui soit pas arrivé quelque accident ! — Qui peut le retenir ainsi ? — Je n'aime pas le savoir tout seul, par les chemins, pendant ces saisons de nuit noire et de vilains temps... — Un malheur est si vite arrivé !... — un homme de son âge a besoin de repos, il ne peut plus aller et venir du matin au soir et du soir au matin... — il faudra que nous prenions notre retraite... — nous ferons venir un jeune médecin à qui nous vendrons la clientèle, mais nous garderons la maison, elle me plaît et j'aurais quelque peine à prendre mes habitudes dans une autre... — Nous sommes assez riches pour vivre de nos rentes... — d'ailleurs pour qui ferions-nous des économies ? — Notre unique héritier est un neveu qui invente, à ce qu'il paraît, des choses superbes, des mécaniques surprenantes... — il deviendra millionnaire et n'a pas besoin de nous... — Oui, décidément, nous nous retirerons... — Je vais signifier ça à monsieur... — Il y aura peut-être des *si*, des *mais* et des *car*, mais ça m'est égal... — il faudra bien qu'il finisse par agir à ma guise et par faire ce que je voudrai qu'il fasse...

Une bourrasque impétueuse interrompit le monologue en chassant des torrents de pluie contre les fenêtres ébranlées.

— Jésus mon Dieu, — balbutia Suzon, — voilà que ça redouble !... — quel temps ! quel temps !... — Je commence à avoir peur... — je vais dire un *Pater* et un *Ave* pour qu'il ne soit rien arrivé à mon pauvre maître.

Et tout aussitôt elle commença, en tremblant d'émotion et de frayeur : *Pater noster qui es in cœlis...*

Elle en était là de la sainte et belle prière, quand une voix qui n'avait rien perdu de sa sonorité cria de façon à dominer les bruissements de la tourmente :

— Suzon... hé ! Suzon ! — me voici, ma fille, viens m'ouvrir...

— Enfin le voilà ! — balbutia la vieille servante en s'élançant au dehors, — c'est mon *Pater* qui l'a fait venir ! — ça ne pouvait pas manquer...

— Que dis-tu du temps, Suzon? — demanda le médecin, tandis que la grille tournait sur ses gonds.

— Je dis, monsieur, que vous n'êtes pas plus raisonnable qu'un enfant et que vous vous ferez mourir avant l'âge si vous continuez vos imprudences! — Je dis que ça n'a pas de bon sens de courir les champs avec votre malheureux bidet quand il pleut et quand il vente à ne pas mettre un chien crotté à la porte! — Je dis que vous voilà trempé comme une soupe! — Je dis que demain vous aurez un gros rhume! — Je dis enfin que votre dîner n'est plus mangeable, et que vous le trouverez mauvais, et que ça sera bien fait!

Le docteur Leroyer accueillit ces kyrielles de récriminations par un bruyant éclat de rire.

— Allons, allons, ma fille, — répliqua-t-il, — calme-toi... — je ne crois pas beaucoup au rhume dont tu me menaces... — quant au dîner, tel qu'il sera je le mangerai et je le trouverai bon... — Tu sais le proverbe: *Il n'est sauce que d'appétit!!*

— C'est l'appétit qui faisait paraître exquis aux Spartiates leur exécrable brouet noir! — Allons, va bien vite mettre Cocotte à l'écurie et donne-lui deux picotins au lieu d'un, la pauvre bête les a gagnés...

— Et vous, monsieur! — répondit Suzon en prenant Cocotte par la bride, — allez bien vite vous sécher devant le feu de la salle.. — pendez le manteau dans le couloir, il laisse couler l'eau comme un arrosoir percé et ce n'est pas la peine de mouiller le parquet... essuyez bien vos pieds afin de ne rien crotter... — Vous trouverez les pantoufles au coin de la cheminée... — elles doivent être chaudes depuis plus d'une heure et demie qu'elles attendent!!...

Le docteur se mit à rire de nouveau ; — il entra dans la maison, et il eut grand soin de se conformer à la recommandation de Suzon, en accrochant dans le couloir servant de vestibule son manteau qui paraissait aussi mouillé que si on l'eût trempé dans la rivière, et en essuyant ses pieds avec soin.

Voici le moment, ce nous semble, de présenter le médecin à nos lecteurs, tandis qu'il se débarrasse de ses longues bottes à l'écuyère et qu'il chausse avec un vif sentiment de satisfaction les pantoufles de tapisserie, offertes à l'époque du dernier jour de l'an par la femme de son neveu.

Nous savons que le docteur Leroyer allait atteindre sa soixante-troisième année. — Il portait gaillardement le fardeau déjà lourd de cet âge.

Il était d'une taille un peu au-dessous de la moyenne, mais fort bien proportionnée dans toutes ses parties, sauf un petit ventre rondelet et déjà proéminent qui ne devait point tarder à passer *au majestueux*, selon la pittoresque expression de Brillat-Savarin. — Sa figure, ronde et fortement colorée aux pommettes, offrait des traits agréables mais sans distinction. — Elle se recommandait cependant par une remarquable expression de franchise et de bienveillance. — Ses yeux d'un bleu pâle avaient des regards vifs et parfois spirituels. — Ses bonnes grosses lèvres rouges et sensuelles, comme celles de la plupart des gourmands, souriaient souvent en montrant des dents très bien conservées. — Son double menton s'appuyait invariablement sur une cravate blanche. — Le docteur portait en outre, été comme hiver, un gilet noir, un pantalon noir, un habit noir. — Cette toilette lui semblait la tenue officielle de sa profession.

— Ainsi vêtu, — disait-il parfois, — on est tout habillé pour assister au convoi et à l'enterrement de ses clients !

Nourri de la lecture des classiques, le bon docteur aimait à railler la médecine et les médecins, à l'imitation de Molière et de Lesage. — Du reste, son innocente manie épigrammatique généralisait toujours et ne s'attaquait jamais à quelqu'un de ses collègues en particulier.

Jadis il avait été blond, — maintenant il était parfaitement chauve. — Il se coiffait d'une petite perruque d'un châtain douteux, mais seulement pour sortir et dans un but d'hygiène. — Cette perruque, vulgairement appelée *gazon*, devait le préserver des rhumes de cerveau. — En rentrant au logis il l'accrochait à un clou avec son chapeau, et prenait en son lieu et place une calotte de velours noir.

Lorsque nous aurons ajouté que le docteur avait la main fine, grasse et blanche, — une véritable main de prélat, — et qu'à sa chaîne de montre se suspendaient des breloques faites en graines rouges d'Amérique, il nous semble que nous aurons à peu près tout dit.

La pièce dans laquelle venait d'entrer le médecin, et que Suzon désignait par ces mots : *la salle*, servait à la fois de salon, de salle à manger et de bibliothèque. — Elle était décorée et meublée avec ce mauvais goût parfait et complet qui fut l'un des caractères de l'empire et de la restauration. — Deux armoires d'acajou vitrées renfermaient les livres de science et les auteurs favoris du maître de la maison. — Des bustes d'après l'antique, en plâtre peint en vert, couronnaient ces armoires. — Le papier de tenture offrait de prétendus dessins étrusques, en noir sur fond chamois. — Les rideaux étaient de calicot blanc à *grecques* rouges. — Les fauteuils d'acajou, à têtes de sphinx, garnis de drap gris, à rosaces rouges imprimées. — La pendule dorée, sous son globe, représentait le char du soleil. —

Les deux vases de porcelaine peinte, *ornés* de bouquets de fleurs artificielles ne déparaient point cet ensemble. — Parmi les gravures symétriquement suspendues à la muraille, on remarquait l'inévitable *Hippocrate refusant les dons d'Artaxercès ;* — *le Mazeppa* et *les brigands des Marais Pontins.* — Ces deux derniers sujets, gravés à la manière noire, par Jazet, d'après Horace Vernet !!...

Une lampe à abat-jour vert, unissant sa lueur douce aux clartés du grand feu qui flamboyait dans l'âtre, éclairait une petite table ronde fort bien servie et placée ni trop loin ni trop près de la cheminée.

Sur la nappe d'une blancheur immaculée se voyait un seul couvert. — L'argenterie étincelante, la porcelaine intacte, les deux carafons à facettes dont l'un contenait l'eau et l'autre le vin, le grand verre à patte, la salière montée en argent, les bateaux à hors-d'œuvre garnis de beurre frais, d'anchois, de cornichons et de tranches de mortadelle, attiraient et charmaient le regard par leur bon ordre et par leur exquise propreté. — De grosses écrevisses en buisson tranchaient sur le tout par la magnificence de leur ton vermillonné, et métamorphosaient cette petite table en un tableau de nature morte tel que Philippe Rousseau excelle à les peindre.

On devine de quel œil le docteur Leroyer, gourmand et affamé, contempla ce joli couvert. — Il sourit d'abord, puis il examina le cadran de la pendule et tira sa montre de son gousset afin de s'assurer que l'une et l'autre étaient d'accord, non seulement entre elles, mais encore avec son estomac qui lui criait que l'heure du dîner était passée depuis bien longtemps. Nous savons que Suzon, tour à tour palfrenier et cordon bleu, était en ce moment à l'écurie, dessellant la vieille jument et lui donnant une abondante provende.

Le docteur, pour se distraire agréablement et trouver le temps moins long, entra dans la cuisine qui n'était séparée de la salle que par la largeur du couloir. — Il s'approcha des fourneaux et regarda tour à tour le potage, le poulet rôti et la crème au chocolat.

—Évidemment,—dit-il,—ce potage a beaucoup souffert;—mais le poulet a bonne mine et je parierais volontiers que la crème sera parfaite... — Allons, allons, rien n'est perdu, et je vois avec plaisir que je dînerai très passablement malgré les menaces de Suzon !...

— Dans ce cas, — s'écria la vieille servante qui venait de rentrer,—vous dînerez beaucoup mieux que vous ne le méritez ! — A table, à table, monsieur, et vite !.. — ne vous ai-je pas entendu cent fois réciter une chanson qui dit : « *qu'un dîner réchauffé ne valut jamais rien pour le pauvre estomac !* » — La chanson a raison !

Le médecin se mit à rire de la citation que Suzon arrangeait à sa manière. — Il passa dans la salle, — il déploya sa serviette et il s'assit, — *le dos au feu, le ventre à table*, — avec un air de complète et profonde jubilation.

CHAPITRE II

Une petite nouvelle de grande importance.

Le docteur Leroyer fit honneur au potage que Suzon venait de poser sur la table devant lui. — Il remplit ensuite son verre jusqu'aux deux tiers de sa hauteur et le vida d'un trait, obéissant ainsi au sage précepte de je ne sais plus quel gourmet émérite, professeur en la science de bien vivre. — Cela fait, il rompit un petit pain à croûte blonde, et il attaqua vigoureusement les hors-d'œuvre, tandis que Suzon retournait à la cuisine pour y dresser le poulet rôti sur un plat coquettement orné d'une guirlande de persil.

Le volatile appétissant fut accueilli par un sourire à son entrée dans la salle. — Les deux ailes, habilement soulevées, passèrent du plat sur l'assiette du docteur et disparurent en un clin-d'œil.

Suzon, jusqu'à ce moment, avait respecté selon sa coutume le premier feu de l'appétit de son maître. — La bonne fille savait à merveille, et depuis longtemps, qu'un dîneur en appétit se plaît à commencer dans le recueillement et le silence le grand acte de la réfection. — Mais lorsque les cuisses et les blancs du poulet furent venus prendre, au bout de la fourchette de M. Leroyer, la place qu'avaient occupée un instant auparavant les deux ailes, Suzon pensa qu'elle pouvait, sans risquer d'encourir le moindre blâme, donner des distractions à la fourchette du docteur.

Elle prit donc sans façon une chaise et, s'asseyant à quelques pas de la table, elle demanda :

— Ah ! çà, monsieur, pourrait-on savoir maintenant ce que vous avez fait aujourd'hui ?

— Mais sans doute, ma bonne Suzon, on peut le savoir, et si tu me le demandes je te le dirai volontiers... — répondit le vieillard avec douceur.

— Eh bien ! je vous le demande...

— Je suis allé d'abord à la ferme de Pierre Landry...

— Il est donc malade, Pierre Landry ?

— Son fils s'est luxé l'épaule en portant un sac trop lourd... J'ai remis les choses en ordre et je crois que tout ira bien...

— La ferme n'est qu'à une lieue d'ici et vous êtes parti à onze heures...

— Attends donc... — J'avais appris chez les Landry que la femme de Nicolas Paturin venait de se laisser tomber du haut de son grenier à fourrage dans l'écurie... — J'ai poussé un petit temps de trot jusqu'à Marsigny pour voir un peu ce qu'il en était...

— Deux lieues et une lieue, ça fait trois lieues...

— On se doit à son prochain... — De Marsigny j'ai piqué vers Molinot et j'ai saigné le père Bonnencontre qui ne donnait plus signe de vie à la suite d'une attaque d'apoplexie... — Le brave homme en reviendra... mais il était temps...

— Trois lieues et deux lieues, ça fait cinq lieues, et autant pour revenir, si je sais compter, ça fait dix lieues..... — Et ensuite ?

— Dame ! ensuite, j'ai repris le chemin de Brunoy, et me voilà...

— Tout droit ?

— En me détournant peut-être un peu, de temps en temps, à droite et à gauche, mais pas de beaucoup.

— Mettons une lieue pour les détours... — Et, depuis combien de temps, s'il vous plaît, avez-vous la pluie et l'orage ?

— Mais... depuis deux heures, ou environ...

— Voyez-vous ça !! — Onze lieues à cheval, entre le déjeuner et le dîner, et deux heures de pluie !! — Dites-moi, monsieur, ne serez-vous jamais raisonnable et n'avez-vous pas honte de faire de pareilles extravagances à votre âge ?

— Est-ce que par hasard vous vous croyez jeune?

— Savez-vous bien que vous allez sur soixante-trois ans, mon cher maître, et que vous les aurez bien sonnés vienne la Saint-Jean prochaine !

— Eh! oui, morbleu! je le sais!!! — s'écria M. Leroyer d'un ton de mauvaise humeur. — Il est complètement inutile de me rappeler si souvent mon âge ; je t'assure que je ne songe point à l'oublier !!

— C'est ça, monsieur... c'est ça, fâchez-vous ! —reprit Suzon d'une voix dolente.—Mettez-vous en colère parce que je vous dis vos vérités !!! —Rudoyez-moi, brutalisez-moi, parce que je vous porte intérêt..— Il ne manque plus que cela. — Ah ! je suis une pauvre fille bien malheureuse !! — Je vous aime trop, voilà mon seul crime, et vous m'en punissez cruellement...

Suzon, tout en parlant ainsi, fit le geste de porter à ses yeux l'un des coins de son tablier, comme pour essuyer une larme.

— Eh bien, eh bien !... que veut dire ceci ? — fit vivement le docteur, — des larmes ! et à quel propos ? — Allons, ma bonne Suzon, calme-toi... — Je te connais, j'apprécie ton affection et ton dévouement à leur juste valeur et j'en ai toute la reconnaissance imaginable. — Mais pourquoi diable as-tu cette manie chagrinante de me parler sans cesse de mon âge ? — Eh ! mon Dieu, je sais bien que je vais avoir mes soixante-trois ans dans quelques mois. — Je ne le sais que trop ! — A quoi bon me le rappeler ?...

— A vous empêcher de l'oublier quand vous voulez absolument agir en jeune homme ! — répondit la vieille fille. — Il se peut que je sois une mauvaise servante et que vous ne teniez point à moi, mais vous êtes un bon maître et je tiens à vous. — Je ne cesserai donc pas de vous jeter votre âge à la tête, tant que vous vous obstinerez à vous *échiner* du matin au soir, quand vous auriez tant besoin de repos.

Le docteur comprit que le seul moyen de ramener la paix et la concorde dans son logis était de céder — au moins en apparence.

— Eh bien ! — fit-il — c'est convenu, — je serai raisonnable.

— Vous ne ferez plus onze lieues à cheval tous les jours ?

— Non.

— Vous ne sortirez plus par le mauvais temps ?

— Jamais.

— Vous serez toujours rentré fort exactement pour l'heure du dîner ?

— Je te le promets. — Es-tu contente ?

— Oui, si vous êtes homme de parole.

— Tu verras... — Et maintenant que nous voici d'accord, ma bonne Suzon — ajouta le docteur, — causons... — Dis-moi, ma fille, y a-t-il dans Brunoy, depuis ce matin, quelque chose de nouveau ?

— Il n'y a rien d'aujourd'hui, mais il y a quelque chose d'hier, que je n'ai su que lorsque vous avez été parti.

— Quoi donc ?

— Vous connaissez la maison de la veuve Rougeau-Plumeau ?

— Laquelle ?... Elle en a deux.

— Celle qui se trouve au bout du village et qu'elle loue toute meublée, pendant l'été, aux Parisiens... la villa gothique, comme elle dit... le Parc aux Biches.

— Je la connais.

— Eh bien, cette maison est louée...

— Depuis quand ?

— Depuis hier.

— Pour l'été prochain ?

— Pour tout de suite.

— Par qui ?

— Par des gens de Paris.

— Et ces gens de Paris vont venir s'intaller à Brunoy au mois de novembre ?

— Il paraît que oui...

— Cela est-il sûr ?

— Je tiens la chose de la propre servante de la veuve Rougeau-Plumeau... — Une dame est arrivée hier, déjà sur le retour et *très cossue* dans sa mise ; — elle est descendue à l'auberge du *Cheval blanc ;* — elle a demandé l'adresse des maisons meublées de Brunoy ; — on lui a indiqué celle de la veuve... — elle l'a visitée — elle l'a trouvée à son gré — elle a payé trois mois d'avance, soit cinq cents francs, et elle est repartie pour Paris, en recommandant à la servante de faire du feu tous les jours, dans toutes les chambres, et en lui donnant un louis de vingt francs pour sa peine...

— Sait-on le nom de cette dame?

— Comme elle payait d'avance, la veuve n'a pas osé le lui demander... — Ah! mais, dites donc, monsieur, il y a une chose très drôle...

— Voyons cette chose très drôle...

— La dame en question n'a loué qu'après s'être beaucoup informée de vous...

— De moi? — interrompit le docteur avec étonnement. — Elle me connaît donc?

— Non, monsieur.

— Alors, que veux-tu dire?

— Vous le sauriez déjà si vous m'aviez laissé continuer... — Cette dame a demandé des renseignements à n'en plus finir sur votre compte, parce qu'elle ne voulait louer que si la localité possédait un bon médecin... — là-dessus, comme bien vous pensez, la veuve Rougeau-Plumeau, qui est une brave femme, et qui d'ailleurs ne voulait pas manquer la chance d'une location en novembre, a répondu que vous étiez le plus parfait docteur de tout le pays, à vingt lieues à la ronde...

— Paris compris? — demanda M. Leroyer en riant.

— Paris compris, — répondit Suzon avec sang-froid.

Puis elle continua :

— Et là-dessus, comme je vous le disais tout à l'heure, la dame partit enchantée.

— Sans dire quand elle reviendrait?

— Oui, mais ça ne peut tarder, puisque je vous répète que la servante de la veuve a l'ordre de faire du feu tous les jours dans toutes les chambres...
— Le bois de chauffage est cher, chez nous, et çà serait un cas de folie de faire pour le roi de Prusse une dépense si *conséquente*...

—Eh! bien,— dit alors le docteur en se frottant les mains — voilà qui va peut-être me faire toute une clientèle nouvelle... — Cette dame qui s'informe avec tant de sollicitude du médecin du pays, doit posséder dans sa famille de nombreux malades... Sais-tu que ça serait bien commode, en hiver, d'avoir sous la main deux ou trois infirmes...
— J'irais chaque jour faire ma petite visite sans me déranger, et peut-être serait-il question, le soir, d'une partie de whist ou de boston.

— Sans compter — reprit Suzon — que ça doit être des gens riches, pour louer comme ça une maison de campagne de deux mille francs, et que vous seriez mieux payé chez eux que chez tous ces pauvres diables qui, lorsque vous les avez guéris, vous donnent les trois quarts du temps pour honoraires un beau *grand merci* bien sec...

—Suzon... Suzon... —fit le docteur d'un ton de reproche — le grand merci du pauvre, quand il est sincère, quand il s'échappe d'un cœur reconnaissant, est plus précieux que tout l'argent du monde.

— Oh ! certainement, la reconnaissance est une belle chose, — répliqua Suzon, d'un air peu convaincu — mais l'argent vaut son prix, et si notre bonne étoile nous envoie une *pratique* un peu *calée*, profitez-en, mon cher maître, et rattrapez-vous de votre mieux... ne faites pas payer les pauvres, c'est bien... Mais que les riches payent pour eux... ça sera mieux.

Le médecin se mit à rire.

— Tu as une singulière façon d'arranger tout cela ! — fit-il ensuite.

— C'est la bonne.

— Enfin, quoi qu'il en soit, ta nouvelle m'enchante... — Brunoy, si charmant dès le printemps, est bien triste en hiver et bien dépeuplé ! — des hôtes nouveaux l'animeront un peu... — j'entrevois une source imprévue et intarissable de distractions variées et charmantes...

— Sans compter les bénéfices ! — murmura Suzon qui tenait à son idée.

Et la brave servante ajouta tout bas :

— S'il y a de l'argent à gagner, nous ne vendrons notre clientèle qu'au printemps prochain.

Le docteur se frotta de nouveau les mains à la pensée de ses excellents et fréquents rapports avec les futurs locataires de la veuve Rougeau-Plumeau, et le plus souriant mirage lui montra tout un avenir de longues soirées émaillées d'innombrables robbs de whist à deux sous la fiche.

Pauvre docteur! l'événement minime dont l'annonce le comblait de joie allait remplacer le coup de sifflet du machiniste faisant lever la toile sur le premier tableau d'un drame effrayant ! et dans ce drame, la fatalité lui réservait un terrible rôle.

— J'ai parfaitement dîné ! — dit-il ; — allons, ma bonne fille, apporte-moi vite mon café !...

Suzon enleva le dessert et plaça devant son maître une cafetière en argent (luxueux cadeau d'un client riche en un jour de reconnaissance), une tasse de porcelaine à filets dorés, un petit verre, un sucrier et deux bouteilles courtes et trapues dont l'une contenait de l'eau-de-vie de 1811, et la seconde de la crème de menthe de la célèbre madame Amphoux.

Le docteur savoura le café presque bouillant, complété par l'addition d'une dose convenable d'eau-de-vie. — Il se versa un petit verre de crème de menthe et le dégusta, goutte à goutte, avec une sensualité manifeste.

Suzon desservit ensuite en un tour de main. — Le médecin rapprocha son fauteuil de la cheminée, — croisa ses pieds sur les chenets et ses mains sur son estomac, — renversa sa tête en arrière,— ferma les yeux à demi et se livra corps et âme aux délices de la digestion. — Dans cet état de complète béatitude, M. Leroyer ressemblait à l'un de ces gros chats angoras, paresseux et gourmands, qu'on voit dans certaines maisons couchés en rond auprès d'un grand feu et *ronronnant* voluptueusement.

La vieille servante respectait la digestion de son maître à l'égal de son premier coup de fourchette et ne se permettait point de lui adresser la parole pendant l'heure qui suivait immédiatement le dîner.

Elle mit tout en ordre dans sa cuisine, puis elle vint s'asseoir à l'autre coin de la cheminée, sur une escabelle basse, et ses longues aiguilles d'acier tricotèrent, avec une activité fébrile, un bas de laine destiné à revêtir, le mois suivant, l'un des tibias du docteur.

Tandis que ce calme profond régnait à l'intérieur de la petite maison blanche, au dehors l'ouragan redoublait de furie et se métamorphosait en une véritable tempête. — Le vent mugissait dans la vallée comme dans un trombone gigantesque. On entendait les branches des vieux arbres craquer et se rompre sous les efforts des tourbillons irrésistibles. — La pluie fouettait furieusement les vitres et par moment menaçait de les briser.

— Par bonheur la maison est solide ! — murmurait Suzon, et elle faisait le signe de la croix chaque fois que la tempête, de l'un de ses coups d'aile, heurtait et ébranlait les murailles.

Enfin le tapage extérieur acquit une intensité si grande que le docteur Leroyer, arraché à sa somnolence extatique, releva la tête, prêta l'oreille aux grondements et aux sifflements et dit :

— Sais-tu, ma bonne Suzon, que je suis revenu tout à fait à point ! Si j'étais sur les chemins par un temps pareil, je risquerais fort de ne plus rentrer du tout !...

— Ah ! dame, monsieur, c'est aussi mon idée...
— Vous et Cocotte, l'une portant l'autre, vous seriez jetés tout au beau milieu de la rivière, comme deux fétus de paille, et vous n'en sortiriez que *noyés*...

— N'es-tu pas d'avis que lorsqu'on entend au dehors un pareil bacchanal, que la maison tremble et que les écluses du ciel sont ouvertes, on apprécie mieux le coin du feu, le bon fauteuil, les larges pantoufles, et le lit chaud dans lequel on va s'étendre et ronfler malgré l'orage ?..

— Oui... oui... je comprends ça... — Je ne saurais pas le dire aussi bien que vous, mais ça me produit le même effet... — Et à propos de lit chaud, ça me fait penser qu'il faut que j'aille bassiner le vôtre...

— Quelle heure est-il donc ?
— Bientôt dix heures... — Il est grandement temps de vous coucher... — D'ailleurs vous êtes fatigué....

— Mais, non...

— Je vous dis que vous êtes fatigué!... — Est-ce que votre manie de faire le jeune homme va vous reprendre?...

— Non... non... — répondit vivement le docteur — puisque tu le veux, je suis fatigué...

— Ah! je le crois bien!! — Onze lieues dans le corps et deux heures de pluie! Jésus, mon Dieu!... ça n'est pas fatigué, que vous devez être, c'est moulu!!

— Oui, ma fille, oui, tu as dit le mot... — Moulu comme si je sortais du moulin... — Va me bassiner... va vite... — répliqua M. Leroyer avec une parfaite résignation.

— Je m'en y cours...

Suzon alluma une petite lampe, prit dans la cuisine une bassinoire de cuivre rouge étincelante, la remplit à demi des braises du foyer, et monta à l'étage supérieur, en disant :

— Ce sera prêt dans trois minutes... — Défaites toujours votre cravate et vos bretelles pour vous mettre en avance...

Le docteur quitta son fauteuil et se promena de long en large dans la salle, tout en murmurant :

— Excellente fille.... — elle veut être parfois la maîtresse au logis... — Mais, bah! il m'en coûte bien peu de la laisser faire, et quel dévouement, quelle affection, quels petits soins, quel cœur d'or!!!

Après une pause, il ajouta :

— Et quel cordon bleu !...

Les trois minutes n'étaient pas encore écoulées quand on entendit la voix de Suzon.

— Le lit est chaud... — disait cette voix ; — montez et apportez votre lampe, afin que je puisse redescendre avec la mienne...

Le docteur se disposait à obéir à sa servante, quand il en fut empêché par un bruit soudain qui le fit tressaillir.

La cloche de la grille s'agitait avec une extrême violence sous une main vigoureuse et parvenait à dominer le fracas de la tempête.

— Suzon, — cria le médecin en s'approchant de l'escalier, — Suzon, entends-tu ?...

— Croyez-vous donc que je sois sourde, pour ne pas entendre ?...

— On sonne...

— Eh bien, il faut laisser sonner...—Il est tard, je n'ouvre pas...

— Suzon, si cependant on avait besoin de moi ?...

— On s'en passerait...

— Si le cas était pressant ?

— Ne voulez-vous point sortir encore par un temps pareil ?... — Nenni, monsieur ! — Vous en avez assez fait pour aujourd'hui... — Allons, montez vous coucher...

— Mais...

— Pas de mais !... — Il est l'heure de se mettre

au lit, montez vite... — D'ailleurs vous voyez bien qu'on ne sonne plus.

Les dernières paroles de Suzon reçurent un démenti immédiat. La cloche fut mise en branle de nouveau d'une façon presque convulsive. — On pouvait craindre que la chaîne brisée ne restât dans les mains de l'enragé sonneur qui l'agitait ainsi.

—Suzon, Suzon, — répéta M. Leroyer avec une sorte de vague émotion, — entends-tu?

— Ah! çà, mais ce sont donc des malfaiteurs pour carillonner de cette façon-là!... Où est le fusil?

— Suzon, veux-tu ouvrir?

— Non! cent fois non!

— Alors, j'ouvrirai moi-même.

Le docteur n'avait pas plus tôt prononcé ces derniers mots que la vieille fille se précipita dans l'escalier comme une avalanche.

— Pas de ça, Lisette! — fit-elle en entrant dans la salle. — Est-ce que vous vous figurez, par hasard, que je vais vous laisser vous exposer? — Je suis votre servante, c'est pour vous obéir... — Je n'ai point l'habitude de discuter les ordres que vous me donnez... — Vous voulez que j'ouvre... — C'est bon... j'y vas. — Tant pis pour vous si les voleurs me tordent le cou...

La sonnette s'agitait plus que jamais.

Suzon entre-bâilla la porte qui donnait sur le

jardin. — Une rafale furibonde s'engouffra tout aussitôt dans la maison et éteignit la lampe. — La salle ne se trouva plus éclairée que par les charbons ardents qui se consumaient dans l'âtre.

Au moment où la porte s'ouvrait, la sonnette se tut.

Tandis que le docteur, qui venait de saisir les pincettes pour en faire au besoin une arme défensive, restait sur le seuil, Suzon s'enfonçait résolument dans les ténèbres et marchait vers la grille en luttant de son mieux contre les tourbillons qui gonflaient ses jupes comme un aérostat et menaçaient de la renverser.

Elle atteignit enfin le but, et M. Leroyer l'entendit vaguement entamer un colloque à travers les barreaux, mais il ne pouvait distinguer ni les paroles prononcées, ni même le son de voix de l'interlocuteur de la vieille fille.

Au bout d'une minute le colloque fut terminé. — Suzon reprit alors le chemin de la maison.

— Eh bien, — lui demanda le docteur aussitôt qu'elle fut rentrée dans le vestibule, — tu n'as pas ouvert ?

— On ne demandait pas à entrer.

— Qui donc était là ?

— Un garçon de l'auberge du *Cheval blanc*.

— Que voulait-il ?

— Apporter une lettre.

— Pour moi ?

— Pour vous.
— De la part de qui ?
— Il n'en sait rien. — C'est un cocher de fiacre qui vient de la lui remettre avec une pièce de cinq francs.
— Un cocher de fiacre ! ! à Brunoy?
— Je vous répète ce que le garçon vient de me dire...
— Où est-elle, cette lettre ?
— La voici.
— Donnez-la moi vite.
— Vous n'avez pas la prétention, je suppose, de la lire sans lumière ?... — Vos yeux de quinze ans n'y suffiraient point. — Je vais rallumer la lampe.

Aussitôt que la salle fut éclairée de nouveau, le docteur saisit avec une prodigieuse curiosité la petite enveloppe carrée que lui tendait Suzon. — Le papier de cette enveloppe était ferme et satiné. — Il exhalait une violente odeur de patchouli. — Le cachet de cire rouge ne portait aucune empreinte d'armes ou d'initiales. — L'écriture de l'adresse était fine et régulière.

Le médecin brisa le cachet et déploya le papier plié en quatre, qui ne contenait que ces mots :

« *Monsieur le docteur Leroyer est prié de vouloir bien se rendre, sans une minute de retard, à la maison meublée appartenant à madame veuve Rougeau-Plumeau.*

« *Monsieur le docteur Leroyer est attendu avec impatience et sera accueilli avec reconnaissance ; mais qu'il se hâte, — il y va de la vie.* »

CHAPITRE III

L'analyse d'un vieux roman

Le docteur avait lu tout haut cette laconique et bizarre épître :

— Eh bien ! Suzon, — fit-il quand il eut achevé ; — qu'en dis-tu ?

— Je dis que les locataires de la veuve n'ont pas perdu de temps... — ils ont loué hier, ils emménagent aujourd'hui ; voilà des gens pressés !

— Tu ne réponds point à ma question... — N'as-tu donc pas compris qu'on m'appelle là-bas ?

— Vous irez demain matin.

— Mais c'est tout de suite que je suis attendu.

— Bah ! bah ! on patientera bien jusqu'à demain.

— Impossible, Suzon. — Le médecin a ses devoirs sacrés comme le prêtre ; s'il ne les remplit pas, il est un misérable.

— Un médecin se doit à ses *pratiques*, ça se peut, — mais vous ne connaissez ces gens-là ni d'Ève ni d'Adam.

— Qu'importe ? puisqu'ils réclament mes secours, c'est qu'ils en ont besoin.

— Il ne s'agit peut-être que d'un *bobo*.

— C'est comme ça que tu expliques cette phrase : *il y va de la vie !*

— On a mis ces mots-là pour vous effrayer... — quand on arrive à la campagne et qu'on a trouvé moyen de voyager, de Paris ici, on n'est point à l'article de la mort... ça saute aux yeux ; d'ailleurs il est dix heures et demie, vous irez au petit jour.

— En voilà assez sur ce chapitre-là, Suzon ! — donne-moi des bottes.

— Ainsi, monsieur, vous voulez courir les rues par le temps qu'il fait ?

— Oui. — Je le veux, parce qu'il le faut !

— Mais, monsieur, cependant...

— Je te répète qu'en voilà assez ! — interrompit M. Leroyer. — Je fais tes volontés d'un bout de l'année à l'autre, — une fois par hasard, fais les miennes.

La détermination du docteur était manifeste. — Suzon comprit que la résistance serait inutile.

— Hélas, mon Dieu, — dit-elle ; — ce ne sont pas des bottes qu'il vous faut mettre puisque vous vous entêtez à sortir, ce sont des sabots ; — il y a plus d'un bon pouce d'eau sur les chemins...

— Alors donne-moi des sabots, — cela me convient d'autant mieux que je pourrai garder mes pantoufles.

— Voulez-vous permettre au moins que j'aille avec vous, monsieur ?

— Pourquoi faire ?

— Dame, pour être sûre qu'il ne vous arrivera point d'accident en route.

— Eh! ma pauvre Suzon, j'aurai bien assez de mal à batailler tout seul contre la pluie et contre le vent ; — tu ne ferais que m'embarrasser avec tes jupes ; — n'en parlons plus... — tu resteras au coin du feu, bien tranquillement, à m'attendre.

— Et à me *tourner les sangs* d'inquiétude.

— Tu n'en mourras pas, ma fille, et si le tourment te rend malade, je te soignerai de mon mieux. — Allons, me voici prêt, donne-moi la lanterne.

Pendant le court dialogue qui précède, le docteur avait coiffé sa petite perruque et placé sur cette perruque une casquette fourrée à oreillères. — Ses pieds chaussés de pantoufles s'ensevelissaient dans des sabots énormes. — Le lourd manteau encore tout humide des récentes averses pesait sur ses épaules. — L'excellent homme, sous cet accoutrement, offrait un aspect irrésistiblement comique.

Suzon reparut avec la lanterne qu'elle venait d'allumer dans la cuisine et qu'elle présenta à son maître.

— Prendrez-vous un parapluie? — demanda-t-elle.

— A quoi bon? — Je ne pourrais pas le tenir.

— Au moins, revenez vite!

— Tu peux compter que je ne m'amuserai point en route.

Le docteur sortit, — Suzon l'accompagna jusqu'à la grille, malgré tout ce qu'il pût dire pour l'en empêcher.

A peine les battants de cette grille venaient-ils de se refermer derrière lui, que deux formes sombres, complètement inaperçues au milieu des ténèbres où elles se cachaient, se détachèrent de la haie qui formait la clôture du jardin et suivirent M. Leroyer à une distance de quinze ou vingt pas, réglant leur marche sur la sienne et se dirigeant d'après les clartés pâles du petit falot qu'il portait à la main.

Ces formes sombres étaient deux hommes, l'un de haute taille, l'autre plus petit, enveloppés dans de longs manteaux. — Le docteur ne soupçonnait en aucune façon la présence de ces gardes du corps invisibles.

En plein jour, par un beau temps et dans des chemins praticables, il aurait fallu dix minutes à peine pour arriver à la maison de madame veuve Rougeau-Plumeau, mais l'obscurité était profonde, les cataractes du ciel métamorphosaient les rues non pavées en torrents et en ravins, — des tourbillons comparables à de petites trombes rendaient la marche du vieillard incertaine et chancelante, et par instants le contraignaient à s'arrêter ou à reculer.

Ce fut donc seulement au bout de près d'une demi-heure qu'il atteignit la porte de la *villa* meublée où, selon la lettre que nous connaissons, il était si impatiemment attendu.

Cette villa, construite dans un but de spéculation lucrative, brillait au dehors comme au dedans par ce luxe prétentieux et de mauvais goût que les architectes des environs de Paris prennent trop souvent pour de l'originalité et de la richesse. — Elle affichait ce style d'un gothique faux et bâtard si fort à la mode pendant les premières années qui suivirent la révolution de 1830 ; — portes et fenêtres ogivales, — vitraux en verres de couleur, — tourelles à clochetons, — ornements fleuris en plâtre et en carton-pierre, etc., etc. — Bref, le moyen-âge de pacotille mis à la portée de toutes les bourses. — Derrière la maison s'étendait un petit jardin anglais maniéré, que madame veuve Rougeau-Plumeau appelait orgueilleusement : LE PARC, et qui avait été taillé dans une ancienne et vaste propriété dont les possesseurs élevaient jadis des cerfs et des biches, — de là le nom : *Le Parc aux Biches*.

Nous savons déjà que la villa en question se louait deux mille francs. — Cette somme, en 1835, représentait un loyer d'au moins huit mille francs en 1879.

Le docteur Leroyer sonna, d'une main que le

froid rendait un peu tremblante. — La porte s'ouvrit aussitôt.

Les deux figures sombres dont nous avons constaté la présence s'arrêtèrent, et disparurent dans l'obscurité, mais sans s'éloigner.

Une femme de chambre assez jeune et presque jolie, mais dont la figure mutine offrait une expression d'astuce et d'effronterie déplaisantes, introduisit le nouveau venu dans un vestibule peint en chêne et dallé de pierres polies, alternativement blanches et noires, comme les cases d'un damier.

En regardant le costume si bizarre et, tranchons le mot, si ridicule du médecin, cette camériste eut grand peine à retenir un éclat de rire moqueur prêt à s'échapper de ses lèvres.

— C'est à monsieur le docteur Leroyer que j'ai l'honneur de parler? — demanda-t-elle en s'efforçant de conserver son sérieux.

— Oui, mademoiselle, à lui-même.

— Alors, monsieur, veuillez me suivre.

— A l'instant, mademoiselle. Permettez seulement que je me débarrasse de tout'cet attirail.

Le médecin, joignant l'action aux paroles, posa sa lanterne dans un coin, quitta ses sabots, sa casquette et son manteau et, comme un papillon qui sort de son informe chrysalide, il apparut dans toute la correction de sa cravate blanche, de son habit noir, de son gilet noir et de son pantalon noir, presqu'en costume de bal enfin, sauf les pantoufles.

Ainsi transformé, M. Leroyer cessait d'être comique et la soubrette ne riait plus. — Une bougie à la main, elle gravit lestement les marches d'un escalier tournant qui conduisait au premier étage. — Elle ouvrit une porte et elle annonça avec tout l'aplomb d'un valet de pied émérite :

— M. le docteur Leroyer.

La pièce dans laquelle entra le médecin était une sorte de petit boudoir tendu de papier qui prétendait imiter une imitation de toile perse. — Une étoffe à tons criards garnissait le *sopha*, les *bergères* et les fauteuils. — Un grand feu brûlait dans la cheminée dont la tablette supportait une pendule arrêtée et deux bougies allumées.

Dans le premier moment M. Leroyer crut qu'il se trouvait seul dans le boudoir, mais un coup d'œil plus attentif lui révéla la présence d'une femme assise ou plutôt enfouie au fond d'une vaste bergère, et tournant le dos à la porte par laquelle il venait d'entrer.

Cette femme répondit par un léger mouvement de tête, qui pouvait à la rigueur passer pour un salut, à la profonde inclination du docteur.

— Monsieur, — dit-elle d'une voix commune et prétentieuse, qui visait tout à la fois au grasseyement des petites maîtresses du Directoire et aux intonations aristocratiques des grandes dames daignant adresser la parole à leurs inférieurs. — Je vous sais quelque gré de vous être rendu sans retard à l'invitation renfermée dans le message que je vous ai fait parvenir. — Vous aurez lieu de vous applaudir de ce zèle. — Seyez-vous, je vous prie.

Le docteur, un peu étonné de cette réception originale, et se laissant prendre, il faut bien l'avouer, aux façons hautaines de son interlocutrice, salua de nouveau et s'installa dans une bergère, de l'autre côté de la cheminée, en se disant à lui-même :

— Ce doit être une femme du grand monde.

Hâtons-nous d'ajouter, pour l'excuse de ce galant homme, qu'il ne connaissait en aucune façon le grand monde, et qu'il ne l'avait jamais vu ni de près, ni de loin.

La dame en question était une personne d'un *certain âge*, comme on dit vulgairement, ce qui, croyons-nous, doit se traduire par *âge incertain*.
— Elle flottait, selon toute apparence, entre quarante-cinq et quarante-huit ans. — Peut-être même dépassait-elle le cap néfaste de la cinquantaine. — Mais comment le savoir ? — Comment compter les fils d'argent de cette chevelure d'un noir trop violent pour être sincère ? — Comment distinguer les rides sous l'épaisse couche de blanc et de rouge ? — Comment ajouter foi à l'émail inaltérable des dents qui peut-être appar-

tenaient d'autant plus et d'autant mieux à leur propriétaire, qu'elle les avait achetées et payées comptant ! — En somme, ce visage offrait l'aspect d'une ruine agréablement restaurée ; il avait été beau jadis, et pouvait faire encore illusion à quinze pas et par un temps sombre. — Nous devons dire de lui ce que nous disions de la voix. — Il était vulgaire et prétentieux en même temps. — Il exprimait tout à la fois la morgue et la bassesse, — la platitude et la vanité.

La figure dont nous venons d'esquisser les traits principaux s'accordait d'ailleurs à merveille avec tout le reste de la personne. — Le cou court et gros, enveloppé d'un réseau de veines saillantes,— la taille massive et lourde, malgré les meurtrières étreintes du corset, — les mains larges et les pieds plats, formaient un ensemble que nos lecteurs sauront apprécier à première vue.

Sur le corsage de damas feuille-morte à fleurs brochées, se déroulaient les anneaux d'une énorme chaîne d'or.—Un camée antique, monté en épingle, attachait le col de dentelles ; — des girandoles de diamants se balançaient aux oreilles ; — les doigts disparaissaient sous les bagues.

Ainsi que l'avait formulé la servante de madame veuve Rougeau-Plumeau, tout cela constituait une mise *cossue*.

De même que M. Leroyer s'était dit : — *Ce*

doit être une femme du grand monde ! —il pensa :
— Ce doit être une femme riche !
Et il ajouta :
— Elle a dû être très belle cette femme-là !! — elle est même joliment conservée !!

Quelques secondes s'écoulèrent dans un mutuel silence. — Le médecin et l'inconnue s'examinaient réciproquement et sournoisement. — Le bon docteur se sentait fort embarrassé par les regards perçants attachés sur lui et qui le contraignaient à baisser les yeux.

— J'ose l'espérer, madame,—murmura-t-il enfin — ce n'est pas pour vous-même qu'ont été réclamés les secours de mon ministère. — Grâce au ciel, vous me paraissez jouir de la santé la plus florissante.

— Et vous ne vous trompez pas, monsieur, je me porte *en charme*... — je bois, je mange et je dors le mieux du monde, enfin la mécanique fonctionne à ma satisfaction...

Le docteur ne jouissait pas encore d'un assez complet sang-froid pour remarquer combien les façons de parler de la prétendue grande dame étaient insolites.

Il reprit :

— Si je me rappelle bien le texte du petit billet qui m'a été remis tout à l'heure, il s'agirait d'un cas très pressant et très grave, et pouvant même entraîner per l de mort.

— Mon Dieu oui, docteur, péril de mort, ni plus ni moins...

— Monsieur votre mari serait-il en danger ?

— Hélas ! docteur, — répartit l'inconnue en tirant de sa poche un mouchoir de batiste parfumé à outrance, et en faisant mine de l'approcher de ses yeux — depuis douze ans je pleure un époux adoré que j'ai trop peu connu... — Mariée à seize ans, j'étais veuve à dix-sept.

— Dix-sept et douze, vingt-neuf... — calcula mentalement M. Leroyer, — ah ! diable !... elle n'est pas si bien conservée que je l'avais cru d'abord ! — après tout, c'est peut-être le chagrin qui l'a fatiguée, cette pauvre dame... — J'ai sans doute sous les yeux une moderne Arthémise...

— Alors, madame — continua le médecin, — selon toute apparence vous tremblez pour les jours d'un enfant bien-aimé, unique gage de vos chastes tendresses, — dernier et précieux legs du mari que vous pleurez ?...

— Me trouvez-vous donc la tournure d'une mère de famille ? — demanda la dame d'un air offensé ; — sachez, docteur, que je n'ai pas d'enfant.

— Enfin, madame, il s'agit, n'est-ce pas, d'une personne qui vous est chère ?

— Oh ! plus chère que ma vie !!! — s'écria l'inconnue avec une exaltation de commande.

— Eh bien ! si le cas est pressant, comme vous

semblez le craindre, de grâce, madame, ne perdons pas une minute... — veuillez me mettre au courant en quelques mots de l'origine et des principales phases de la maladie, et ensuite conduisez-moi auprès de la personne malade, — et d'abord, quel est son sexe et quel est son âge ?

A ces questions nettement formulées, le visage de l'inconnue changea tout à coup. — Le masque de sottise et de vanité disparut pour faire place à une expression bizarre de défiance et presque de menace.

— Oh ! oh ! — fit-elle avec une sorte de ricanement — vous allez un peu trop vite en besogne, mon cher docteur... — enrayez cette impatience... — nous avons à causer d'abord et d'une façon diantrement sérieuse... parlons peu, mais parlons bien.

— Je ne vous comprends pas, madame...

— Soyez tranquille, je vais m'expliquer et je serai claire comme l'eau de roche... j'ai pris des informations sur votre compte, beaucoup d'informations, mon cher...

— Je le savais, madame.

— Ah ! vous le saviez ?... — Il fallait donc m'éviter la peine de vous le redire !... — et savez-vous aussi ce qu'on a répondu à mes questions ?

— Que j'étais un médecin passable, je crois.

— Oh ! mieux que cela, beaucoup mieux que

cela ! — on m'a dit que vous étiez un docteur de premier ordre, et en outre un brave homme, un homme d'honneur, sur la parole duquel on pouvait compter absolument.

— Je ne saurais accepter le premier de ces éloges, mais je crois que le second est mérité, — répondit M. Leroyer en souriant ; — seulement je pense que c'est du médecin que vous avez besoin, bien plus que de l'honnête homme.

— Vous vous trompez, docteur, — j'ai besoin de tous les deux.

— Comment cela ?

— Si vous faites un serment, vous le tiendrez, n'est-ce pas ?

— Certes !

— Eh ! bien, avant de pousser plus avant les rapports que nous venons d'entamer ensemble, je vous prie de me donner votre parole d'honneur, vous entendez, votre parole d'honneur ! que vous ne révélerez à personne au monde les motifs qui vous ont fait appeler dans cette maison, et que si jamais le hasard vous place sur le chemin de quelqu'une des personnes que vous pourrez voir ici, vous ferez en sorte de ne point la reconnaître et ne chercherez point à savoir son nom... — Cela vous va-t-il ? — si vous acceptez, voici un rouleau de mille francs qui ne sera qu'un premier à-compte sur vos honoraires... — si vous refusez, au contraire, je vais vous remettre un louis à titre d'inlemnité pour votre déplacement, et vous souhaiter le bonsoir... Allons, docteur, un *oui* ou un *non*.

M. Leroyer hésita et réfléchit pendant un instant.

— Madame, — dit-il ensuite — je ne puis faire le serment que vous me demandez...

— Pourquoi donc ? — s'écria l'inconnue d'un air stupéfait.

— Parce que ma conscience me le défend.

— Votre conscience ! — Qu'a-t-elle à voir là-dedans, s'il vous plaît ? — Est-ce que je vous propose un crime, par hasard ?

— Que Dieu me garde d'une telle supposition ! Mais c'est précisément parce que j'ignore ce que vous allez me proposer que j'hésite. — Vous le savez aussi bien que moi, madame, les actions innocentes ou indifférentes cherchent rarement à s'entourer d'un impénétrable mystère... — tout ceci m'inquiète, je vous le dis bien franchement. — Je ne sollicite de vous aucune confidence, mais faites-moi comprendre de quelle nature est le service que vous attendez de moi, et sans doute alors, avec une entière connaissance de cause, je pourrai vous faire de grand cœur un serment d'inviolable discrétion...

— C'est-à-dire, — répliqua fort aigrement l'inconnue, — que vous voulez savoir mes secrets avant de vous engager vis-à-vis de moi !...

— En aucune façon, madame, — répondit le

docteur d'un ton plein de dignité, — et si c'est ainsi que vous interprétez mes paroles, il ne me reste qu'à me retirer...

En prononçant ces derniers mots, M. Leroyer se leva et fit mine de gagner la porte.

— Voyons... voyons... méchant homme, — dit la dame en minaudant d'une façon tout enfantine qui contrastait d'une façon bizarre avec son visage flétri, son regard dur et ses sourcils froncés, — puisqu'il le faut absolument, on prendra le parti de vous témoigner cette confiance que vous ne voulez pas accorder aux autres... — Ne comprenez-vous donc point, cher docteur, qu'il existe des circonstances dans la vie où le mystère est non seulement une nécessité, mais un devoir ?

— Ma foi, non, madame, je ne comprends pas très bien cela... — Que voulez-vous ? je suis un vieillard, et je ne me souviens guère d'avoir jamais eu la moindre chose à cacher... j'ai vécu en plein soleil dans mon obscurité.

Un sourire plein d'amertume crispa les lèvres de l'inconnue.

— Docteur, — demanda-t-elle, — avez-vous lu des romans ?

— Fort peu, je l'avoue...

— Vous avez eu tort. — Les romans (je dis ceux des bons auteurs, Ducray-Duménil, — Auguste Lafontaine, — Pigault-Lebrun, — Victor Ducange), — forment le cœur et l'esprit et élargissent les idées... — si vous vous étiez nourri de l'étude de ces charmants ouvrages, qui embellissent la vérité en la déguisant sous les voiles fleuris d'une ingénieuse fiction brodée par l'imagination et le sentiment, vous seriez aussi bien que moi-même au courant d'une situation qui se trouve invariablement dans les plus délicieux récits et qui ne manque jamais, non jamais, d'intéresser au plus haut point le lecteur et la lectrice, qui fait battre les cœurs sensibles et qui tire des larmes des yeux attendris...

M. Leroyer regardait l'inconnue avec un étonnement manifeste. — En écoutant le pathos qu'elle lui débitait d'une voix nuancée et avec des jeux de physionomie incroyables, il se demandait très sérieusement si la bonne dame jouissait de tout son bon sens, et peu s'en fallait qu'il ne se répondît d'une façon négative.

L'inconnue reprit :

— Cette situation, la voici... — écoutez-moi bien, docteur, — je vous préviens que l'intérêt va naître dès les premiers mots : Figurez-vous une jeune fille belle, aimable et pure, et de la plus noble famille, enfin un ange sur la terre. — Le hasard lui fait rencontrer un homme non moins jeune, non moins beau, non moins noble, non moins aimable qu'elle ; — à l'aspect de ce cavalier qui fait les délices de la ville et de la cour et qui n'a jamais trouvé de cruelles, la pauvrette éprouve

un trouble inconnu, — son cher petit cœur fait tic tac, — elle veut résister, mais en vain, au sentiment irrésistible qui s'empare d'elle. — Ce sentiment, vous le devinez, c'est l'amour. — Ceci fait ordinairement la matière du premier volume...
— C'est déjà bien joli, n'est-ce pas ?

Soyons sincère.

Le docteur ne voyait pas encore naître l'intérêt promis. — Cependant il s'inclina, par politesse, d'une façon tout affirmative.

L'inconnue continua :

— Le second et le troisième volumes sont généralement consacrés à nous apprendre comment, par suite de vieilles haines de famille, ou d'engagements antérieurs, ou de toutes autres circonstances non moins neuves et non moins piquantes, le mariage du jeune homme, que nous appellerons si vous le voulez *Arthur de Saint-Valbert*, avec la jeune fille, que nous nommerons *Amélie de Saint-Phar*, est complètement impossible, pour le moment du moins, car, dans l'avenir, il se peut que les choses viennent à changer. — Cela dépend de l'auteur, vous comprenez bien... — S'il lui convient de marier un jour ces amoureux, il les mariera, puisque c'est lui qui fait le livre. — Donc, Arthur et Amélie s'idolâtrent et, ne pouvant s'unir, ils poussent des soupirs et versent des larmes, et les lecteurs, à moins d'avoir des cœurs de marbre et des âmes de tigres, soupirent et pleurent avec eux.—Tenez, regardez, docteur, rien qu'à vous raconter cela, voici que je m'attendris malgré moi. — Je sens un pleur dans mon œil. — Que voulez-vous, je jouis d'une sensibilité tellement exquise! — Les chagrins de cœur me bouleversent. — J'aurais dû naître à Cythère; je suis la protectrice naturelle des amours malheureux.

M. Leroyer entendait avec stupeur ces incroyables divagations.

— Se moque-t-on de moi? — se demandait-il.

Mais non. — L'inconnue parlait avec une conviction évidente. — A coup sûr, elle était de bonne foi. — D'un autre côté, son regard n'exprimait nullement la folie.

— Patientons, — se dit le docteur, — ces bavardages inextricables renferment peut-être un sens caché qui me sera révélé plus tard.

La dame reprit.

— Vous ai-je prévenu que, presque toujours, le roman avait cinq volumes?—Cinq volumes in-12, docteur, c'est une bonne coupe. — Le tome quatre est palpitant, car le mérite et l'intérêt de l'œuvre grandissent de volume en volume et de chapitre en chapitre. — Arthur et Amélie, séparés par la destinée cruelle, mais poussés l'un vers l'autre par la vive flamme qui les aiguillonne, ont des entrevues mystérieuses dans les ruines d'un vieux château, ou dans le boudoir discret d'une personne excellente que la sensibilité de son organisation pousse irrésistiblement à se faire la confidente et l'intermédiaire des tendresses persécutées. — Réunir ces parfaits amants que l'implacable fatalité éloigne l'un de l'autre, quel beau rôle à jouer, n'est-ce pas, docteur ? — S'il est une spécialité dans la vie qui sache me charmer, c'est celle-là ! — Le résultat de ces entrevues charmantes se devine sans peine.—Arthur est passionné, brûlant, pressant. — Amélie, fascinée, l'écoute avec ivresse et lui cède en pleurant, malgré sa candeur et sa vertu. — Que voulez-vous ? on est si faible quand on aime ! — Bref, elle porte dans son sein une preuve vivante de sa faute... — Elle va devenir mère... elle est perdue si quelque bonne âme ne lui vient en aide ! — Que dites-vous de la situation ? — On ne respire plus, n'est-ce pas ? — Je suis sûre, docteur, que vous avez la fièvre en m'écoutant.

Machinalement, et par une habitude de médecin, M. Leroyer mit le doigt sur sa veine. — Son pouls battait avec un calme parfait et une placidité merveilleuse.

— Par bonheur, — poursuivit l'inconnue, — la bonne âme existe. — C'est cette dame dont je vous ai déjà parlé... la complaisante intermédiaire de tout à l'heure. — Grâce à elle, l'honneur d'une noble famille pourra rester intact. — Grâce à elle, l'intéressante jeune fille ne sera point soupçonnée et le plus profond mystère enveloppera pour jamais les résultats de sa faute. — Par suite d'une intrigue habilement ourdie, la chère enfant peut quitter pour quelques jours l'hôtel de ses illustres parents. — Sa charitable et bienveillante protectrice l'emmène avec elle dans un village des environs de Paris et dans une maison louée tout exprès. — Le moment approche, la jeune fille, d'un moment à l'autre, va devenir mère. — La bonne dame envoie chercher un médecin, le plus habile et le plus honnête homme du pays, et le quatrième volume finit à l'instant précis où le médecin entre dans la maison.

La narratrice s'interrompit.

M. Leroyer commençait à voir briller de vagues clartés au milieu des ténèbres qui, depuis quelques minutes, enveloppaient son intelligence.

— Docteur, — demanda l'inconnue, — vous qui ne connaissez pas le cinquième volume, dites-moi ce que vous feriez à la place de l'auteur. — Il a représenté le médecin comme un homme parfaitement loyal et de conscience timorée. — Il faut qu'il soutienne ce caractère jusqu'au bout. — Quelle réponse devra-t-il mettre dans la bouche de ce médecin, lorsque la dame, avant de l'introduire auprès de la jeune fille, exigera de lui le serment d'inviolable discrétion que je sollicitais de vous tout à l'heure ?

La lumière se fit tout à coup dans l'esprit du

docteur. — Il comprit, depuis le premier mot jusqu'au dernier, ce que son interlocutrice venait de lui dire d'une façon si confuse et si singulière.

— Madame, — répondit-il, — il me semble que dans les circonstances romanesques dont il s'agit, rien ne doit empêcher le médecin de promettre solennellement un secret que sa conscience et les devoirs de sa profession lui feront une loi de garder toujours.

— C'est là votre avis ?

— Oui, madame.

— Eh bien ! docteur, ce roman que vous avez entendu est la pure et naïve vérité. — Le médecin, c'est vous. — La dame dévouée aux amours malheureux, c'est moi. — Quant à la jeune fille intéressante, je vais vous conduire auprès d'elle aussitôt que vous m'aurez fait le serment que j'attends de vous.

— Je vous jure sur mon honneur, — répliqua M. Leroyer, — de ne révéler à personne au monde les motifs qui m'ont fait appeler dans cette maison, et si jamais le hasard place sur mon chemin quelqu'une des personnes que je pourrai voir ici, je m'efforcerai de ne point reconnaître cette personne, et je ne chercherai pas à savoir son nom. — Est-ce bien cela que vous me demandez, madame ?

— Tout à fait.

— Alors rien ne s'oppose plus à ce que je voie

la jeune fille à qui je dois donner mes soins ?

— Rien.

— Veuillez donc me conduire auprès d'elle...

— Dans quelques minutes... — Je vais d'abord la prévenir, et je vous introduirai aussitôt après...

L'inconnue quitta sa bergère avec toutes sortes de grâces affectées et disgracieuses. — Elle traversa le boudoir et sortit par une porte latérale qu'elle referma derrière elle.

— Drôle d'aventure ! — se dit le docteur resté seul, — drôle d'aventure ! — Quel dommage de ne pouvoir la raconter à Suzon. — Mais j'ai juré. — Suzon ne saura rien.

CHAPITRE IV

Ce qui se dit, par une nuit de novembre, dans la villa gothique de madame veuve Rougeau-Plumeau.

La porte par laquelle avait disparu la dame entre deux âges se rouvrit au bout de quelques minutes, et la voix prétentieuse et commune que nous connaissons murmura :

— Donnez-vous donc la peine d'entrer, mon cher docteur, on vous attend ici.

Le médecin ne se fit pas répéter cette invitation. — Une très vive curiosité le poussait en avant. — Pour la première fois de sa vie, il se voyait appelé à jouer un rôle au milieu de circonstances étranges et romanesques, et il éprouvait dans toute sa force la bizarre et inexplicable attraction du mystère.

Comme un spectateur naïf assistant au début d'un drame émouvant, il avait hâte de connaître le principal personnage de ce drame, et ce fut avec une sorte de trépidation intérieure qu'il franchit le seuil de la chambre où on l'engageait à pénétrer.

Un lit d'acajou, à demi caché par des rideaux blancs, occupait le fond de cette chambre. — Une lampe placée sur une petite table et recouverte de son abat-jour de papier vert éclairait faiblement ce lit. — Les bûches entassées dans la cheminée et flamboyant comme un feu de forge, se chargeaient de combattre l'obscurité du reste de la pièce.

M. Leroyer s'approcha du lit.

Sous les couvertures en désordre on devinait les formes charmantes d'un corps féminin. — Un pâle et beau visage, à demi caché par les masses éparses d'une soyeuse et admirable chevelure blonde, reposait sur les oreillers. — Ce visage qui semblait presque celui d'une enfant offrait une touchante expression de lassitude, de souffrance et d'angoisse. — Un léger cercle bleuâtre se dessinait comme une ombre tracée au pastel autour des paupières à demi fermées.

Le docteur ne vit pas tout cela d'un seul regard.

Ainsi que l'avait fort bien dit Suzon, l'excellent homme n'avait plus ses yeux de quinze ans. — D'ailleurs les rayons de la lampe, concentrés par l'abat-jour, n'éclairaient que le bord du lit et laissaient dans la pénombre la figure que nous venons d'esquisser.

Un médecin doit pouvoir étudier les traits de ses malades. — La pâleur ou la rougeur, — le regard atone ou brillant d'un éclat fébrile, — la contraction des narines, etc., — lui fournissent parfois des diagnostics presque infaillibles.

La curiosité n'entrait donc guère pour plus de moitié dans le mouvement que fit le docteur en soulevant la lampe de façon à projeter sa lumière sur le visage de la jeune fille.

Des lèvres de cette dernière s'exhala un faible gémissement ; — une pourpre ardente envahit ses joues livides qu'elle cacha de son mieux sous l'entrelacement de ses doigts frêles et aristocratiques.

M. Leroyer s'empressa d'interrompre un examen qui semblait blesser la pauvre enfant d'une façon si douloureuse. — Il replaça la lampe sur la table ; mais il avait eu le temps d'entrevoir des traits d'une adorable pureté et d'une irréprochable distinction, de grands yeux bleus doux et tristes, une chevelure splendide, des mains de duchesse et des bras de nymphe.

L'inconnue, en remarquant le geste et en entendant le gémissement de la jeune fille, haussa les épaules à la dérobée.

— Chère bonne petite, — dit-elle ensuite de sa voix fausse et mielleuse, — pourquoi donc vous intimider si fort et cacher de cette façon votre jolie mignonne figure ? — C'est de l'enfantillage, savez-vous, ma toute belle. — Monsieur n'est ni un étranger, ni un indiscret... Je vous ai prévenue... Monsieur est le bon docteur Leroyer, le plus brave homme du monde. — Il vous tirera parfaitement bien de l'embarras où vous voilà pour le quart-d'heure, mon cher trésor, et jamais il ne dira seulement un traître mot à personne de nos petits secrets.

— Madame a raison — appuya le docteur. — J'ai promis une discrétion absolue et à toute épreuve, et je tiendrai parole. — Rassurez-vous donc, mademoiselle, et ne voyez en moi qu'un modeste médecin à qui l'expérience tient lieu d'habileté et qui met avec joie cette expérience à votre entière disposition.

— Et je vous en remercie, monsieur, — balbutia la jeune fille d'une voix si faible qu'elle était presque indistincte.

Le docteur se trouvait dans un grand embarras, et cet embarras procédait, ainsi qu'on va le voir, d'un sentiment de la plus exquise délicatesse. — Certes, le bon vieillard avait le droit de parler de son expérience. — Quarante ans s'étaient écoulés depuis le jour mémorable, où, devant un areopage en robes noires, il avait conquis à une grande majorité de boules blanches son diplôme de médecin et de chirurgien. — Pendant ces quarante ans, un nombre incommensurable de petits citoyens et de petites citoyennes avaient fait leur entrée dans ce monde sous ses auspices, et grâce à ses soins actifs et intelligents. Mais, dans le cours de cette longue pratique, le docteur s'était trouvé presque uniquement en rapport avec des femmes bien légitimement mariées, que leurs mères ou leurs maris assistaient au moment terrible. Lorsque parfois, mais rarement, des bâtards avaient passé par ses mains, ces bâtards naissaient dans la classe la plus pauvre et la plus grossière, et leurs mères étaient de malheureuses créatures acceptant sans honte et sans pudeur la position dans laquelle les avaient placées la séduction, la débauche ou la cupidité.

Combien les circonstances actuelles semblaient différentes au docteur.

Il éprouvait une pitié profonde pour cette jeune fille parfaitement belle, qui paraissait si pure encore et nous dirons presque si virginale, malgré sa faute.

A coup sûr la pauvre enfant appartenait à une famille riche et honorable, peut-être même à une famille haut placée (du moins l'inconnue l'avait fait entendre). Sans doute, entraînée par les roueries d'un habile séducteur vers un abîme qu'elle ne devinait point, elle n'avait eu la conscience de sa chute qu'alors que cette chute était complète et irréparable.

Et maintenant, loin de sa mère qui ne soupçonnait pas le fatal secret, — dans un pays inconnu, dans une maison étrangère, — abandonnée à la tendresse banale d'une amie plus que suspecte, elle allait affronter ces tortures sans nom que la première faute de la première femme a léguées comme un héritage de douleur à toute sa descendance.

Le docteur trouvait cette situation effrayante et sinistre. — Il se sentait pris, nous le répétons, d'une compassion sans bornes et d'un respect involontaire. — Il ne savait comment formuler pour la jeune fille ces interrogations que tout médecin adresse sans scrupule à la femme dont la délivrance approche, et il lui semblait que prononcer devant elle certaines paroles, bien naturelles cependant, et même absolument nécessaires, serait outrager la pudeur de cette malheureuse enfant.

Beaucoup de gens, nous ne l'ignorons pas, déclareront ce sentiment absurde, ridicule, invraisemblable, impossible même. — Ils railleront la candeur de ce vieux médecin, craignant de blesser par un mot la délicate chasteté d'une fille mère...

Le sujet prête à la raillerie. — Eh! mon Dieu! nous sommes loin d'en disconvenir, — et cependant nous ne serons point du côté des rieurs. — Le docteur Leroyer pouvait se tromper, mais son erreur avait droit à l'estime et presque à l'admiration.

Nous l'avons dit, ce vieillard était un cœur d'or!

Cependant il fallait interroger. — Ce fut à l'inconnue qu'il s'adressa.

— Madame, — lui demanda-t-il, — quel âge a mademoiselle ?

— Pas encore tout à fait dix-huit ans.

— Sa santé, généralement et jusqu'à présent, était-elle bonne ?

— Excellente, docteur, — comme la mienne... — La chère fillette n'avait jamais été malade avant le moment où s'est déclarée cette fâcheuse circonstance. — La pauvre enfant, il y a six mois à peine, était fraîche comme une rose de mai, et vive et gaie comme un petit pinson...

— Et, depuis ?

— Dame ! depuis, vous comprenez, tout est changé. — Elle a bien souffert, d'autant plus que pour cacher son état à sa famille des efforts inouïs et continuels sont devenus nécessaires.

— Mademoiselle se serrait beaucoup dans ses corsets, sans doute ?

— Le moins possible, mais c'était encore trop. — Que voulez-vous, docteur, ce pauvre ange avait une taille de fée... une taille à tenir entre les dix doigts ! — Eh bien ! elle a mis des peignoirs un peu flottants et personne ne s'est douté de rien.

— Vous pensez que le terme approche ?

— J'ai de bonnes raisons pour en être certaine. — Ma petite amie a ressenti ce matin les premières douleurs... — Je me suis dit : — *Il n'est que temps ! partons vite !...* — Mais je n'ai point voulu me servir de *mon équipage* pour l'amener ici, afin de ne pas donner l'éveil à *ma livrée*. — Nous sommes donc venues en fiacre et je n'ai nul besoin de vous dire que six lieues de cahots, dans un véhicule horriblement dur et mal suspendu, n'auront probablement pas retardé le moment décisif...

Le docteur prit l'inconnue par sa grosse patte couverte de bagues et il l'amena jusqu'auprès de la cheminée.

Elle se laissa faire en minaudant.

Là il lui adressa à voix basse plusieurs questions qu'il ne voulait pas prononcer tout haut et auxquelles elle répondit avec une netteté et une précision bien remarquables chez une femme qui, selon son propre dire, n'avait jamais été mère.

M. Leroyer revint ensuite vers le lit. — Il pria la jeune malade de lui abandonner son bras et il appuya longuement ses doigts sur la veine qui battait à coups pressés sous la peau sèche et brûlante.

Bref, de ses questions et de ses observations résulta la certitude que les premières crises sérieuses de l'accouchement ne commenceraient que le lendemain.

— Mademoiselle, — dit-il alors, — vous avez devant vous, je le crois, un assez long espace de calme et de repos. — Profitez-en. — Vous êtes

épuisée par les contraintes que vous avez dû subir pour dissimuler votre position, et par les fatigues d'une longue course dans une mauvaise voiture.
— Quelques heures de sommeil vous feraient un bien immense et vous rendraient la force qui vous manque. — Ne le croyez-vous pas, mademoiselle?

— Oui, monsieur, — répondit la voix douce et faible.

— Allez-vous dormir?

— Je vais du moins essayer.

— Il faut faire en sorte de réussir. — Me le promettez-vous?

— Je voudrais pouvoir vous faire cette promesse, mais cela m'est impossible.

— Pourquoi?

— Parce que je ne suis pas la maîtresse de commander à ma pensée, et que, lorsque ma pensée veille, elle tient mon corps éveillé.

— En ma qualité de médecin, mademoiselle, je vous ordonne le sommeil. — Songez que vous ne vous appartenez plus désormais et qu'il faut prendre bien soin de vous, car vous allez vous devoir à votre enfant...

L'inconnue se pencha sur le lit et glissa dans l'oreille de la jeune fille une phrase dont le docteur n'entendit que les premiers mots.

Ces premiers mots étaient ceux-ci:

— Et vous vous devez aussi, chère petite, à

celui qui vous aime et que vous aimez. Vous vous devez à...

Le reste se perdit dans un vague murmure.

— Hélas ! — soupira la jeune fille, qui secoua la tête avec une expression de profonde tristesse et de sombre découragement.

— Bah ! — s'écria la grosse femme en se redressant, — qui sait ? — Le jour du mariage est peut-être plus près qu'on ne pense...

— Oh ! madame... madame... — fit la pauvre enfant avec ardeur, — ce que vous venez de dire, véritablement le croyez-vous ?

— S'il ne faut que ma parole d'honneur pour vous en convaincre, — répliqua l'inconnue avec majesté, — je vous la donne, mon cher amour...

Sans la demi-obscurité qui jetait son voile opaque sur les traits de la malade, on aurait pu les voir se couvrir de la vive et charmante rougeur de l'espoir.

— Oh ! je vous crois, — bulbutia-t-elle. — Je veux vous croire... — Vos paroles me rendent si heureuse et me font tant de bien... — Me voilà calmée, — me voilà presque consolée, et maintenant, monsieur, je vous promets que je vais dormir.

Puis, comme si elle eût voulu donner à ses paroles une confirmation immédiate, elle laissa doucement retomber sur l'oreiller sa tête charmante un instant soulevée, et ses longues paupières s'abaissèrent sur ses grands yeux.

En même temps sa respiration devenait égale et douce. — Grâce au philtre miraculeux de l'espérance ravivée la pauvre enfant goûtait un soudain et complet repos.

L'inconnue quitta la chambre sur la pointe du pied ; — elle rentra dans le boudoir où le médecin la suivit, et tout aussitôt elle se replongea dans sa bergère.

— Ah çà, voyons, docteur — demanda-t-elle alors, — est-ce pour rassurer cette chère petite, ce que vous avez dit, ou supposez-vous en effet que le grand événement n'aura lieu que demain ?

— C'est ma conviction, madame.

— Mon cher docteur, les plus habiles s'y trompent parfois.

— Vous avez certainement raison... les habiles se trompent... — à plus forte raison puis-je m'abuser, — mais, en ce moment, je me crois sûr de mon fait.

— Vous ne comptez pas nous quitter cette nuit, cependant ?

— J'allais vous demander, au contraire, la permission de retourner chez moi.

— Pourquoi ne pas rester ?

— J'ai passé la journée en courses, j'ai fait beaucoup de chemin à cheval par le plus mauvais temps, et je suis brisé de fatigue.

— Nous avons un lit à votre disposition.

— Je ne profiterai point de cette offre obligeante. — J'ai laissé à la maison quelqu'un qui m'attend et que mon absence prolongée inquiéterait outre mesure.

L'inconnue eut aux lèvres un sourire dont l'expression équivalait à une *gaudriole,* pour ne pas dire plus. — En même temps ses yeux demi-clos lançaient un regard qui complétait le sourire.

— Ah! ah! — fit-elle, — vous avez à la maison *quelqu'un* qui vous attend à minuit!... Et vous craignez d'exciter l'inquiétude et peut-être d'encourir les reproches de *cette personne*... — C'est fort bien, cela, cher docteur! — Mais voyez un peu comme on écrit l'histoire! Ne m'avait-on pas dit que vous étiez célibataire!

L'insinuation de l'inconnue était si parfaitement transparente que le médecin, malgré ses soixante-deux ans sonnés, rougit jusqu'au blanc des yeux comme une jeune fille.

— *Cette personne,* madame — répondit-il un peu sèchement, et en soulignant ses mots ainsi que venait de le faire la dame entre deux âges, — *Cette personne* est une vieille servante : elle a soixante ans passés, comme moi, et j'ai l'honneur de vous affirmer qu'elle ne prête guère le flanc à la plaisanterie..

— Eh quoi! docteur, — s'écria vivement l'inconnue, — vous aurais-je blessé, par hasard? — Croyez-bien que ce serait sans intention. — Il faut me pardonner si j'aime à rire, malgré mes nombreux malheurs... et malgré mon veuvage prématuré. — Je suis très enfant de caractère... oui... oui... je ne m'en dédis pas, très enfant...

Le médecin s'inclina sans répondre. Il commençait à se former une singulière opinion sur le compte de son interlocutrice, et de minute en minute la prétendue femme du grand monde perdait du terrain dans son esprit.

— Puisque vous le voulez absolument — reprit la dame, — et puisque vous êtes certain qu'il n'existe aucune probabilité de solution pour cette nuit, partez donc... — Mais à quelle heure serez-vous ici demain ?

— Dès huit heures du matin, madame, puisque ma présence semble nécessaire pour vous rassurer.

— Et vous ne nous quitterez plus jusqu'à l'événement accompli ?

— Je vous le promets volontiers.

— Ai-je besoin de vous rappeler, avant votre départ, le serment de discrétion que vous m'avez fait ?

— Cela est complètement inutile. — Je n'admets pas qu'un honnête homme puisse oublier la parole donnée ; — et vous savez bien, madame, que je suis un honnête homme.

— Parbleu ! — s'écria l'inconnue avec une rondeur toute masculine, et en oubliant momentanément ses afféteries habituelles. — Parbleu, je le sais bien que vous êtes honnête ! Sans cela est-ce que j'aurais eu confiance en vous ?

— Alors, pourquoi supposez-vous donc que je puisse me parjurer ?

La dame minauda et grasseya plus que jamais.

— Eh ! mon Dieu ! cher docteur,—fit-elle,—qui pourrait supposer une chose pareille ? — Je ne suppose rien, moi. — Je parle souvent sans réflexion. — Que voulez-vous ? suis-je capable de calculer toutes mes paroles et de peser toutes mes pensées ? — Soyez indulgent, et n'oubliez pas que j'appartiens au sexe faible et frivole qui ne sait qu'aimer et que plaire.

Puis, sans transition, l'inconnue fouilla dans la poche de sa belle jupe de damas, elle en tira un rouleau d'or qu'elle présenta au médecin en lui disant :

— Moi aussi, docteur, je tiens ma parole.

— Qu'est-ce que cela ? — demanda le médecin.

— Un rouleau de cinquante louis.

— Pour moi, madame ?

— Eh ! pour qui serait-il, si ce n'est pour vous ?

— Je n'ai pas l'habitude de faire payer mes soins d'avance. — D'ailleurs, la somme me paraît exagérée.

— Elle n'est cependant qu'un à-compte, un faible à-compte, mon cher docteur.

— Je ne puis accepter, je ne le dois pas.

— Pourquoi cela ? — Est-ce que vous nous

prenez pour des petites gens, par hasard ? — Chacun fait les choses selon sa fortune. — Nous sommes riches, docteur, très riches ; par conséquent nous devons être très généreux, et je vous préviens qu'en refusant vous nous blesseriez profondément.

— Je cède donc, madame, et je prends l'argent, mais avec l'intention bien arrêtée de faire deux parts de la somme que voilà. — Je garderai la première à titre de juste et légitime rémunération, et je distribuerai la seconde aux pauvres de Brunoy, au nom d'une bienfaitrice inconnue pour laquelle ils prieront tout bas.

En parlant de *bienfaitrice inconnue*, le médecin pensait à la belle et triste enfant que nous avons entrevue déjà. — La dame d'un certain âge s'appliqua ces mots et se rengorgea notablement.

— Mon cher docteur, — dit-elle ensuite, — prenez l'argent, c'est l'essentiel. — Du moment où il sera dans votre poche, peu m'importe qu'il en sorte pour *ci* ou pour *ça*, je m'en soucie comme de Colin-Tampon ! — Cependant, si vous m'en croyez, vous le garderez tout bêtement. — Je sais un proverbe... — Faites-vous cas des proverbes, docteur ?

— Quelquefois, madame.

— Eh bien ! celui que je sais est le plus beau et le plus vrai de tous. — Le voici : — *Soyez riche et vous serez considéré !* — D'où je conclus qu'il vaut mieux mettre dans une tirelire des écus que des vertus. — Êtes-vous de mon avis ?

— Non, madame.

— Vous avez tort, — mais n'en parlons plus, — ça ne me regarde pas, — chacun envisage les choses à sa façon et mène sa barque comme il l'entend. — Bonsoir, docteur, — votre servante.

L'inconnue sonna et la camériste à mine effrontée montra tout aussitôt son museau grivois dans l'entre-bâillement d'une porte.

— Que veut madame ? — demanda-t-elle.

— Petite, éclairez monsieur. — Bonne nuit, mon cher docteur, n'oubliez pas que nous vous attendons demain, et venez de bonne heure !

— Soyez tranquille, madame, je n'oublierai rien.

M. Leroyer, précédé par la femme de chambre, descendit au rez-de-chaussée et retrouva dans le vestibule ses sabots, son manteau, sa casquette et sa lanterne.

Aussitôt qu'il fut chaussé, coiffé et enveloppé, la soubrette ouvrit la porte qui donnait sur la rue, et le vieux médecin s'aperçut avec une satisfaction très vive que, la tempête s'étant rapidement épuisée par sa violence même, le vent et la pluie avaient cessé.

La lune brillait au plus haut du ciel entre de grands nuages bouleversés dont elle argentait les échancrures. — Les pâles torrents de sa clarté blanche ruisselaient sur les toits mouillés et sur les chemins humides qui semblaient couverts de verglas. — Les parties lointaines du paysage, noyées dans une brume bleuâtre et transparente, prenaient un aspect fantastique.

Le docteur éteignit sa lanterne inutile et se mit en route.

CHAPITRE V

Ce qui se dit, par une nuit de novembre, dans l[a]
maison blanche du docteur Leroyer.

À peine M. Leroyer venait-il de se mettre e[n]
chemin du côté de sa maison que les deux som[-]
bres figures, enveloppées de grands manteaux
qui s'étaient attachées à ses pas jusqu'auprès d[e]
la villa gothique de madame veuve Rougeau
Plumeau, quittèrent l'abri protecteur d'un angle d[e]
mur et recommencèrent à suivre sa piste.

Le docteur allait droit devant lui, le plus vit[e]
possible et sans tourner la tête. — Tout en che[-]
minant il cherchait quelque moyen adroit de con[-]
cilier son très vif désir de paix et de concorde a[u]
logis, avec l'engagement d'absolue discrétion qu'[il]
venait de prendre. — En d'autres termes, il écha[it]
faudrait un ingénieux mensonge propre à satisfair[e]
la curiosité de Suzon, curiosité qui se manifeste[-]
rait sans aucun doute par des questions intermi[-]
nables et incessantes.

Cette préoccupation, jointe à l'impatience bie[n]
naturelle de se mettre enfin en possession de s[a]
chambre et de son lit, après une journée si longu[e]

et si fatigante, ne lui permettait point de s'apercevoir qu'il était suivi avec une infatigable obstination. — S'il avait pu se douter que deux inconnus marchaient sur ses traces et pour ainsi dire dans son ombre, il n'aurait point hésité à attribuer leur bizarre poursuite à l'intention parfaitement arrêtée de le dépouiller du rouleau de cinquante louis qui ballottait dans sa poche.

En formulant cette supposition, assez vraisemblable d'ailleurs, le bon docteur se serait complètement trompé ainsi que nous ne tarderons pas à le voir.

Au bout d'un peu moins d'un quart d'heure il atteignit la porte et donna le vigoureux coup de sonnette du maître de maison qui ne veut pas attendre.

Suzon sans doute était aux aguets, car à l'instant même le médecin l'entendit sortir de la salle en grommelant, et la vit traverser le jardin de toute la vitesse de ses vieilles jambes.

A peine à portée de la voix, elle s'écria :

— Eh bien, monsieur, parlez-moi de ça ! — Minuit passé ! — Voilà une belle heure pour se mettre au lit ! — Vous qui m'aviez si bien promis de rentrer tout de suite, vous êtes resté plus de deux heures dehors! Voilà ce qui s'appelle un homme de parole ! — Allons, pour peu que ça continue, nous ne ferons pas de vieux os ni l'un ni l'autre, je vous en préviens !

— Voyons, ma brave Suzon, — répliqua le docteur, — calme-toi et ouvre-moi vite. — Je suis épuisé et je tombe de sommeil.

— Ah! je le crois bien! — Jésus, mon Dieu, on le serait à moins! — Sans compter que je parierais dix sous contre un œuf dur que ces gens-là pouvaient parfaitement se passer de vous cette nuit, et que vous êtes resté pendant plus de deux heures à bavarder avec eux au coin du feu, pendant que je me morfondais à vous attendre! — Voyons, monsieur, c'est-il la vérité ça, oui ou non?

— Suzon, Suzon, — s'écria le médecin qui n'avait pas encore combiné son mensonge de façon suffisante pour le rendre vraisemblable et qui voulait gagner du temps, — je te répète de m'ouvrir et de te dépêcher. — Nous causerons demain. — Je ne puis plus me tenir debout.

La brave servante eut enfin pitié du vieillard que depuis un instant elle faisait languir avec une sorte de malice rancunière.

La clef tourna en criant dans la serrure, — les verrous glissèrent, — les battants se disjoignirent, et le docteur entra dans le jardin.

En ce moment Suzon, qui s'apprêtait à refermer la grille derrière lui, recula de trois pas en poussant un cri aigu qui fit tressaillir M. Leroyer.

— Eh bien! — demanda-t-il vivement en se retournant, — eh bien, qu'y a-t-il donc?

Suzon saisit le bras de son maître et le serra

de toutes ses forces avec un effroi manifeste. — En même temps elle murmurait d'une voix tremblante :

— Regardez... monsieur!... regardez... là... derrière vous!...

Le docteur, quoiqu'il y eût au fond de son caractère plus de résolution que de timidité, ne put retenir un mouvement de surprise et presque d'effroi —(étonnement et frayeur, dans certains cas, ne sont qu'une seule et même chose) — en voyant qu'il n'était plus seul avec Suzon.

L'un de ces hommes, dont nous avons constaté depuis longtemps la présence et les inexplicables manœuvres, venait de se glisser dans le jardin par l'entre-bâillement de la grille.

C'était le plus petit des deux.

L'émotion nerveuse de M. Leroyer ne dura d'ailleurs qu'une seconde et fit place au sang-froid le plus complet.

Il s'avança vers l'intrus et lui dit d'un ton très ferme et très net :

— Qui êtes-vous et que voulez-vous?

Au lieu de répondre à la question du médecin, le personnage énigmatique salua d'un air de parfaite aisance, et demanda :

— C'est bien à monsieur le docteur Leroyer que j'ai l'honneur de parler?

Ces quelques mots furent prononcés avec une exquise politesse et d'une voix si merveilleusement douce et suave qu'elle ne pouvait appartenir qu'à un très jeune homme ayant l'habitude de vivre dans la meilleure compagnie.

Le vieillard, instantanément rassuré, salua à son tour et répondit :

— Je suis en effet le docteur Leroyer, monsieur... — Que puis-je faire pour vous être bon à quelque chose ?

— M'accorder un entretien de quelques minutes.

— Cette nuit ?

— A l'instant même.

— Mais, monsieur, permettez-moi de vous faire observer qu'il est heure indue et que j'ai grand besoin de repos...

— Je n'abuserai point de votre complaisance, monsieur. — Je vous prendrai fort peu de temps, — et d'ailleurs les choses que je tiens à vous communiquer sont d'une excessive importance et ne peuvent souffrir aucun retard.

— Venez donc avec moi, monsieur, — murmura le docteur d'un ton de profonde résignation.

— Comment, comment ? — fit tout bas Suzon indignée de ce nouveau retard, — vous n'allez pas vous mettre au lit ?

— Hélas ! ma pauvre fille, il paraît que non.

— Vertu de ma vie ! — voici une soirée et une nuit dont je me souviendrai jusqu'à mon dernier jour ! — pensa la vieille servante. — Allons, allons, il n'est que temps de prendre notre retraite et de nous donner un successeur ! dès demain nous y penserons...

— Venez, monsieur — répéta le docteur — je passe devant vous pour vous montrer le chemin...

Au bout de quelques secondes le maître de la maison, Suzon et le nouveau venu, se trouvaient dans la salle qu'éclairaient conjointement la lampe et le feu.

M. Leroyer avança un siège au visiteur inattendu et intempestif et lui dit :

— Parlez, monsieur, je vous écoute...

— Notre conversation ne doit avoir aucun témoin... — répliqua l'homme au manteau.

Le médecin se tourna du côté de la servante...

— Ma pauvre Suzon, — fit-il, — quitte-nous pour un instant... — je te rappellerai tout à l'heure.

Suzon ne fit aucun mouvement.

— Ne m'as-tu pas entendu ?—demanda M. Leroyer.

— Oh ! que si, monsieur, et parfaitement bien ! — répliqua la vieille fille sans déguiser sa mauvaise humeur, — mais je réfléchis que comme vous me mettez à la porte de la salle, comme il n'y a de feu nulle part ailleurs, et comme je n'ai pas envie de me morfondre dans ma cuisine, le bon Dieu sait pendant combien de temps, je m'en vas me coucher, vous en ferez autant quand vous voudrez, ou plutôt quand vous pourrez.

— C'est ça, ma fille, va te coucher. Tu ne saurais rien faire de mieux.

— Oh! très certainement, puisqu'on se défie de moi et puisqu'on me renvoie quand on veut manigancer des mystères ; bien du plaisir, monsieur, bien du plaisir! — Je crois que ce n'est pas la peine de vous souhaiter une bonne nuit, car nous voici déjà au matin.

Et Suzon quitta la salle en fermant la porte avec grand tapage.

Aussitôt que la vieille fille eut effectué cette sortie bruyante, le nocturne visiteur se débarrassa de son chapeau qu'il plaça sur la table et de son manteau qu'il jeta sur une chaise, puis il s'assit en face du foyer et présenta à la flamme pétillante les semelles humides de ses bottes fines armées de petits éperons d'acier.

M. Leroyer put examiner alors à loisir le visage, la tournure et le costume du nouveau venu, et ce qu'il vit, nous devons le dire, méritait certainement d'attirer et de fixer l'attention.

L'hôte improvisé du médecin était un jeune homme, presqu'un enfant. Il semblait avoir seize ou dix-sept ans tout au plus ; ses traits, d'une admirable régularité, offraient le type italien dans ce qu'il y avait de plus pur et de plus parfait ; une chevelure sombre bouclée naturellement et qui paraissait d'une invraisemblable épaisseur, encadrait un front et des tempes dessinés à ravir.

Sous des sourcils qu'on eût dit tracés au pinceau par un grand artiste, rayonnaient, c'est le mot, les prunelles de diamant noir de deux yeux taillés en amandes et trop grands peut-être pour le visage auquel ils appartenaient. Une double palissade de longs cils recourbés atténuait par instant l'éclat de ces prunelles étincelantes. Le nez, de forme légèrement aquiline, avait des narines passionnées et mobiles. Les lèvres, rouges comme une fleur de corail humide, formaient une opposition violente et charmante avec l'attrayante pâleur d'un teint mat et velouté. La coupe élégante et la fine ciselure du menton rappelaient la perfection des divins marbres antiques.

Cette figure merveilleusement et étrangement belle, dans laquelle la critique la plus sévère n'aurait su reprendre aucun défaut, séduisait au premier regard, mais elle effrayait presque au second.

C'est qu'en effet les yeux avaient une expression manifeste de fausseté, de duplicité, d'hypocrisie ; — les narines prenaient, en se contractant, une physionomie presque cruelle ; la bouche enfin, dans le repos ou dans le sourire, offrait quelque chose de dédaigneux et de menaçant.

Le docteur Leroyer, qui cependant ne pouvait passer pour un physionomiste de premier ordre, vit et remarqua tout cela en beaucoup moins de temps que nous n'en avons mis à le décrire.

La taille du jeune homme était au-dessous de

la moyenne. — Le buste, très large des épaules, très svelte à la ceinture, s'asseyait sur des hanches d'un développement tout féminin; les mains, fort petites et gantées de noir, ressemblaient à des mains d'enfant, — l'une d'elles jouait avec le pommeau ciselé d'une cravache.

Une redingote noire très juste, — un gilet de velours noir et un pantalon gris-perle, à la hussarde, composaient un costume de cheval simple et de bon goût.— Le col de la chemise se rabattait sur un ruban noué en cravate et laissait à demi nu un cou dont une jolie femme aurait été jalouse.

Le jeune homme continuait à chauffer ses pieds, de l'air du monde le plus dégagé, et gardait le silence.

Le médecin prit la parole.

— Monsieur, — dit-il, — je vous demande la permission de vous faire observer qu'il est fort tard, et que...

— Et que vous souhaiteriez très vivement être débarrassé de moi, ce que d'ailleurs je comprends à merveille..., — interrompit le visiteur en riant; — est-ce bien là votre pensée, docteur?

— C'est ma pensée, oui, sans doute, — mais dans le fond et non dans la forme... — Je ne désire nullement être *débarrassé* de vous, ce qui serait fort impoli, mais j'ai hâte de connaître le motif auquel je dois attribuer votre visite, ce qui est tout naturel...

— Je vais vous satisfaire, et soyez convaincu que vous ne m'accuserez point de vous avoir dérangé pour rien. — J'entre en matière immédiatement : — Il y a deux heures, ou environ, au moment où vous alliez vous mettre au lit, on a sonné violemment et à deux reprises à la grille de votre jardin. — Un domestique de l'auberge du *Cheval blanc* faisait ce grand vacarme en vous apportant le billet que je vois tout ouvert sur cette table, et qui vous priait de vous rendre sans retard à certaine maison, louée hier et occupée dès aujourd'hui par ses locataires. — Vous vous êtes mis en route aussitôt.

— Ah çà, monsieur, — interrompit le médecin, prodigieusement étonné, — vous m'espionniez donc, ou vous me faisiez espionner ?...

— C'est ma foi fort possible ! — répondit le jeune homme en riant de nouveau... — Mais laissez-moi continuer. Arrivé à la maison dont il s'agit, vous avez été reçu par une vieille femme prétentieuse et commune, qui croit se faire passer pour jeune à force de teintures, de cosmétiques, de pommades, de pots de blanc et de pots de rouge... et qui se trompe en le croyant. — Cette vieille folle vous a tenu d'abord, sans aucun doute, une foule de discours saugrenus et vous a conduit, enfin, auprès d'une jolie blonde, dont la situation intéressante touche à son dernier période...—Tout cela est-il vrai, docteur ? — Tout cela est-il exact?

— Monsieur ! Monsieur !! Monsieur !!! — s'écria sur trois tons différents le médecin stupéfait et consterné de voir en la possession d'un inconnu le secret qu'il avait solennellement juré de garder...
— Que me dites-vous là ? — Vous êtes dans l'erreur, je vous l'affirme... dans la plus complète erreur...
— Ah ! ah ! — fit le jeune homme — vous niez !
— Je vois ce que c'est — la vieille intrigante vous aura fait promettre une inviolable discrétion... — Eh bien ! soyez fidèle à votre promesse, mon cher monsieur, je n'y vois nul obstacle, d'autant plus que je vous prie de bien remarquer ceci : je ne vous interroge en aucune façon, je vous raconte purement et simplement des faits positifs, et je ne vous demande ni de les confirmer, ni de les contredire. — Nous allons d'ailleurs rentrer pour un instant dans la voie des généralités, ce qui mettra votre conscience en repos et vous permettra de me répondre... Votre âge et votre réputation, docteur, me font une loi de ne douter ni de votre habileté ni de votre expérience... Vous avez pratiqué des accouchements bien nombreux, n'est-ce pas, depuis que vous exercez l'honorable profession de médecin ?
— Oui, monsieur, bien nombreux en effet.
— Il vous est arrivé, je pense, comme à tous vos confrères, de voir, malgré votre talent et vos soins empressés, de pauvres jeunes femmes suc-

comber, les unes dans les douleurs de l'enfantement, les autres par suites de couches...

— Cela m'est arrivé, oui, monsieur, malheureusement. — J'ajouterai qu'il n'est pas un seul des plus illustres chirurgiens de Paris, si grande et si méritée que soit sa gloire, qui n'ait eu plus d'une fois à déplorer des catastrophes de ce genre.

— Un accouchement est donc une chose horriblement dangereuse ?

— Oui, monsieur, plus que je ne saurais le dire. La femme qui va mettre un enfant au monde est pendant quelques heures en équilibre entre la vie et la mort, et soutenue par un fil d'une effrayante fragilité..

— Ainsi la moindre imprudence pourrait rompre ce fil ?

— Oui, monsieur.

— Ne suffirait-il pas d'une chose insignifiante et sans conséquence possible, dans toute autre circonstance, d'une porte mal fermée, par exemple ? — d'une fenêtre ouverte ? — d'un courant d'air en temps inopportun ? On m'a dit cela du moins.

— On ne vous a pas trompé...

— Et ces déplorables résultats se produiraient-ils également à la fin d'une première grossesse ?

— Hélas ! oui, et plus certainement encore...

— J'imagine qu'en cas pareil le médecin, même lorsqu'il a la conscience d'avoir rempli tous ses devoirs et de n'être coupable d'aucune imprudence, doit éprouver un chagrin profond ?

— Vous avez tristement raison, monsieur ; — il n'est pas de spectacle plus amer et plus désolant que celui de la mort quasi-violente d'une femme jeune et belle, pleine de force et pleine de sève, et qui ne demandait qu'à vivre pour son mari et pour son enfant.

— Et cet enfant, monsieur ? — au moment de sa naissance se trouve-t-il comme sa mère exposé à de grands périls ?

— Pourrait-il en être autrement ? la frêle créature, elle aussi, n'est-elle pas suspendue à un fil, entre le néant d'où elle sort et l'existence dans laquelle elle entre ? Toutes les statistiques vous prouveront que le nombre des enfants nouveau-nés qui succombent est infiniment plus considérable que celui des jeunes mères qui meurent en couches.

— Merci de ces renseignements, docteur, ils sont pleins d'intérêt.

— Monsieur, — fit alors le vieux médecin, — je ne suppose pas que votre présence dans ma maison, à pareille heure, n'ait d'autre but que de prendre des renseignements dont l'intérêt ne me semble pas aussi grand que vous voulez bien le dire. — Excusez mon apparente impolitesse, mais, vous le voyez, je suis un vieillard ; — je désire goûter un peu de repos, qui m'est d'autant plus nécessaire que je dois me lever au point du jour... Veuillez donc me dire clairement et brièvement ce qui vous amène, ou remettre à un autre jour la suite de cette conversation déjà longue.

— Docteur, — répondit le jeune homme — depuis que je cause avec vous, je suis allé droit à mon but, comme la balle va droit à la cible... seulement, avant de devenir intelligible pour vous-même, j'avais besoin de savoir, par votre propre aveu, dans quelles proportions se balançaient les chances favorables et contraires relatives aux résultats d'un accouchement quelconque... — Je vois avec regret que les chances mauvaises l'emportent de beaucoup sur les bonnes...

— Mais, — s'écria M. Leroyer, — je n'ai pas dit un mot de cela !

— Pardon, docteur, vous l'avez dit... D'ailleurs les faits quotidiens et les statistiques sont là pour confirmer vos paroles. — Eh bien ! je le savais déjà, et depuis longtemps une idée m'est venue. Je me suis mis dans la tête de jouer une fois dans ma vie le rôle de la Providence et d'apporter une consolation inattendue à un honnête homme, en même temps que viendrait le frapper un chagrin immérité.

L'adolescent tira de l'une des poches de sa redingote un portefeuille en cuir de Russie.

Il ouvrit ce portefeuille et il en étala sur la table le contenu, consistant en un certain nombre de soyeux chiffons de la Banque de France.

Ces chiffons étaient au nombre de dix.

— Docteur, — reprit le jeune homme, — voici dix mille francs... — Vous les voyez et vous les comptez ?

— Parfaitement.

Les dix billets reprirent leur place dans le portefeuille qui fut refermé et que le jeune homme présenta au médecin en souriant.

M. Leroyer regardait son interlocuteur avec un étonnement que nous n'essayerons pas de décrire ; il ne comprenait rien à ce qui se passait sous ses yeux et il ne tendait point la main vers l'objet qu'on lui présentait.

— Prenez donc ! — dit le jeune homme avec impatience.

— Quoi ?

— Ceci, pardieu !

— Le portefeuille ?

— Oui.

— Que voulez-vous que j'en fasse ?

— Que vous le mettiez dans votre poche ou dans un tiroir, partout enfin où il vous conviendra de le mettre.

— Avec l'argent ?

— Eh oui ! sans doute, avec l'argent...

Il se faisait un grand travail dans l'intelligence du vieux médecin, mais ce travail ne produisait aucun résultat, — plus il cherchait à deviner le mot de l'énigme et moins il en venait à bout.

— Monsieur, — dit-il au bout d'un instant, — expliquons-nous, sinon vous allez me faire croire que je deviens fou ou imbécile...

— Expliquons-nous tant qu'il vous plaira, docteur, — je suis à vos ordres...

— Je n'ai pas rêvé, je suppose, en croyant vous voir placer dans le portefeuille dix billets de banque de mille francs chacun?

— Vous n'avez pas rêvé le moins du monde...

— Eh bien! alors, pourquoi me dites-vous de prendre ce portefeuille et de le garder?

— Parce que mon intention est que contenant et contenu deviennent votre propriété...

Le docteur se frappa le front avec un geste d'irritation et d'inquiétude.

— Qu'avez-vous donc? — lui demanda son interlocuteur.

— J'ai que voici la lacune qui recommence à se faire dans mon intelligence... — je vous entends, mais vos paroles n'offrent à mon esprit aucun sens, aucun sens admissible du moins, puisqu'il me semble comprendre que vous voulez me donner dix mille francs, ce qui, bien évidemment, est fort loin de votre pensée...

— Vous vous trompez en effet, docteur, mais c'est en croyant ne pas me comprendre... — Prenez cet argent... — il est à vous...

— A moi? — répéta M. Leroyer.

— Sans doute.
— Vous parlez sérieusement?
— Ai-je l'air de railler?
— Et vous avez la prétention de me faire accepter une pareille somme?
— Mon Dieu, oui, cette prétention est la mienne.
— Mais, monsieur, à quel titre?
— A titre de consolation... — Vous savez bien que je veux me donner le plaisir de jouer le rôle de la Providence... — je vous l'ai dit tout à l'heure... — c'est mon idée fixe..., — Or, je ne sais quel pressentiment m'avertit que, si grands que puissent être d'ailleurs votre mérite et votre expérience, vous échouerez dans le premier accouchement, quel qu'il soit, dont vous serez chargé... — Je crois être certain de la rupture de ce fil léger et fragile qui suspend la mère entre la vie et la mort et l'enfant entre le néant et l'existence, pour me servir de vos propres expressions... — Vous éprouverez un double chagrin de cette double perte, mon cher docteur, que cependant vous n'aurez pu ni prévoir ni empêcher... — Eh! bien, les dix mille francs que voilà seront pour vous une modeste fiche de consolation... — Vous voyez que rien n'est plus simple, et que si mon idée fixe vous paraît un peu folle, au moins sa folie est innocente...

M. Leroyer avait écouté cette tirade, depuis

le premier jusqu'au dernier mot, avec une muette stupeur.

Pendant quelques secondes encore il demeura silencieux, la tête penchée, le regard distrait; — évidemment son intelligence flottait au milieu du brouillard et s'efforçait de se reconnaître, mais sans y parvenir.

Enfin, et tout à coup, — (à la façon d'un éclair qui déchire les nuées épaisses) — la lumière se fit.

Le vieux médecin, soudainement transfiguré, releva la tête, et son visage se montra resplendissant d'indignation, d'horreur et de colère.

— Ah! — s'écria-t-il, — j'ai compris.

— C'est bien heureux! — fit le jeune homme, — sommes-nous d'accord?

M. Leroyer bondit de son siège avec l'impétuosité d'un homme de trente ans.

— Si nous sommes d'accord? — répéta-t-il d'une voix basse et vibrante. — Si nous sommes d'accord pour un crime? — Ah! misérable! — Ce que vous veniez me demander, c'était le meurtre infâme et lâche d'une pauvre fille et de son enfant! — Ces dix mille francs que vous osiez m'offrir, c'était le prix du sang! — Non, oh non! nous ne sommes pas d'accord! — Sortez de cette maison, assassin!! — Je vous chasse! — entendez-vous bien, je vous chasse! et hâtez-vous, car je ne réponds pas de moi, et si vieux et si faible que je vous paraisse, peut-être me resterait-il assez de force pour vous briser ! ! pour vous écraser, serpent ! !...

— Docteur, vous m'avez mal compris... — répliqua le jeune homme avec arrogance; — vous mettez votre pensée à la place de la mienne... — Vous m'insultez...

— Sortez ! — répéta M. Leroyer — sortez, vous dis-je !

— Prenez garde à vous, docteur ! — et l'adolescent leva sa cravache sur le vieillard.

— Prenez garde vous-même... — je suis chez moi — je suis dans le cas de légitime défense — vous êtes un misérable et si vous ne sortez à l'instant vous ne sortirez jamais ! !

Tout en parlant, M. Leroyer saisissait un antique pistolet d'arçon accroché près de la cheminée et il en faisait jouer la batterie.

A la vue de cette arme, le jeune homme pâlit, — il glissa le portefeuille dans sa poche, — il reprit son chapeau et son manteau et il battit vivement et prudemment en retraite.

Mais au moment de sortir de la salle, il se retourna.

— Docteur, — dit-il avec un sang-froid sinistre et un accent de hautaine menace, — si jamais il vous échappe un mot, un seul mot, relatif à ce que vous avez cru comprendre, souvenez-vous que vous êtes un homme mort ! !

Il referma la porte derrière lui, sans attendre la réponse du médecin, — il traversa le jardin en courant, — il atteignit la grille qu'il ouvrit, et il s'élança dans la rue.

Son compagnon, l'homme de haute taille enveloppé d'un long manteau noir, l'attendait à quelques pas et le rejoignit aussitôt.

— Eh ! bien, Claudia, — lui demanda-t-il, — qu'as-tu fait ?

L'adolescent qu'on venait d'appeler Claudia — et qui était en réalité une femme déguisée en homme ainsi que nos lecteurs l'ont deviné déjà, — répondit :

— Nous n'avons pas de chance ! — Nous sommes tombés sur un honnête homme ! — il a commencé par ne pas comprendre et, quand il a compris, il a voulu me brûler la cervelle, tout simplement... Je commence à croire, mon cher ami, qu'il y a encore de par le monde de pauvres diables d'imbéciles qui ont du scrupule.

— Tu t'es fait rendre l'argent au moins...

— Bien entendu ! — me prends-tu pour une sotte ?

— Voilà un fâcheux contre-temps, — c'était commode et sûr ! — mais il n'y faut plus penser...

— Nous ferons nos affaires nous-mêmes et elles n'en seront pas moins bien faites...

Puis les deux complices se dirigèrent rapidement vers l'intérieur du village.

CHAPITRE VI.

A l'auberge du Cheval-Blanc.

Le personnage au manteau et la jeune femme déguisée en homme ne ralentirent leurs pas qu'au moment où ils arrivèrent à une petite place plantée de trois rangées de tilleuls et qui se trouvait à peu près au centre du village.

Sur l'un des côtés de cette place s'élevait, et peut-être s'élève encore aujourd'hui, une grande maison haute de deux étages, dont une porte cochère et une douzaine de fenêtres trouaient la façade.

Au-dessus de la porte se balançait une lourde plaque de tôle soutenue par des crampons de fer et servant d'enseigne.

Le pinceau naïf mais rempli de bonne volonté d'un artiste indigène, avait figuré sur la tôle l'image d'un cheval d'une entière blancheur, galopant parmi des campagnes du vert le plus vif.

Au-dessus et au-dessous de la peinture éminemment fantaisiste qui faisait l'admiration des badauds de Brunoy, se lisaient ces mots tracés en belles lettres d'or :

AU CHEVAL-BLANC.

BON LOGIS.

A cette heure avancée de la nuit l'auberge était profondément silencieuse, et c'est à peine si de faibles lueurs, s'échappant à travers les vitres de l'une des fenêtres du rez-de-chaussée, indiquaient la présence d'une lampe expirante ou d'un feu mourant.

L'homme au manteau s'approcha de la porte cochère et frappa à plusieurs reprises, doucement d'abord, puis un peu plus fort, puis très fort, sans obtenir le moindre résultat.

— Mordieu! — s'écria-t-il d'un ton colère, tandis que sa compagne donnait des signes non équivoques d'une fiévreuse impatience, — sont-ils donc tous endormis là-dedans, et faudra-t-il mettre le feu à la maison pour les réveiller?

— Enfin, — demanda la jeune femme, — n'y a-t-il point d'autre issue que cette porte?

— Je ne le crois pas.

— Alors, frappe de nouveau! Frappe sans relâche! Frappe à tour de bras! — Il est impossible que nous passions la nuit dans la rue!... — Si l'aubergiste fait la sourde oreille, nous briserons, au besoin, à coups de cravache ou à coups de pierres toutes les vitres de toutes les fenêtres. —

Nous mènerons enfin si grand tapage, qu'il faudra bien qu'on s'éveille et qu'on nous entende !

L'homme au manteau, renouvelant sans plus attendre l'une des scènes d'un vaudeville célèbre, *Passé minuit*, se mit à heurter la porte cochère, non plus avec son poing fermé, mais avec un caillou qu'il trouva sous sa main, de façon à produire un vacarme véritablement infernal.

Cette fois, du moins, l'effet espéré ne se fit guère attendre.

Au bout de quelques secondes on entendit un pas lourd retentir à l'intérieur, puis un grognement sourd ; — des verrous furent tirés ; — une clef tourna dans la serrure ; la porte s'ouvrit à demi ; une tête idiote et ensommeillée apparut dans l'entre-bâillement et une voix enrouée demanda :

— Qu'est-ce que vous voulez, vous qui faites tant de bruit à pareille heure ?...

— Nous voulons rentrer, pardieu ! — répliqua l'homme au manteau. — Voilà une ridicule question !

— Les voyageurs du numéro 1 et du numéro 2, c'est-il vous ?

— Eh ! certainement, c'est nous ! et vous le sauriez depuis longtemps si vous n'étiez encore aux trois quarts endormi ! — Ouvrez donc tout à fait la porte, sot animal que vous êtes, car nous sommes à bout de patience !...

Le garçon d'auberge, enfin convaincu de l'identité de nos personnages, s'effaça pour les laisser passer, fit jouer de nouveau derrière eux serrures et verrous, et les suivit dans une pièce assez spacieuse servant de cuisine et au besoin de salle à manger pour les gens de bas étage.

Une petite lampe de cuivre, sans verre, placée sur une table, répandait autour d'elle, en même temps que sa lumière insuffisante, une fumée âcre et fétide.

Deux tisons, à demi enterrés sous les cendres, achevaient de se consumer dans l'âtre. — Auprès de la cheminée se voyait un vieux fauteuil dans lequel le garçon d'auberge se livrait un instant auparavant aux douceurs du sommeil brusquement interrompu par l'arrivée de nos personnages. — Le pauvre diable semblait d'ailleurs n'avoir qu'une idée fixe, celle de se rendormir au plus vite; — il se hâta de prendre deux flambeaux de cuivre vert-de-grisés, *ornés* de leurs *chandelles*, et deux clefs munies d'étiquettes portant les numéros 1 et 2, et, sans dire un mot, il présenta ces clefs et ces flambeaux à l'homme au manteau et à sa compagne. Mais, hélas! le malheureux avait compté sans ses hôtes.

— Il fait dans cette maison un froid glacial et pénétrant! — lui dit la jeune femme déguisée. — Vous allez monter dans ma chambre, au plus vite, un fagot et quelques bûches.

Le garçon, sans lui répondre, la regarda d'un air si stupide et si effaré qu'elle ne put s'empêcher de sourire... — puis, comme il ne bougeait point, elle demanda :

— Ne m'avez-vous pas entendu ? ne m'avez-vous pas compris ?

— Oh ! que si fait... — balbutia-t-il, — j'ai entendu et j'ai compris.

— Eh bien ?

— C'est que, voyez-vous, ça ne se peut...

— Qu'est-ce qui ne se peut ?.

— Faire ce que vous dites.

— Pourquoi donc ?.

— Parce que les bûches sont à la cave et les fagots sous le hangar...

— Après ?...

— Et — reprit le garçon — comme il faudrait les aller chercher et que ce serait long, et que depuis longtemps l'heure de se coucher est arrivée et même passée, je vous ferai du feu demain matin tant que vous voudrez, mais cette nuit vous dormirez bien sans ça...

— Le diable m'emporte ! si j'avais moins froid, l'impudence de ce maraud me réjouirait fort ! — dit Claudia en riant à son compagnon.

Puis elle ajouta, en s'adressant au garçon d'auberge et en faisant siffler sa cravache :

— Allons, drôle ! assez de temps perdu ! — Si, dans un instant, vous n'avez pas allumé dans ma chambre un véritable feu de forge, un brasier à incendier la maison, je vous donne ma parole que je descendrai vous couper les oreilles pour me réchauffer ! — A propos, comment vous appelez-vous ?

— Denis, — répliqua le garçon pris d'un tremblement soudain.

— Eh bien ! Denis, — je vous donne cinq minutes, — pas une de plus... — Donc, faites vite, sinon gare à vos oreilles !

Et Claudia, accompagnée de l'homme au manteau, monta au premier étage, après avoir agité de nouveau sa cravache menaçante, tandis que le garçon épouvanté ne songeait plus qu'à courir de la cave au hangar et du hangar à la cave pour y chercher bûches et fagots.

Les chambres numéros 1 et 2 constituaient l'appartement d'honneur de l'auberge du *Cheval blanc*.

Chacune de ces pièces, communiquant avec la pièce contiguë par une porte qui pouvait se condamner au besoin des deux côtés, offrait pour tout ameublement un lit de bois blanc sous des rideaux de calicot rouge, un fauteuil, deux chaises, une commode et une table ronde. — Sur la cheminée, au lieu de pendule, on voyait des fleurs en coquillages, dans un vase de porcelaine blanche sous globe. — Le long des murailles, comme décoration artistique, des *images* enluminées de couleurs vives et encadrées de bois noir, offraient aux regards les épisodes galants des Amours du bon roi Henri IV et de la belle Gabrielle.

Aussitôt arrivée dans celle de ces chambres dont elle se réservait la possession, Claudia se débarrassa du manteau qui l'enveloppait, et son compagnon suivit son exemple, découvrant ainsi pour la première fois une taille et un visage dignes de fixer l'attention, et que nous allons mettre sous les yeux de nos lecteurs.

Le personnage dont il s'agit était jeune encore ; — c'est à peine s'il avait atteint sa trente-sixième année, et à coup sûr il n'avait pas dépassé cet âge ; — cependant ses cheveux fins et soyeux, d'une belle teinte brune et naturellement bouclés, commençaient à s'éclaircir au sommet du front et s'entremêlaient, sur les tempes, de nombreux fils d'argent.

Ses traits, fortement caractérisés et d'une correction irréprochable, offraient ce cachet aristocratique auquel il est impossible de se méprendre et qui décèle le gentilhomme à première vue, et cependant, malgré sa régularité et sa distinction, la figure que nous essayons de photographier n'était point de celles qui commandent irrésistiblement la sympathie.

Bien loin de là !

Le nez un peu long et d'une forme très aquiline rappelait vaguement le bec recourbé des oiseaux de proie. — Les grands yeux, d'un bleu clair et presque gris, offraient une expression tantôt moqueuse et tantôt cupide. — Un cercle de bistre qu'on aurait pu croire tracé au pinceau, se dessinait au-dessous de la paupière inférieure et tranchait vivement sur la pâleur bilieuse du visage. — La bouche, admirablement dessinée, avait un sourire tout à la fois dédaigneux et cruel.

Nous savons déjà que la taille de cet homme était haute. — Nous devons ajouter que sa tournure ne démentait point l'apparence aristocratique de ses traits. — Un habit de cheval, chef-d'œuvre de quelque tailleur en renom, et un pantalon collant sur lequel s'ajustaient des bottes molles, mettaient en valeur ses larges épaules, son buste cambré et ses jambes d'une élégante finesse.

Tel que nous venons de le décrire, ce personnage offrait dans son ensemble une beauté complète mais sinistre, qui s'harmonisait d'une façon parfaite avec celle de sa compagne.

Claudia et l'inconnu paraissaient avoir été créés l'un pour l'autre et se complétaient l'un par l'autre.

Avant que les cinq minutes se fussent écoulées, le garçon d'auberge reparut.

Il ployait à demi sous le fardeau d'une énorme charge de grosses bûches et de menu bois, qu'il entassa dans la cheminée.

Il battit ensuite le briquet, et bientôt une flamme pétillante illumina la chambre de ses joyeux reflets et répandit dans l'atmosphère humide sa chaleur pénétrante. — C'était mieux qu'un feu de forge, c'était un feu d'enfer !...

Après avoir mis la dernière main à ce brasier monumental, le garçon murmura d'un ton piteux :

— J'imagine que maintenant je puis aller me coucher, que ces messieurs sont contents et qu'ils n'ont plus besoin de rien ?

— C'est ce qui vous trompe, mon brave Denis, — répondit Claudia en riant.

— Qu'est-ce qu'il vous faut donc encore ? Seigneur mon Dieu ?... Qu'est-ce qu'il vous faut donc encore ?

— Les éléments d'un bol de punch, c'est-à-dire une bouteille de rhum, deux bouteilles de vin de Champagne, du sucre, des citrons, un saladier et des verres...

Le garçon se gratta l'oreille.

— Y a-t-il une difficulté nouvelle ? — demanda Claudia en ricanant.

— Oui, monsieur, il y en a une... et une grande.

— Voyons.

— Le rhum, le sucre et les citrons sont dans une armoire, et le vin de Champagne dans le petit caveau...

— Ouvrez l'armoire et descendez au petit caveau.

— C'est que, voyez-vous, le patron a toutes les clefs... — il ne s'en sépare jamais, et il les met le soir sous son oreiller.

— Allez trouver ce patron si bien avisé. — Demandez-lui les chefs en question, il fouillera sous son oreiller, et vous les donnera.

— C'est que...

— Eh bien ! voyons, c'est que, quoi ?

— C'est qu'il dort.

— Eveillez-le, de par tous les diables ! Un aubergiste doit avoir le sommeil léger.

— Je n'oserai jamais... — il ne me le pardonnerait point...

Claudia reprit sa cravache, qu'elle avait posée sur la cheminée, et la fit siffler d'une façon significative aux oreilles de Denis.

— J'y cours, — s'écria le malheureux garçon, qui disparut avec une rapidité prestigieuse, en répétant d'une voix piteuse : — J'y cours !... j'y vole... j'y bondis !... — Ah ! quelle nuit, grand Dieu ! quelle nuit !

— Voilà de quelle façon il faut s'y prendre avec ces *espèces !* — murmura la jeune femme. — Si j'étais homme, je voudrais arriver au pouvoir absolu rien qu'en me faisant craindre, car le monde est peuplé de lâches !

Claudia prononça ces paroles d'un ton trop bas pour qu'elles fussent entendues par son compagnon, sur lequel elle laissa tomber un regard chargé de mépris.

Évidemment, dans sa pensée, l'épithète de

lâche qu'elle adressait aux hommes en général, s'appliquait à lui en particulier.

La seconde absence du garçon d'auberge ne fut guère plus longue que ne l'avait été la première, et il reparut bien vite, les bras chargés des nombreux objets réclamés par Claudia.

Cette dernière s'assura que rien n'avait été oublié, puis elle dit à Denis, dont l'œil effaré restait attaché sur la cravache avec une inquiétude manifeste :

— Maintenant que nous n'avons plus besoin de vous, imbécile, vous êtes libre d'aller vous coucher !

Denis ne se fit point répéter deux fois cette permission si gracieusement octroyée, et il tourna sur ses talons avec un soulagement manifeste.

Au bout de quelques minutes, le punch au vin de Champagne flamboyait dans un grand saladier de faïence à fleurs, et l'atmosphère de la chambre se chargeait d'un parfum que Brillat-Savarin lui-même aurait apprécié.

Claudia remplit deux verres et se tourna du côté de son compagnon, qui s'était laissé tomber sur une chaise au coin de la cheminée, et qui baissait sa tête sur sa poitrine d'un air de profond découragement.

La jeune femme haussa les épaules avec dédain.

— Georges ! — dit-elle ensuite.

L'homme au manteau — que désormais nous appellerons Georges, puisque nous savons que tel était son nom — releva la tête.

— Que veux-tu ? demanda-t-il.

— Je veux t'offrir ce verre de punch.

— Je n'ai pas soif.

— Bois toujours, cela te fera du bien.

Georges obéit machinalement.

Claudia reprit :

— Comment le trouves-tu ?

— Délicieux.

— Dans ce cas, un second verre.

Georges ne fit aucune objection. — Le verre fut rempli de nouveau et vidé jusqu'à la dernière goutte.

— Ma foi, — dit alors le jeune homme en souriant et en tendant son verre pour une troisième libation, — ce punch est irrésistible ! — Tu es une femme de talent ou plutôt une femme de génie ! — Tout à l'heure je ne voulais pas boire, et maintenant je boirais jusqu'à demain.

En même temps une faible teinte rose venait remplacer sur le visage de Georges cette pâleur bilieuse dont nous avons parlé.

Claudia sourit.

— Dis-moi, — continua son compagnon, — comment donc t'est venue la triomphante idée de confectionner ce divin breuvage à deux heures du matin, et malgré l'écrasante fatigue que tu dois ressentir?

— Je ne sais pas ce que c'est que la fatigue! — répliqua la jeune femme, — je suis de fer, ou plutôt d'acier! — Si j'ai pensé à demander du feu et à faire du punch, c'est parce que je te connais bien, Georges, et comme j'étais sûre que tu serais brisé de corps et d'esprit en entrant dans cette chambre, j'ai employé les seuls moyens qui fussent à ma disposition de combattre ton accablement physique et ton découragement moral. — Tu vois que j'ai réussi.

— Complètement, j'en conviens, — mais tu n'avais besoin cette nuit ni de ma force physique, ni de ma force morale...

— C'est ce qui te trompe...

— Que veux-tu donc faire de moi?

— Un homme capable de m'écouter et de me répondre, capable, en un mot, de causer sérieusement avec moi de choses sérieuses.

— Ne pourrions-nous remettre cet entretien à demain?

— Il ne faut jamais remettre ce qu'il est possible de réaliser sur-le-champ. — D'ailleurs il existe un vieux proverbe en qui j'ai foi...

— Lequel?

— Celui-ci: — *La nuit porte conseil!*

— Franchement, j'aimerais mieux dormir.

— Voyons, Georges, sois homme! — répliqua la jeune femme en haussant de nouveau les épaules avec un mépris manifeste. — Tes intérêts sont en jeu, et non pas les miens, après tout ! — Je ne suis pas la sœur du duc Sigismond de la Tour-Vaudieu, moi ! — Je n'ai rien à réclamer de l'immense héritage qui va t'échapper sans doute ! — Je me sens lasse de me dévouer ainsi que je le fais, corps et âme, à une cause que tu désertes ! — Viens-moi donc en aide, Georges, de tout ton pouvoir, ou bien conviens franchement que tu renonces aux millions de ton frère aîné, et dans ce cas, mon pauvre Georges, dis-moi bonsoir et va dormir d'un calme et profond sommeil, ainsi qu'il convient à un grand seigneur dont la ruine est consommée et dont le déshonneur est proche !

Claudia se tut.

Georges fit un geste d'impatience.

— Puisqu'il le faut absolument, — murmura-t-il ensuite avec la résignation d'un homme qui se sent dominé, — causons de choses sérieuses... et d'abord, parle, je t'écoute...

CHAPITRE VII

Georges et Claudia.

— C'est ce que je vais faire à l'instant même, mon cher Georges, — répondit Claudia, — je ne te demande que quelques secondes pour modifier un costume que le manque d'habitude me fait trouver un peu gênant. — Selon toute apparence notre entretien sera long, — il est donc naturel que j'éprouve le désir d'être à mon aise pour le commencer.

Georges fit un signe de tête équivalant à une réponse affirmative.

Claudia ouvrit une de ces petites valises de cuir qui s'attachent derrière la selle, sur la croupe d'un cheval, en guise de porte-manteau. — Elle y prit une robe de chambre de velours noir, à laquelle une écharpe de soie servait de ceinture, et elle remplaça son élégante redingote par cette robe de chambre.

De mignonnes babouches turques en satin écarlate pailleté d'or chaussèrent ses petits pieds, fatigués par les bottes aux éperons d'argent.

Enfin la jeune femme dénoua sa splendide

chevelure brune qu'elle avait portée jusqu'à ce moment roulée sur son cou, et secouant légèrement la tête elle en éparpilla sur ses épaules les masses opulentes.

Ainsi métamorphosée, et ne conservant du costume d'un autre sexe que le gilet et le pantalon, — charmante d'ailleurs et surtout piquante dans cette toilette d'ordre composite, — Claudia se versa un verre de punch, s'assit en face de son compagnon et prit la parole.

— Mon cher Georges, — dit-elle, — avant toute chose, résumons la situation.

— A quoi bon? — interrompit le jeune homme, — je la connais aussi bien que toi, la situation... Ce sera du temps perdu et des paroles mal employées.

Claudia frappa du pied avec impatience.

— Au nom du ciel, — s'écria-t-elle ensuite, — laisse-moi mener les choses à ma fantaisie et m'expliquer comme bon me semblera, sinon je ne me mêle plus de tes affaires, et nous verrons de quelle façon tu conduiras ta barque tout seul!

Georges baissa la tête et ploya les épaules.

La jeune femme reprit :

— Tu es gentilhomme, — tu es grand seigneur, — tu portes un des noms les plus retentissants de la vieille noblesse, — tu t'appelles le marquis de la Tour-Vaudieu, et il n'y a que ton frère aîné entre toi et les fleurons de la couronne ducale et le manteau d'hermine de la pairie... — Tu possèdes la beauté aristocratique qui va bien avec ton nom et avec ton titre, — tu es jeune encore, — suffisamment spirituel, — vigoureux et plein de santé, malgré les excès de tous genres d'une adolescence un peu plus qu'orageuse. — Enfin, tu es devenu le maître absolu de tes actions à l'âge de dix-huit ans, par la mort de ton père, et le jour de ta majorité tu as été mis en possession d'une fortune de cent mille livres de rentes, tandis que le duc, ton frère, en réunissait deux cent mille.

Depuis un instant M. de la Tour-Vaudieu donnait des signes non équivoques d'irritation nerveuse.

— Eh! mordieu! — s'écria-t-il au moment où Claudia prononçait les dernières paroles que nous venons de rapporter, — eh! mordieu! te moques-tu de moi? — toute patience a ses limites et tu abuses de la mienne! — Crois-tu donc que je ne sache pas qui je suis et que j'aie besoin que tu me l'apprennes?

— Non, sans doute, — répondit Claudia avec le plus parfait sang-froid, — mais j'ai besoin, moi, de remettre sous tes yeux le passé pour le comparer au présent. — J'ai besoin de te rappeler d'où tu es parti, pour te montrer où tu es arrivé.

— Continue donc! — murmura Georges, — continue, puisqu'il n'existe aucun moyen de t'en empêcher... mais, au moins, tâche d'abréger!

La jeune femme parut ne tenir aucun compte de cette nouvelle interruption et reprit :

— Ce que tu as fait du capital de tes cent mille livres de rente — (un peu plus de trois millions, en bonnes terres!) — tout Paris le sait. — Les chevaux, les femmes, le jeu et les usuriers ont tout dévoré si vite et si bien que depuis cinq ans il ne te reste que des dettes.

— Qui dit trop ne dit rien! — balbutia Georges avec un embarras mêlé de colère, — ceci est une exagération manifeste!

Claudia haussa les épaules.

— Une exagération, — répéta-t-elle, — tu sais bien que non, Georges, — puisque voilà cinq ans que je te connais... cinq ans que j'ai la faiblesse de t'aimer et de lier ma vie à la tienne... — et depuis cinq ans, je te le demande, comment avons-nous vécu?...

— Est-ce une plainte? — elle serait injuste!
— Depuis que tu me connais, rien ne t'a manqué, et rien ne te manque, pas même ce luxe que tu préfères à tout, et pour lequel tu donnerais ton corps et ton âme!

— M'as-tu donc entendue me plaindre?

— Mais, il me semble qu'en ce moment...

— Il te semble mal... — je dis la vérité, et pas autre chose... — Ne cherche point sous mes paroles un sens qui est loin de ma pensée!... — Ce luxe dont tu parles, Georges, et que tu me reproches, par quels moyens me l'as-tu donné? — D'abord il t'a fallu tendre la main aux libéralités de ta mère et de ton frère. Il t'a fallu solliciter. Tranchons le mot, il t'a fallu mendier une portion de leurs revenus et, maintenant qu'ils se sont lassés de te venir en aide... maintenant qu'ils t'abandonnent et, je dirai plus, qu'ils te renient comme indigne d'eux, de quel prix te faut-il payer ces semblants d'opulence dont tu m'entoures, bien moins par amour que par amour-propre, et qui cachent la froide misère sous leurs oripeaux éclatants?... — Connais-tu seulement ton passif? — Si tu l'ignores, je vais te l'apprendre! — A l'heure qu'il est, Georges, tu succombes sous un million de dettes écrasantes!...

Le jeune homme fit un brusque haut-le-corps.

— Tu doutes? — demanda Claudia.

— Un million de dettes! — s'écria-t-il. — Allons donc!

— Ce chiffre t'étonne?

— Il fait plus que m'étonner — je le déclare impossible!.

— Et cependant, moi, je te le garantis réel...

— A peine ai-je touché trois ou quatre cent mille francs!...

— Qu'est-ce que cela prouve?. — que tu as été beaucoup volé, et pas autre chose...

— Volé!... soit! Oh! j'en conviens de tout mon cœur. — Mais, à ce point, je le nie. — J'aurais donc emprunté à plus de deux cents pour cent?

— Eh! oui, parbleu, mon cher, tu as emprunté à ce taux, et cependant je n'ai pas la preuve que les gens qui t'ont prêté aient fait une bien bonne affaire...

— Un jour je paierai tout... intérêts et capital.

Claudia secoua la tête.

— Tu payeras! — dit-elle, — et avec quoi, je te prie, si l'héritage de ton frère nous échappe?

Georges ne répondit pas.

Un instant de silence eut lieu entre les deux personnages réunis dans la chambre numéro 2 de l'auberge du *Cheval blanc*.

Claudia mit du bois sur le feu, elle se versa du punch et, après avoir vidé son verre, elle reprit la parole.

— Bref, — dit-elle, — tu dois un million, et sur ce million deux cent mille francs sont représentés par des lettres de change exigibles dans quelques mois et dont le non paiement ne te laissera que deux issues.

— Lesquelles? — demanda le jeune homme.

— L'exil ou la prison pour dettes.

— Bah! — je renouvellerai.

— N'y compte pas.

— Pourquoi?

— Je sais, de science certaine, que tes créanciers te sachant abandonné par ta mère et par ton frère, et de plus complètement ruiné, te poursuivront sans trêve ni merci, et ne t'accorderont pas seulement un jour de délai.

— Prophète de malheur !.

— Prophète, dis-tu ! — J'accepte ce titre, car je lis dans l'avenir et je te prédis la vérité.. — Mais ce n'est pas tout...

— Qu'y a-t-il encore ?

— Une chose plus grave... — Cinq ou six bijoutiers juifs, dont les créances représentent ensemble cent mille francs environ et sont au moment d'arriver à échéance, se préparent à te poursuivre devant les tribunaux de police correctionnelle si tu laisses protester tes billets.

— Me poursuivre ! — s'écria Georges, — et sous quel prétexte ?

— Me permets-tu d'appeler les choses par leur nom ?

— Certes !

— Et ma franchise, si brutale qu'elle soit, ne te mettra point en colère ?

— Non.

— Eh bien ! ils te poursuivront tout simplement sous le prétexte que tu t'es fait livrer par eux toutes sortes de diamants et de bijoux en leur faisant croire à une fortune disparue et à des ressources qui n'existaient plus. Ils ajouteront, ce qui est exact, que diamants et bijoux ont été revendus par toi, immédiatement après livraison, pour des sommes qui ne représentaient pas la moitié de leur valeur réelle... — Ils prétendent que tout cela constitue bel et bien le délit d'escroquerie — et j'ai grand peur que le tribunal de police correctionnelle ne soit de leur avis et ne leur donne raison...

— Le marquis de la Tour-Vaudieu en police correctionnelle ! — murmura Georges. — Les misérables n'oseraient pas !!

— Tu oublies que des créanciers impayés deviennent féroces et perdent facilement la timidité et le respect.

— Et tu crois qu'il se trouverait des juges pour condamner un grand seigneur sur la plainte de pareils drôles ?...

— Parbleu ! s'il s'en trouverait !... — Il s'en trouverait d'autant plus que tu es un grand seigneur ! Tu me parais connaître bien mal ton époque, mon pauvre Georges ! — Oublies-tu donc que nous sommes au lendemain d'une révolution et que l'aristocratie n'est point en faveur ?. — Condamner comme escroc un la Tour-Vaudieu, le frère d'un duc et pair de l'ancien régime, ce serait une bonne fortune pour messieurs du Juste-Milieu, et certainement les journaux de l'opposition illumineraient à ce sujet leurs boutiques et tireraient dans leurs colonnes des feux d'artifice d'allégresse...

Anéanti par cette voix inflexible qui le mettait face à face avec les cruelles réalités de sa situation,

Georges appuya ses coudes sur la table et enfonça sa tête dans ses mains, avec l'expression d'un découragement absolu.

Claudia le contempla pendant quelques secondes dans son accablement. — Elle semblait se complaire à le voir ainsi écrasé devant elle, et un sourire d'une indéfinissable expression vint à ses lèvres.

Sans doute la jeune femme ne voulait pas laisser son œuvre incomplète, car elle reprit presque aussitôt :

— Impossible de se faire la moindre illusion. — Nous ne pouvons pas même continuer cette existence tout à la fois misérable et dorée que nous menons depuis quelque temps. — Nous n'avons plus de ressources et nous n'avons plus de crédit. — Les six derniers mois de loyer de mon hôtel des Champs-Élysées ne sont pas payés — mes voitures ne sont pas payées — mes chevaux ne sont pas payés — les gages de mes domestiques ne sont pas payés. — Enfin, pour nous procurer les quelques billets de mille francs indispensables à l'entreprise qui vient d'échouer, il m'a fallu mettre en gage mes derniers diamants qui n'étaient pas payés... — Voilà où nous en sommes... — Qu'en dis-tu, Georges ?

Claudia se tut.

M. de la Tour-Vaudieu releva la tête.

— Est-ce tout ? — demanda-t-il.

La jeune femme fit signe que oui.

— Eh bien! maintenant que je t'ai laissée parler jusqu'au bout, il faut que tu me révèles le but caché de tes paroles! — Il le faut, entends-tu bien? Je le veux! je l'exige!...

— Mon but? — répéta Claudia, — qui t'a dit que j'avais un but?

— Je te connais assez pour en être certain. — Si tu viens d'étaler longuement, minutieusement, sous mes yeux, tous les périls et toutes les hontes de notre situation, ce n'est pas uniquement pour me prouver que cette situation est désespérée et sans issue... — Est-ce que je me trompe?

— Non, tu ne te trompes pas.

— Parle donc, et après m'avoir montré l'abîme, montre-moi le salut...

— Le salut, — répliqua Claudia, — tu le sais aussi bien que moi, c'est l'héritage de ton frère...

— Eh! cet héritage nous échappe... — aussitôt l'enfant venu au monde, aucune puissance humaine ne sera capable d'empêcher Sigismond d'épouser Esther... surtout si l'enfant est un garçon.

— Pourquoi donc, quand je t'ai appris tout à l'heure que le docteur Leroyer refusait absolument de nous venir en aide, malgré l'offre séduisante des dix mille francs, t'es-tu écrié : — *Nous ferons nos affaires nous-mêmes, et elles n'en seront pas moins bien faites!*

— Eh! mon Dieu, j'ai cédé peut-être à un

accès d'imprudente confiance... — je n'ai pas voulu te paraître découragé... — Je me disais, en outre, que rien ne nous empêcherait de faire disparaître ce misérable bâtard...

— Le faire disparaître? — Comment?

— De la façon du monde la plus simple...

— Explique-toi.

— Parbleu! en s'introduisant dans la maison et en s'emparant de lui...

— Et, une fois entre nos mains?.. — demanda la jeune femme avec un étrange regard.

M. de la Tour-Vaudieu ne répondit que par un éclat de rire sinistre et par un geste hideux.

— Ainsi, — reprit Claudia, — tu ferais cela, toi, Georges?

— Sans hésiter.

— Tu te glisserais dans la maison, aussitôt après l'accouchement?...

— Pourquoi non? — il n'y a là que deux ou trois femmes... — D'ailleurs je serais masqué... et bien armé...

— Tu prendrais l'enfant?

— De mes propres mains...

— Et tu nous en débarrasserais?...

— Parfaitement et pour toujours...

— Ah ça, mon pauvre ami, tu es fou!!...

— Pourquoi me dis-tu cela?

— Parce que, non content de la police correctionnelle qui te réclamera bientôt, tu me parais ambitionner les dangereux honneurs de la cour d'assises et l'éclatante solennité de l'échafaud !...

Georges pâlit.

— Qui me dénoncerait ? — s'écria-t-il, — qui pourrait voir mon visage à travers mon masque ?

— Tu demandes qui te dénoncerait ?

— Oui.

— L'évidence.

— Je ne comprends pas.

— N'as-tu jamais entendu parler d'un axiome judiciaire dont la justesse est incontestable, celui-ci : *Cherchez à qui le crime profite ?*... — Or, je te le demande, dans les circonstances où tu te trouves placé qui donc peut avoir un intérêt égal au tien à faire disparaître l'enfant naturel de ton frère aîné ?... — Ignores-tu que la justice est curieuse et qu'elle aime à porter la lumière au milieu des ténèbres... — Crois-tu donc que le docteur Leroyer, interrogé par elle, ne lui raconterait point la visite qu'il a reçue cette nuit ?... — Crois-tu qu'un habile juge d'instruction ne chercherait pas à savoir quelle est le jeune cavalier sans barbe qui tout à l'heure offrait inutilement dix mille francs au vieux médecin ?... — Crois-tu, enfin, que ce juge n'arriverait pas bien vite à constater l'identité de ce cavalier et de Claudia Varni, l'amie, la compagne, la complice du marquis Georges de la Tour-Vaudieu ?... Et, une fois ce secret découvert, nous serions bien loin des millions de ton frère et bien près de l'échafaud ! — Eh ! mon Dieu, je ne me fais pas meilleure que je ne le suis réellement... — j'admets ces hardiesses terribles et parfois nécessaires que le monde appelle des crimes... mais je ne les admets qu'à la condition qu'elles ne seront point inutiles....

— Tu as raison, Claudia, — répondit Georges après un silence, — mais puisque tu repousses mes idées, et que la situation ne te semble pas désespérée cependant, c'est que tu as un plan...

— C'est vrai, j'en ai un...

— Quel est-il ?

— Je ne puis encore te le faire connaître dans ses détails que les circonstances viendront sans doute modifier, — seulement je puis t'en révéler, dès à présent les résultats probables.

— Voyons...

— L'enfant disparaîtra — mais plus tard — sans qu'aucune accusation vienne t'atteindre... sans que l'ombre même d'un soupçon ose monter jusqu'à toi...

— Plus tard, dis-tu ! — interrompit Georges. — Et si, dans l'intervalle, mon frère épouse la mère de son enfant, comme je ne l'y crois que trop disposé, tout sera perdu... perdu sans espoir...

— Tu sais aussi bien que moi que jamais, aussi longtemps du moins que la duchesse ta mère restera vivante, Esther ne deviendra la femme de Sigismond...

— Peut-être... — mais ma mère est vieille et peut mourir bientôt...

— Dans ce cas, et s'il le fallait pour empêcher un malheur irréparable, Esther la suivrait de près dans la tombe.

— Ah! — murmura Georges, — je comprends...

— Enfin, — poursuivit Claudia. — Lorsque les premiers obstacles seront écartés, je ferai entrer en scène un personnage dont je t'ai déjà parlé, l'un de mes vieux amis, le capitaine Corticelli, gentilhomme italien de bonne maison, réfugié en France à la suite de plusieurs duels malheureux... pour ses adversaires... et, grâce à cet excellent coopérateur, les titres et, ce qui vaut mieux, les millions de ton frère ne tarderont guère à passer sur ta tête...

— Que Dieu t'entende! — s'écria Georges.

— Dis, plutôt: *Que le diable nous protège!*... — cela sera plus juste!...

— Maintenant, qu'allons-nous faire?

— Attendre les événements.

— Où?

— Ici même... — Nous ne pouvons quitter Brunoy qu'après la naissance de l'enfant d'Esther... il faut que nous n'ignorions rien de ce qui va se passer... il faut surtout que nous sachions ce que deviendra cet enfant et à quelles mains il sera confié...

— Ainsi, nous allons rester dans cette misérable auberge ?

— Non. — Dès le matin tu te mettras en quête d'une maisonnette à louer dans le village et tu la prendras pour une ou deux semaines... — tu partiras ensuite pour Paris...

— Qu'irais-je y faire ?

— Me chercher des vêtements de femme... — Aussitôt que tu seras revenu, c'est-à-dire à la nuit tombante, je m'installerai...

— Ne peux-tu donc te contenter, pour quelques jours, de tes habits d'homme ?

— Je le pourrais sans doute, si je voulais me condamner à ne pas sortir.

— Pourquoi cette réclusion ?

— Parce que j'ai toutes les chances du monde de rencontrer le docteur Leroyer dans les rues de Brunoy, surtout aux alentours de la maison d'Esther, et qu'avec mon costume masculin il ne manquerait pas de me reconnaître, ce qu'à tout prix je veux éviter...

— Et tu as raison...

— Comme toujours, mon cher Georges. — Ceci étant convenu, je n'ai plus rien d'immédiat à te dire et je t'engage à me laisser prendre un peu de repos, dont j'ai grand besoin, je l'avoue, malgré ma prétention d'être infatigable...

— Je me retire et je te souhaite un sommeil calme et d'heureux rêves...

— Bonsoir, Georges...

— Bonsoir, Claudia...

Les deux complices se serrèrent la main et se séparèrent.

CHAPITRE VIII

Sigismond.

L'entretien de Georges et de Claudia a dû mettre nos lecteurs au courant de la situation de deux des personnages importants de cette histoire.

Un petit nombre de pages nous suffira désormais pour achever ce qu'en termes de théâtre on appellerait l'exposition du drame que nous allons raconter.

Le duc Sigismond de la Tour-Vaudieu, pair de France, plus âgé seulement d'une année que son frère, ne ressemblait à ce dernier ni au physique ni au moral.

Sigismond n'était pas moins beau que Georges, mais il l'était autrement.

Grand et mince, avec un teint d'une blancheur féminine et faiblement rosée, le duc avait des cheveux d'un blond cendré et des yeux bleus d'une douceur infinie.

Quoiqu'il n'y eût pas dans ses veines une seule goutte de sang étranger, il offrait le type accompli des *gentlemen* de la plus haute aristocratie anglaise.

A trente-six ans, Sigismond semblait en avoir tout au plus vingt-huit, tant son front était pur et ses joues veloutées. — C'est à peine si le duvet soyeux d'une barbe presque naissante estompait les contours harmonieux de son visage.

Pendant toute son enfance et pendant une partie de sa première jeunesse, sa santé, sinon mauvaise du moins très délicate, avait inspiré à sa famille les plus vives inquiétudes. — A le regarder si frêle et si faible, on craignait de le voir s'étioler lentement et s'éteindre enfin à cet âge où l'adolescent revêt avec tant d'ardeur et de joie la robe virile.

Ces tristes prévisions furent heureusement trompées.

Grâce aux soins intelligents et pleins d'amour dont il fut entouré, grâce à une vie sage et merveilleusement réglée que se partageaient le travail sans fatigue et le plaisir sans excès, Sigismond dépassa l'époque néfaste que redoutaient les angoisses maternelles et, à partir de ce moment, sa santé subitement raffermie fut celle d'un homme vigoureux et plein de sève.

A vingt-cinq ans, sous son apparence juvénile et presque efféminée, le duc de la Tour-Vaudieu cachait une force musculaire et nerveuse que la plupart de ses amis lui enviaient. — Il pouvait passer vingt-quatre heures à cheval sans que les roses de son teint de miss anglaise vinssent à pâlir et, comme lord Byron, il aurait volontiers fait et gagné le pari de traverser un bras de mer à la nage.

L'âme de Sigismond — (qu'on nous passe cette hardiesse de langage, — n'était pas sans quelque ressemblance avec son corps...

Douce et délicate, et presque candide comme une âme de jeune fille, elle était inflexible et inébranlable en tout ce qui touchait aux choses de l'honneur. — Sa loyauté, sa générosité, sa droiture, pouvaient être égalées, mais dépassées jamais.

Le duc Sigismond de la Tour-Vaudieu avait peu *vécu*, dans l'acception que notre époque essentiellement matérialiste prête à ce mot.

Rarement il s'était trouvé mêlé aux folles orgies et aux débauches élégantes de ses compagnons, l'élite de la jeunesse dorée de ce siècle, — et, lorsqu'il n'avait pu se dispenser d'être le témoin de quelqu'une de ces saturnales contemporaines, il en était sorti la rougeur au front et le dégoût au cœur.

Il ne comprenait rien aux liaisons vénales et aux tendresses cupides de la bohême galante... — Il lui semblait qu'une chose divine comme l'amour ne peut et ne doit ni se vendre, ni s'acheter...

Plus d'une fois, certains *viveurs* de la haute école avaient entrepris de railler ses opinions, qui leur semblaient entachées de pruderie et de paradoxe, mais Sigismond, malgré sa nature douce et bienveillante, ne faisait point profession de patience et goûtait médiocrement la raillerie...

Deux ou trois des aimables roués qui l'avaien ainsi traité de cénobite et d'anachorète, reçurent à cette occasion de forts jolis coups d'épée, donnés avec une élégance toute mondaine.

Ils se tinrent pour satisfaits. — Ils firent amende honorable, et les rieurs, désormais, furent du côté de Sigismond.

Nous savons déjà que le jeune duc jouissai d'une fortune considérable. — Avantagé d'une part d'enfant dans le testament de son père, en sa qualité de fils aîné, il s'était trouvé le maître, à vingt et un ans, de deux cent mille livres de rentes.
— Il dépensait noblement et largement cette fortune, et vivait en grand seigneur comme l'exigeaient son nom et son titre.

Il avait ressenti un immense chagrin de la ruine complète, et surtout de la conduite déplorable de son frère. — Pendant plusieurs années, — nous l'avons appris de la bouche de Claudia elle-même, — il était venu au secours de Georges en lui abandonnant une large part de ses revenus ; mais l'existence du marquis de la Tour-Vaudieu se faisant de plus en plus compromise et de plus en plus honteuse, Sigismond avait dû retirer absolument son appui à ce frère lancé à toute vitesse dans la route du déshonneur, et qui ne se servait des subsides prélevés sur sa famille que pour éblouir de nouvelles dupes, s'ouvrir de nouveaux crédits, consommer de nouvelles escroqueries, rendre enfin plus profond l'abîme où sa fortune et son honneur s'étaient engloutis.

Nous n'ignorons point de quelle façon Georges vécut, lorsque la main de sa mère et celle de son frère se furent retirées de lui.

Nous savons également quelles étaient ses espérances pour l'avenir, et nous connaissons les moyens infâmes qu'il comptait mettre en œuvre pour les réaliser.

Hâtons-nous d'expliquer maintenant comment le duc Sigismond, cet homme loyal et irréprochable, se trouvait être le père de l'enfant près de venir au monde mystérieusement et clandestinement à Brunoy, au mois de novembre de l'année 1833, dans la villa gothique de madame veuve Rougeau-Plumeau.

Quelques mois avant l'époque où commence cette histoire, la duchesse douairière de la Tour-Vaudieu atteignait sa soixante-dixième année ; — mariée à vingt-cinq ans, elle avait passé les dix premières années de son mariage sans devenir mère.

Depuis longtemps déjà la duchesse se sentait dominée par une idée fixe, par un désir qui grandissait de jour en jour et d'heure en heure, et dont la violence et l'intensité prenaient des proportions invraisemblables à mesure que le temps s'écoulait et que la vieillesse amenait à sa suite son cortège d'infirmités, avant-coureur de la mort prochaine.

Ce désir — parfaitement légitime et parfaitement naturel d'ailleurs — était celui de marier son fils aîné et de se voir revivre dans ses petits-enfants.

Déjà à plusieurs reprises la noble dame avait cherché et trouvé pour Sigismond des partis brillants sous le double rapport de la naissance et de la fortune, tels enfin que pouvait les désirer un jeune duc, remarquablement beau et riche de deux cent mille livres de rentes.

M. de la Tour-Vaudieu avait refusé toutes ces alliances.

Ce n'est pas qu'il fût l'ennemi du mariage ou qu'il lui parût difficile ou pénible de renoncer aux plaisirs du célibat. — Nous savons que sa vie était infiniment plus morale et plus régulière que celle de la plupart des jeunes gens de la haute aristocratie qui l'entouraient. — Mais il avait certaines idées, parfaitement et profondément arrêtées dans son esprit, dont il lui semblait qu'il ne pourrait à aucun prix se départir et qui peut-être feront sourire quelques-uns de nos lecteurs, tant elles sont en désaccord avec les habitudes et les mœurs de notre époque.

Ainsi par exemple Sigismond, tout en n'admettant même point la pensée d'une mésalliance, était résolu à n'épouser qu'une jeune fille qui lui plairait d'une façon sérieuse et passionnée. — Il voulait, en un mot, ne donner sa main qu'avec son cœur.

Chose étrange!... Ce cœur restait libre au milieu des plus nobles, des plus riches, des plus charmantes héritières du faubourg Saint-Germain.

Quand donc s'amollirait sa rigidité marmoréenne? — (pour parler le langage du galant dix-huitième siècle.) — Quand donc se déclarerait-il enfin vaincu par une irrésistible et souriante enchanteresse?

Voilà ce que nul ne pouvait prévoir — et Sigismond pas plus que les autres.

Un jour, au mois de novembre 1832, après une absence de trois semaines passées à la chasse dans ses domaines de Normandie, le jeune duc, descendu de voiture depuis une demi-heure à peine, se fit annoncer chez sa mère, après avoir à peine pris le temps d'échanger contre un costume de ville ses vêtements de voyage.

Le jeune homme ne put empêcher un douloureux étonnement de se peindre sur sa figure en voyant combien la douairière s'était affaiblie depuis son départ. — Ses traits livides et amaigris avaient pris l'apparence d'un masque de cire vierge. — Un tremblement continuel agitait ses mains fluettes et presque diaphanes. — Elle semblait ne plus pouvoir faire un mouvement hors du grand fauteuil où son corps disparaissait tout entier, sous des flots de soie brune et de dentelles blanches.

Ses yeux seuls avaient conservé la vivacité unie à la douceur de ses regards d'autrefois.

— Mon enfant, — dit-elle à Sigismond après l'avoir embrassé avec effusion, tandis qu'un sourire mélancolique errait sur ses lèvres, — tu me trouves bien changée, n'est-ce pas?...

— Mais, non, ma mère... — s'écria-t-il, — vous êtes toujours la même...

— Pourquoi mentir?... — Crois-tu que je me fasse la moindre illusion sur mon état?... — L'heure approche où je quitterai cette terre... — Il n'y a plus d'huile dans la lampe... — J'ai eu largement ici-bas ma part de joies et ma part de douleurs... — J'ai été heureuse par ton père et par toi... — C'est beaucoup... — J'ai assez vécu... — Je ne regretterais rien en ce monde si mon dernier désir était exaucé... si je pouvais, avant de mourir, appuyer mes mains défaillantes sur la tête blonde de ton premier enfant...

Sigismond baissa les yeux et ne répondit pas.

Un moment de silence succéda aux paroles de la duchesse.

— Tu m'aimes, cependant... — murmura cette dernière.

— Si je vous aime !... — s'écria le jeune homme avec feu. — Ah ! je vous aime de toute mon âme, et vous n'en doutez pas, ma mère !!

— Non, je n'en doute pas... — Aussi, je me demande souvent comment il se fait que tu hésites, toi le meilleur des fils, quand il s'agit d'exaucer le vœu suprême d'une mourante que tu rendrais heureuse...

— Je n'hésiterais pas, s'il ne fallait que donner ma vie pour sauver la vôtre...

Le jeune duc s'interrompit.

— Mais il s'agit de plus que ta vie, — continua la douairière, — il s'agit de ton bonheur... — C'est là ce que tu veux dire, n'est-ce pas ?

— C'est vrai... — répondit Sigismond.

— Crois-tu donc qu'il te soit impossible de trouver le bonheur dans le mariage ?...

— Cela me sera possible lorsque j'aimerai... mais je n'aime point encore...

— Combien ne vois-tu pas d'unions conclues sans amour et qui sont les plus heureuses de toutes.

— Vous avez raison, je le sais bien, mais au point de vue des autres et non au mien. — Que voulez-vous !... faire froidement au pied des autels un serment d'éternelle tendresse et de fidélité éternelle me paraît un sacrilège lorsque le serment ne s'échappe pas d'un cœur embrasé !... Si je contractais enfin ce qu'on appelle un mariage de convenance, il me semblerait que je tends les mains à une chaîne de fer... — Si c'est un pareil sacrifice que vous attendez de moi, ma mère; dites-le-moi, et ce sacrifice, je vous jure que j'aurai la force de l'accepter... seulement je serai malheureux...

— Malheureux, toi, Sigismond!... Eh! tu sais bien que je n'ai jamais voulu et que je ne voudrai jamais que ton bonheur... — Allons, n'en parlons plus... je mourrai sans que mon beau rêve s'accomplisse...

— Pourquoi désespérer, ma mère?

— Quelle espérance me donnes-tu?...

— Je n'ai point encore rencontré celle qui doit me prendre mon cœur... mais peut-être le moment où je la rencontrerai est-il proche...

Un éclair fugitif brilla dans les regards de la vieille duchesse.

— Ce que tu viens de me dire, — lui demanda-t-elle, — le crois-tu véritablement?

— Oui, ma mère... véritablement, je le crois... et je vous jure que j'ai comme un pressentiment que je vais bientôt aimer.

Pour la seconde fois depuis un instant les yeux de la duchesse eurent une flamme passagère.

Sigismond souriait.

Madame de la Tour-Vaudieu lui tendit la main.

— Merci de cette bonne parole, mon enfant, —

lui dit-elle, — elle me ramine et me rend un peu de joie...

Puis elle ajouta :

— J'ai quelque chose à te demander...

— Parlez, ma bonne mère, et ce que vous attendez de moi sera fait, même si c'est difficile, — je dirai presque, même si c'est impossible...

— Ce n'est ni difficile ni impossible... — c'est facile...

— Qu'est-ce donc ?

— Te sentiras-tu le courage, — malgré la fatigue de ton voyage, — d'aller à l'Opéra ce soir ?

Sigismond fit un geste de surprise...

— A l'Opéra ! — répéta-t-il comme un homme qui croit avoir mal entendu ou mal compris.

— Oui, à l'Opéra...

— Je le ferai de tout mon cœur, puisque vous le désirez, mais j'avoue que je ne comprends pas bien d'où peut vous venir un pareil désir... — Enfin, à l'Opéra, que ferais-je ?...

— Tu te placeras, non point dans une loge, mais à l'orchestre...

— J'ai ma stalle...

— Tu te muniras d'une jumelle de premier ordre...

— Les verres de la mienne ont presque la puissance de ceux d'un télescope...

— A merveille. — Tu te retourneras dans les entr'actes et tu dirigeras les tubes de ta lorgnette du côté de l'une des deux loges de face d'entre-colonnes qui sont, au premier étage, les plus rapprochées de la loge royale...

— Savez-vous le numéro de cette loge?

— Je sais que c'est 37 ou 38.

— Ce renseignement est un peu vague... — le 37 se trouve à la gauche et le 38 à la droite de la loge du roi...

— Tu ne pourras pas te tromper...

— Comment cela?

— Deux personnes seulement viendront occuper la loge dont je parle...

— Quelles sont ces personnes?...

— Un vieillard et une jeune fille...

— Il y a dans Paris, ma mère, bien des vieillards et bien des jeunes filles... — répondit Sigismond en souriant.

— Sans doute, — continua la douairière, — mais quand j'aurai ajouté que le vieillard de qui je parle a soixante ans environ, que ses cheveux, qu'il porte un peu longs, sont d'une blancheur de neige, et qu'il est officier de la Légion-d'Honneur.

— Quand je t'aurai dit que la jeune fille assise auprès de lui sera vêtue de rose et qu'elle tiendra à la main un bouquet de roses blanches, je crois qu'il te deviendra bien difficile de commettre une erreur...

— J'en conviens... — Et, lorsque j'aurai constaté la présence de la jeune fille à la robe rose et du vieillard aux cheveux blancs, qu'arrivera-t-il?

— Il n'arrivera rien... Il te suffira de regarder avec attention la jeune fille et, tout en la regardant, d'écouter si ton cœur te parle...

— Elle est donc bien jolie?

— Tu en jugeras par toi-même...

— Blonde ou brune?...

— Un peu de patience, mon enfant... — laisse à tes yeux le plaisir de satisfaire ta curiosité...

— Ne puis-je au moins savoir le nom de cette robe rose?...

— C'est impossible en ce moment...

— Pourquoi?

— Parce qu'il me plaît que tu l'ignores.

— Mais, quand le saurai-je?

— Ce soir.

— A quelle heure?

— Entre minuit et une heure du matin.

— Et, qui me le dira?

— Moi... — Tu viendras m'embrasser en sortant de l'Opéra et tu sauras alors le nom de la robe rose...

Sigismond quitta la chambre de sa mère, extrêmement intrigué, — (et pourquoi n'en conviendrions-nous pas?)... — un peu ému...

CHAPITRE IX

Deux loges à l'Opéra.

Sigismond dîna rapidement — s'habilla — donna l'ordre d'atteler et se fit conduire à l'Opéra.

— C'est bizarre! — se disait-il, tandis que sa voiture dévorait l'espace qui sépare la rue Saint-Dominique — (où l'hôtel de la Tour-Vaudieu se trouvait situé) — de la rue Lepelletier. — D'où vient cette indéfinissable émotion qui s'est emparée de moi sans motif? — Bien souvent déjà ma mère m'a mis en présence de jeunes filles parmi lesquelles elle souhaitait me voir choisir une compagne... — Jamais je n'ai ressenti rien de pareil à ce que j'éprouve en ce moment... — Il me semble que mon cœur bat... — Pourquoi? — Je l'ignore... — Qui donc est-elle, cette enfant vêtue de rose qui doit triompher ce soir de ma longue indifférence? — Les ardents désirs de ma mère vont-ils être enfin exaucés?... — L'heure d'une vie nouvelle, l'heure de l'amour, va-t-elle enfin sonner pour moi?

Nous croyons devoir supprimer le reste du monologue, qui ne s'acheva qu'au moment où les chevaux du jeune pair de France s'arrêtèrent sous le péristyle de l'Opéra et où son valet de pied ouvrit la portière.

Sigismond passa rapidement devant les contrôleurs, qui saluent avec un égal respect les millionnaires, les grands seigneurs, les grands artistes et les grands écrivains, et qui, sans cesse en contact avec les illustrations de tout genre, ressentent un dédain très absolu pour la multitude à qui manquent les triples blasons de la fortune, de la naissance ou du talent.

Il gravit sans s'arrêter le large escalier dont la moquette écarlate couvre les marches. — Il entra au foyer et il ne répondit que d'une façon vague et distraite aux poignées de main et aux questions de quelques amis qu'il y rencontra, qui s'étonnèrent de sa préoccupation manifeste, et qu'il quitta brusquement pour descendre à l'orchestre.

— Qu'a donc Sigismond ce soir ? — demanda l'un de ces jeunes gens, le prince de P..., à ses compagnons.

— Je ne m'en doute pas... — répliqua le duc de L... — Je ne l'ai jamais vu ainsi... — D'ordinaire si calme et si sérieux, il paraît hors de lui-même... — Il semble ne point écouter et ne point entendre ce qu'on lui dit.

— En vérité, — reprit le prince de P... en riant, — Sigismond viendrait ici pour un rendez-vous de duel ou d'amour qu'il ne serait pas autrement agité...

— Permettez-moi de vous contredire, mon cher P..., — répondit le plus jeune des pairs de France de cette époque. — Je ne sais ce que ferait notre ami la Tour-Vaudieu s'il était question d'amour, — mais je puis vous affimer que s'il s'agissait de duel vous le verriez aussi calme et aussi peu préoccupé que vous-même... — Personne n'en est plus sûr que moi... — J'ai été deux fois son témoin dans des rencontres fort périlleuses...

— Je n'en doute point ! — fit le prince en souriant. — Je plaisantais tout à l'heure, croyez-le bien, et je n'ai jamais prétendu mettre en doute le courage parfaitement prouvé et incontestable de Sigismond...

Tandis qu'on s'occupait de lui au foyer dans les termes que nous venons de rapporter, le duc prenait possession de la stalle d'orchestre qu'il louait à l'année, mais que, nous devons le dire, il occupait assez rarement.

On jouait, ce soir-là, *la Muette de Portici,* alors dans toute la vogue de son immense succès, et le ballet de *la Tentation.*

Quelques minutes devaient s'écouler avant que la toile se levât pour le premier acte de l'opéra de Scribe et d'Auber. — Les musiciens arrivaient l'un après l'autre devant leurs pupitres, et le chef d'orchestre n'avait pas encore pris possession de son fauteuil — nous allions dire : de son trône.

Sigismond fit sortir de l'étui de chagrin noir ce télescope portatif qu'on appelle une jumelle d'opéra ; et, tandis qu'il en essuyait les verres avec un mouchoir, il murmurait :

— Il faut qu'elle soit bien belle, cette jeune fille, pour que ma mère compte si fermement sur son triomphe et sur ma défaite !... — Enfin, je vais savoir...

Il se retourna et braqua sa lorgnette sur le point central du demi-cercle éblouissant de lumières et de dorures qui lui faisait face.

Le duc de la Tour-Vaudieu avait trente-cinq ans ; — il était, dans toute la force du terme, un homme *sérieux* ; — il n'avait jamais aimé ; — et cependant nous affirmons qu'en ce moment son cœur battait à rompre sa poitrine.

Inutiles battements ! — Émotion perdue !

Les loges d'entre-colonnes, les plus rapprochées de la loge du roi, étaient vides l'une et l'autre...

— Ajoutez donc foi aux pressentiments ! — se dit le duc en souriant. — Moi qui croyais avec une ingénuité tout enfantine que mon premier regard allait décider de mon avenir !... — Ce premier regard n'a rencontré que les rehauts d'or sur les blanches moulures, et les plis lourds du velours cramoisi... — C'est riche et de bon goût, j'en conviens ; mais ce n'est pas ce que j'attendais...

Les deux loges sur lesquelles se fixait plus particulièrement l'attention de Sigismond n'étaient pas d'ailleurs les seules qui fussent vides. — Les avant-scènes et la plupart des loges de la galerie attendaient encore leurs hôtes habituels.

Il est de bon goût — personne ne l'ignore — de ne se manifester à l'Opéra qu'après l'ouverture, et Sigismond ne s'en prit qu'à lui-même d'une déception qu'il aurait dû prévoir.

Cependant le temps passait. — La salle se garnissait peu à peu, surtout dans ses étages supérieurs.

On entendait, à l'orchestre des musiciens, ce murmure confus et quelque peu discordant des instruments qui se mettent d'accord. — Les stalles se peuplaient. — Les figurantes de la danse et du chant établissaient, à travers les deux trous du rideau, des communications clandestines avec certains habitués, recommandables par leur calvitie, leurs ventres importants et leurs fortunes non moins importantes.

Peut-être, dans la suite de ce livre, révélerons-nous quelques-uns des petits mystères de cette télégraphie, dont le sens et même l'existence échappent aux profanes qui ne savent voir le spectacle que sur la scène, et assistent, sans y rien comprendre, au spectacle bien autrement curieux et original dont la salle est le théâtre.

Spectacle étrange et saisissant — où la comédie

abonde, où parfois même le drame éclate avec ses péripéties émouvantes.

Une minute encore s'écoula — puis le chef d'orchestre donna le signal, et l'on entendit retentir ce premier coup d'archet dont les provinciaux parlaient avec un si furieux enthousiasme, et dont ils parlent peut-être encore aujourd'hui avec un enthousiasme non moins grand.

L'ouverture était commencée.

Sigismond jeta un dernier coup d'œil sur les deux loges toujours vides, ensuite il fit face au rideau et s'assit dans sa stalle en se disant :

— Je ne me retournerai plus avant la fin du prochain entr'acte.

M. de la Tour-Vaudieu accomplit d'ailleurs avec une religieuse exactitude l'engagement qu'il venait de prendre vis-à-vis de lui-meme.

Pendant toute la durée du premier acte de la *Muette*, il parut accorder une attention sans partage aux situations du drame lyrique qu'il voyait et qu'il entendait pour la vingtième fois, et, certes, cette constante attention n'était point sans mérite, car nous pouvons affirmer que l'esprit de Sigismond restait absolument étranger aux faits et gestes du pêcheur Masaniello.

La pensée du pair de France appartenait tou entière à cette robe rose encore inconnue et qui, peut-être, était destinée à jouer un si grand rôle dans sa vie.

Enfin la toile tomba.

Sigismond n'attendit pas une seconde. — Il fut debout et le dos tourné à la scène avant que la dernière note de l'orchestre eût cessé de se faire entendre, et son regard interrogea rapidement les deux loges d'entre-colonnes.

L'une d'elles restait vide, mais dans l'autre se trouvaient un vieillard et une jeune fille.

Le vieillard offrait un aspect sévère; — des cheveux d'une blancheur argentée couronnaient son front, et la rosette de la Légion d'honneur s'épanouissait à la boutonnière de son habit.

La jeune fille portait une robe rose. — Sur le bord de la loge se voyait un énorme bouquet de roses blanches.

Le doute semblait impossible. — Ce vieillard et cette enfant ne pouvaient être que les deux personnes dont la duchesse douairière de la Tour-Vaudieu avait parlé à son fils.

Aussi ce dernier se mit-il, avec une curiosité profonde et facile à comprendre, à étudier la jeune fille.

Elle semblait avoir seize ou dix-sept ans, tout au plus, et jamais l'imagination d'un poète n'aurait pu rêver une plus adorable incarnation de la *Titania* de Shakespeare, ou de la fée du printemps et des fleurs.

Rien n'égalait la grâce candide de son beau visage presque enfantin, éclairé par deux grands yeux de madone, voilant à demi, sous de longs cils de velours, l'éclat de leurs prunelles d'un bleu pur et profond comme celui du ciel.

Les boucles opulentes de cheveux soyeux, de ce blond cendré qui est si rare et si doux, encadraient ses joues aussi fraîches et veloutées qu'un fruit presque mûr, et caressaient de leurs molles ondulations la naissance des épaules chastement voilées par le corsage montant de la robe.

Cette chevelure dorée avait pour ornement une couronne de roses blanches pareilles à celles du bouquet.

Un petite main gantée de blanc — véritable main de duchesse — agitait avec une gracieuse nonchalance un éventail de plumes blanches et roses.

La contemplation de M. de la Tour-Vaudieu fut longue — son admiration fut sans bornes.

A mesure qu'il laissait ses yeux étudier les perfections de ce doux visage rayonnant et de cette taille incomparable, il se sentait envahi par un sentiment inconnu jusqu'alors ; — la glaciale égide qui pendant tant d'années avait défendu son cœur, se fondait comme la dernière neige d'une matinée d'avril sous les premiers rayons du soleil.

Sigismond se rendait parfaitement compte de ce qui se passait en lui-même, et il n'opposait aucune résistance à cet envahissement rapide, à cette domination soudaine.

C'est avec une joie bizarre qu'il abdiquait sa liberté chérie, qu'il ployait le genou devant cette jeune reine de beauté et qu'il se voyait devenir esclave.

— Allons ! le sort en est jeté ! — se dit-il, — ma mère avait raison !... — Mon cœur se laisse prendre ou plutôt il se donne avec ivresse ! — Cette enfant dont j'ignore le nom et dont mes yeux ne peuvent plus se détacher, c'est la duchesse de la Tour-Vaudieu ! c'est ma femme !...

Lorque l'orchestre commença l'introduction du second acte, le pair de France maudit intérieurement la musique et déplora la brièveté insupportable de l'entr'acte, qui cependant avait duré plus de dix minutes.

Il se rassit à sa place, — mais pendant que les conspirations et les amours se déroulaient sur la scène, il fermait les yeux et il évoquait, comme dans le cadre d'un miroir magique, la blonde image adorée déjà.

Pour la seconde fois la toile tomba.

De tous les spectateurs entassés dans la salle, Sigismond fut le premier debout.

Son regard, en volant vers celle qu'en son cœur il nommait déjà sa fiancée, s'arrêta pendant la vingtième partie d'une seconde sur cette autre loge d'entre-colonnes restée vide pendant tout le premier acte de *la Muette*.

Involontairement Sigismond tressaillit.

Cette loge était occupée, maintenant, par deux personnes.

Une jeune fille vêtue de rose tenait dans la main droite un splendide bouquet de roses blanches, et se penchait vers un grand et beau vieillard assis à son côté et qui la contemplait avec une fraternelle tendresse.

Ce vieillard, dont une auréole de cheveux blancs couronnait la tête patricienne, portait la rosette d'officier de la Légion d'Honneur à la boutonnière de son habit.

Bref, par une de ces bizarreries auxquelles le hasard semble si souvent prendre plaisir, le signalement que la duchesse douairière de la Tour-Vaudieu venait de donner à Sigismond s'appliquait avec une égale exactitude aux deux vieillards et aux deux jeunes filles, belles et charmantes l'une et l'autre et rivales de grâce et de distinction.

Seulement, au lieu des boucles blondes de la première, une chevelure d'un noir d'ébène, à reflets bleuâtres et satinés, encadrait de ses nattes épaisses le visage ravissant mais impérieux de la nouvelle venue.

Ce que nous venons de détailler longuement, Sigismond le vit avec l'instantanéité de l'étincelle électrique.

Ses yeux étonnés coururent de l'enfant brune à

l'enfant blonde, et il se demanda, non sans un trouble subit :

— Laquelle des deux?

CHAPITRE X.

La solution d'un problème.

— Laquelle des deux ? — répétait Sigismond avec une émotion grandissante.

Il semblait impossible de répondre à cette question, — impossible de résoudre ce problème...

Le jeune duc y répondit cependant, — il crut trouver une solution, — et voici de quelle manière.

— Ces deux jeunes filles sont belles l'une et l'autre,—se dit-il, — et d'une beauté si complète et si parfaite que les regards ne peuvent qu'admirer et ne sauraient choisir entre elles ; mais il n'en est pas de même du cœur !... — Le mien reste calme et glacé devant la vierge aux nattes brunes... — Il s'élance au contraire tout entier vers l'enfant aux tresses blondes !... — Un secret et mystérieux instinct lui révèle que c'est celle-là qu'il doit aimer, car c'est elle que Dieu me gardait ! — Je ne ferai pas à cette voix de mon âme l'injure de ne point l'écouter... — Mon amour et mon devoir sont d'accord. — Cette chaste fille aux yeux bleus est la fiancée que ma mère me destine, et la couronne de duchesse ira bien à son front candide ! Plus d'indécision !... plus de doute ! — Que ma destinée s'accomplisse !...

A partir de ce moment Sigismond, convaincu de la meilleure foi du monde par les sophismes dont nous venons de reproduire quelques-uns, se prouva à lui-même que le cœur étant infaillible aucune erreur n'était possible, et s'absorba dans les extases enivrantes qui toujours accompagnent les premières révélations d'un naissant amour.

La soirée s'acheva pour notre héros avec une rapidité qui tenait du prodige. Jamais le jeune duc, assez fervent dilettante cependant, n'avait trouvé le temps aussi prodigieusement court à l'Opéra.

Avons-nous besoin de dire qu'il n'attendit pas la chute du rideau sur le dernier tableau du ballet pour quitter l'orchestre et pour courir se mettre en embuscade sous le vestibule, à la façon de ces amoureux naïfs et timides qui, n'osant pas se rapprocher de leur idole, veulent au moins la contempler une dernière fois au passage.

Bientôt la foule élégante se déroula devant lui, et telle était sa préoccupation qu'il négligea de saluer plusieurs hommes et quelques femmes de sa plus intime connaissance, lui dont les manières courtoises et la politesse chevaleresque étaient à bon droit citées dans le noble faubourg.

Enfin, celle qu'il attendait, la blonde enfant,

parut, appuyée au bras de son père, et Sigismond crut voir s'entr'ouvrir les portes du ciel.

Elle était grande et mince et l'élégance accomplie de sa démarche s'accordait bien avec la charmante beauté de sa figure.

Une pelisse de cachemire blanc cachait à demi sa robe rose; sa petite main rapprochait du rose pâle de ses joues les roses pâles de son bouquet.

Un domestique vêtu de noir se détacha de la cohue des valets de pied, et précéda le vieillard et la jeune fille jusqu'à un coupé très simple, mais admirablement tenu, attelé d'un seul cheval d'une grande beauté.

La portière de ce coupé se referma sur le père et la fille. — Le domestique prit place à côté du cocher, et le cheval prit au grand trot la direction du boulevard des Italiens.

Pendant quelques secondes Sigismond se trouva dans la bizarre situation d'un homme qui sentirait son cœur se séparer de lui et s'envoler vers des régions inconnues, mais il fit pour se remettre un effort énergique et, montant à son tour dans sa voiture qui l'attendait, il donna l'ordre de toucher à l'hôtel.

Il nous semble parfaitement inutile d'expliquer ici de quelle nature furent ses pensées pendant le trajet.

L'intelligence de nos lecteurs ne saurait manquer de suppléer à notre silence d'une façon plus que suffisante.

Il était minuit et quelques minutes au moment où Sigismond mit pied à terre devant le péristyle de l'hôtel la Tour-Vaudieu.

Il se fit aussitôt annoncer chez sa mère.

La duchesse-douairière l'attendait avec une prodigieuse impatience et une anxiété sans bornes. Allait-elle éprouver une nouvelle déception? Allait-elle se trouver au comble de ses vœux?...
— Voilà ce qu'elle se demandait sans relâche et ce que la présence de Sigismond pouvait seule lui apprendre.

Aussi la première question de Madame de la Tour-Vaudieu à son fils fut celle-ci :

— Eh bien ?

— Eh bien, — répondit le jeune homme en prenant les mains amaigries de la duchesse et en les appuyant contre ses lèvres avec une tendresse respectueuse, — eh bien, ma mère, bonne nouvelle !

— Bonne nouvelle ! — répéta la duchesse en proie à une fébrile agitation, — est-ce vrai? est-ce possible? ne me donnes-tu pas un espoir qui ne doit point se réaliser ?

— Non, je vous le jure.

— Ainsi, tu as vu Cécile ?

— Elle s'appelle Cécile ! — Quel nom charmant, ma mère !

— Tu l'as trouvée jolie ?

— Cent fois plus que jolie ! ravissante ! adorable ! ! !

— Quel enthousiasme, mon enfant ! — murmura la duchesse avec un sourire où sa joie et son espoir débordaient.

— Ce n'est pas de l'enthousiasme !

— Qu'est-ce donc?

— C'est une admiration profonde, immense, infinie !...

— Ainsi, tu sens que tu pourras un jour aimer Cécile?

— L'aimer un jour ! — s'écria Sigismond, — que dites-vous, ma mère? Le jour est venu, l'heure est sonnée !... — j'ai donné mon cœur tout entier et je l'ai donné pour toujours !...

— Tu n'es donc plus l'ennemi du mariage?

— Le mariage, quand on aime, doit être le paradis sur la terre !

— Alors, Cécile sera duchesse de la Tour-Vaudieu?

— Oui, certes ! et le plus tôt possible ! à elle ou à personne ! ma vie est décidée !...

La duchesse-douairière éleva ses deux mains vers un magnifique tableau de Rubens qui faisait le principal ornement de sa chambre à coucher et qui représentait la résurrection du Christ.

— Mon Dieu, — balbutia-t-elle d'une voix émue, tandis que des larmes de reconnaissance coulaient sur ses joues, — mon Dieu, je vous remercie, vous avez exaucé le vœu suprême de celle qui n'a plus que bien peu de temps à passer en ce monde ! Vous avez réalisé ma dernière et ma plus chère espérance ! — Mon Dieu, soyez béni !!!

Puis, se tournant vers Sigismond, elle ajouta :

— Viens m'embrasser, mon enfant... — tu me rends bien heureuse !... — J'aurai assez vécu, puisqu'avant de mourir je t'aurai vu donner ton nom à une femme qui le portera noblement...

Et, pendant un instant, Madame de la Tour-Vaudieu pressa Sigismond contre son cœur avec une force dont son corps usé par l'âge semblait absolument incapable.

— Et maintenant, — ma mère, — demanda le jeune duc après cette étreinte, — dites-moi le nom de Cécile, le nom de celle que j'aime, le nom de votre fille, le nom de ma femme...

— Ah ! — répondit vivement la douairière, — ce nom peut s'allier dignement à celui de la Tour-Vaudieu, et les deux écussons qui vont bientôt s'unir se sont unis déjà dans le passé !... — Cécile est la fille unique de l'un des meilleurs gentilshommes de France, notre parent à un degré éloigné, le marquis Rodolphe de Chastenay...

— Les Chastenay de Bourgogne, n'est-ce pas ?

— Ceux-là mêmes, les Chastenay de la branche aînée, dont le marquis Rodolphe se trouve à l'heure qu'il est le dernier représentant en ligne masculine..

— Si j'ai bonne mémoire, c'est du seizième

siècle que date l'alliance de nos deux familles...
— en 1540, un sire de Chastenay épousa une fille de notre maison...

— Berthe de la Tour-Vaudieu, — répondit la douairière, — tu ne te trompes pas... — Depuis 1540, en effet, les la Tour-Vaudieu et les Chastenay s'appellent : *Mon Cousin.*

— Le marquis actuel vient rarement à Paris, n'est-ce pas ? — demanda Sigismond.

— Il n'y vient jamais...

— Alors, comment se fait-il...

— Qu'il y soit en ce moment ? — interrompit la duchesse.

— C'est ce que j'allais vous demander.

— Je vais te le dire... — Depuis qu'il a quitté le service avec le grade de général de division, M. de Chastenay passe tout son temps, hiver comme été, dans ses terres de Bourgogne, qui ne lui donnent pas moins de quatre-vingt mille livres de rentes... — Sa fille Cécile, dont l'éducation s'est faite au couvent du Sacré-Cœur de Dijon, lui semble une très charmante et très suffisante compagne de solitude.

— Ah ! — murmura Sigismond à demi-voix, — je le crois bien !

Madame de la Tour-Vaudieu continua :

— Il y a quelques semaines le marquis arriva à Paris, où l'appelaient des démarches à faire pour un procès de quelqu'importance... — Il se souvint

des relations jadis intimes de nos deux familles...
— Il vint me faire une visite et me présenta sa fille... — Tu étais alors à la chasse en Normandie. — Quand je vis Cécile, cette gracieuse et fière enfant, belle et pure comme les anges, je ne sais quelle voix intérieure me cria qu'un mariage avec elle assurerait infailliblement ton bonheur, et que cette union serait la plus convenable et la plus désirable de toutes, quoique la fortune de mademoiselle de Chastenay soit de beaucoup inférieure à la tienne...

— Eh! qu'importe la fortune? — s'écria le duc avec une généreuse conviction, — je suis assez riche!... je suis trop riche!...

— Je ne puis que t'approuver, mon enfant, — reprit la douairière. — J'étais presque pauvre, moi, quoique de race princière; ma dot était plus que modeste à côté de l'immense fortune de ton père, et cependant j'ai la conscience, j'ai la certitude, que pas une seule fois, pendant trente années de vie commune, celui qui m'avait choisie n'a regretté son choix !... — Certes, avec un nom comme celui que tu portes, la richesse est une absolue nécessité; mais la richesse seule ne suffit point pour rendre heureux un homme de cœur et de sens, et j'aime mieux te voir épouser Cécile avec un humble million de dot, qu'une femme moins belle et moins parfaite qui t'en apporterait cinq ou six...

Sigismond prit la main de sa mère et la pressa contre ses lèvres.

La douairière continua :

— Je connaissais depuis longtemps ton antipathie à l'endroit du mariage, je craignais par conséquent que mademoiselle de Chastenay ne réussît point à te plaire, puisque tant d'autres avant elle avaient échoué... — Cependant, et malgré tout, j'avais quelque espoir... — « Il faudrait, — me disais-je, — que le cœur de Sigismond fût plus dur que le roc et plus inflexible que le bronze pour ne point s'amollir et se fondre en présence de tant de jeunesse, de tant de grâce, de tant de beauté !... » — et j'attendais ton retour avec impatience... — Le marquis et sa fille me sont venus voir aujourd'hui, afin de me remercier d'une invitation à dîner que je leur ai adressée pour demain. — Cécile m'a raconté que son père la conduisait ce soir à l'Opéra, ce dont elle se promettait un plaisir infini... — J'ai appris par elle tous les détails relatifs à sa toilette, à son bouquet, à sa loge... — Te voyant arriver quelques heures plus tôt que je ne l'espérais, je n'ai pas eu le courage de prolonger mon incertitude jusqu'à demain, et je t'ai demandé d'aller à l'Opéra et d'étudier la jeune fille à la robe rose et au bouquet de roses blanches...
— Tu sais le reste, mon cher enfant...

— Je sais, ma bonne mère, — répondit Sigismond avec feu, — que vos pressentiments ne vous trompaient pas, et que vous venez bien véritablement d'assurer mon bonheur !... — Voyez-vous, maintenant, combien il est heureux que j'aie résisté jusqu'à ce jour avec tant de courage et d'obstination à vos tentatives matrimoniales... — Si j'avais succombé par faiblesse... si j'avais prononcé le : *oui* fatal, aujourd'hui je ne serais plus libre, et par conséquent je ne pourrais pas épouser Cécile...

— Dieu fait bien ce qu'il fait, mon enfant, — murmura la duchesse avec un sourire —, et l'on assure que les mariages sont écrits dans le ciel!
— Si jusqu'à ce soir tu n'as jamais aimé, c'est que Dieu réservait tout ton amour à celle qu'il te destinait pour femme.

Sigismond reprit :

— Et vous dites, ma mère, que monsieur de Chastenay et sa fille dînent ici demain?

— Oui.

— Combien j'en suis heureux ! — je vais donc la voir de près ! lui parler !.. entendre le son de sa voix !

— Il est aussi doux et aussi pur que son visage...

— Comment ferais-je pour commander à mon émotion ? pour empêcher mon cœur de déborder dans chacune de mes paroles? il me semble qu'au moment où je me trouverai pour la première fois à côté de Cécile, il me faudra tomber à ses pieds et l'adorer à genoux comme on adore la Madone!

Puis, sans transition, M. de la Tour-Vaudieu demanda :

— Le marquis de Chastenay connaît-il vos projets, ma mère?..

— Il ne s'en doute pas, et je crois pouvoir ajouter qu'au moment où il les apprendra sa surprise égalera sa joie...

Sigismond changea de visage et pâlit si visiblement que la duchesse-douairière s'écria avec inquiétude :

— Mon Dieu! qu'as-tu donc?...

— Ma mère, — balbutia le jeune pair de France —, une pensée désolante et effrayante vient de s'emparer de moi...

— Que crains-tu?

— Je crains que Cécile ne soit pas libre... Je crains qu'elle n'ait donné son cœur...

— Une enfant de seize ans! y songes-tu!... — C'est de la folie, mon cher Sigismond! — Cécile n'a quitté le Sacré-Cœur que pour retourner auprès de son père, dans un vieux château bourguignon. — Je t'affirme qu'elle n'a jamais vu visage d'amoureux, même en rêve, et que la virginité de son âme est immaculée.

— Le marquis de Chastenay ne peut-il avoir pris des engagements? avoir disposé de la main de sa fille?

— Le marquis m'a dit de la façon la plus positive qu'il ne songeait pas encore à marier Cécile.

— Mais alors, — murmura Sigismond avec un nouvel effroi,—il me la refusera ! ou tout au moins il voudra reculer l'époque de notre mariage !..

Un sourire empreint d'une légère ironie vint aux lèvres de la douairière.

— Rassure-toi, mon pauvre Sigismond,—dit-elle,—ta trop grande modestie ou plutôt ton amour t'aveuglent... — Tu n'es point de ceux qu'on refuse, et monsieur de Chastenay n'aura pas même la pensée de te faire attendre.

— Le croyez-vous ?

— J'en suis sûre.

— Mais...

Sigismond s'interrompit.

— Mais, quoi ? — demanda la duchesse.

— Si mademoiselle de Chastenay allait ne point m'aimer...

— Ne te point aimer ! — répéta madame de la Tour-Vaudieu, — est-ce possible ? Tu n'aurais ni ton nom, ni ton titre, ni ta fortune, ni ta pairie, qu'il faudrait bien t'aimer encore et t'aimer pour toi seul !... — Tu n'as qu'à vouloir, mon enfant, et je te jure que Cécile t'aimera !

Un peu rassuré par cette affirmation si positive, Sigismond quitta sa mère et se retira dans son appartement où il passa le reste de la nuit à évoquer la blonde image de celle qu'il adorait, et à préparer pour l'entrevue du lendemain quelques-uns de ces beaux discours passionnés dont jamais on ne prononce un mot lorsque l'heure de la réalité est venue.

Quoique accablé par la double fatigue du voyage et de l'insomnie, le jeune duc ne s'endormit qu'au moment où le jour commençait à poindre, et ses yeux se fermaient à peine que, dans un rêve charmant mais trop court, il se vit aux genoux de sa fiancée qui l'écoutait avec un doux regard et qui lui répondait avec un doux sourire.

Si lentement que se traînent les heures, elles passent cependant.

Le soir arriva.

Sigismond, vêtu avec une élégance qui rehaussait encore sa grâce et sa distinction naturelles se promenait à grands pas dans le salon, et s'arrêtait de minute en minute auprès de la chaise longue sur laquelle la duchesse-douairière était étendue.

— Monsieur de Chastenay est en retard ! — balbutiait-il, — qui peut le retenir ainsi ?...

Et madame de la Tour-Vaudieu souriait de cette impatience significative.

Enfin six heures sonnèrent.

Une voiture s'arrêta dans la cour de l'hôtel.

Le cœur de Sigismond cessa de battre.

La porte du salon s'ouvrit. — Le premier valet de chambre annonça :

— Monsieur le marquis de Chastenay ! — Mademoiselle de Chastenay !...

Sigismond s'élança au-devant de ses hôtes.

Mais, soudain, il recula, muet, tremblant, anéanti...

Cécile de Chastenay — sa fiancée — celle dont sa mère le croyait violemment épris, — n'était point la blonde enfant vers laquelle s'envolait son cœur....

Sigismond, foudroyé, venait de reconnaître en elle l'autre jeune fille de l'Opéra, la vierge vêtue de rose dont un diadème de cheveux noirs couronnait le front radieux.

CHAPITRE XI.

A la recherche d'un nom.

La duchesse-douairière, entièrement absorbée par l'arrivée du marquis de Chastenay et de Cécile, ne remarqua point le trouble étrange et la subite altération du visage de son fils.

Vraisemblablement, d'ailleurs, si la foudroyante émotion du jeune pair de France avait attiré son attention, elle n'aurait pas manqué de l'attribuer à la joie et à l'amour.

Sigismond, lorsque les regards de sa mère s'arrêtèrent enfin sur lui, avait appelé à son aide toute sa force de volonté pour se dominer et paraître calme; il avait réussi, et sa pâleur était l'unique et dernier symptôme de l'orage qui bouleversait son âme.

Il fut présenté par la duchesse au marquis et à Cécile, et il retrouva sa courtoisie d'homme du monde et de gentilhomme pour témoigner à ses hôtes le bonheur qu'il éprouvait à les recevoir.

L'exquise politesse de Sigismond parut à madame de Latour-Vaudieu un peu cérémonieuse et un peu contrainte, il est vrai. — Mais comme elle ne pouvait soupçonner ce qui se passait dans le cœur de son fils, elle ne s'en préoccupa point outre mesure.

Quelques minutes avant le moment où le valet de chambre vint annoncer que madame la duchesse était servie, Sigismond s'approcha de la douairière, se pencha vers elle et murmura tout bas à son oreille, avec un accent de profonde supplication :

— Je vous en supplie, ma mère, ne dites pas un mot ce soir qui fasse soupçonner vos projets au marquis de Chastenay... — Ne prononcez pas une parole qui puisse engager l'avenir...

Madame de la Tour-Vaudieu tressaillit et fixa sur son fils un regard étonné et interrogateur.

Mais Sigismond venait de se relever et toute explication immédiate était impossible.

La duchesse dut se résigner à dévorer son inquiétude, car elle devinait aux paroles de Sigismond, et surtout à la manière dont ces paroles avaient été prononcées, qu'un nouvel obstacle allait entraver la réalisation de ses espérances déjà tant de fois déçues.

Le repas fut triste.

La contrainte du jeune duc augmentait au lieu de se dissiper, et sa préoccupation devenait manifeste, même pour les yeux les moins observateurs.

Le marquis de Chastenay, resté homme d'esprit quoique depuis bien des années il vécût loin du monde, remarquait non sans surprise cette préoccupation et vainement il en cherchait la cause.

Madame de la Tour-Vaudieu, dont l'anxiété, nous pourrions presque dire l'angoisse, grandissait d'heure en heure et de minute en minute, se perdait en conjectures inutiles.—Nous n'avons pas besoin d'ajouter qu'aucune de ses suppositions ne se rapprochait de la vérité.

Mademoiselle de Chastenay, timide et silencieuse comme il convient à une fille bien élevée et sortant à peine du couvent, mais un peu coquette au fond et très fière de son éclatante beauté, se sentait involontairement froissée de la froideur manifeste de Sigismond, qui ne lui adressait pas la parole et semblait craindre de la regarder.

Bref, lorsque le dîner fut près de sa fin, et quand le dessert vint remplacer les premiers services sur la nappe de toile de Hollande aux armes des la Tour-Vaudieu, M. de Chastenay était le seul des quatre convives qui soutînt de son mieux la conversation défaillante, et encore n'y réussissait-il qu'à demi.

Après une heure passée au salon, dans un silence à peu près complet que venaient interrompre de loin en loin quelques phrases banales, le marquis, plus surpris que nous ne saurions le dire de cette étrange réception, prit congé, non sans froideur, de la douairière et du jeune duc, et partit avec Cécile dont une moue involontaire et railleuse contractait les lèvres roses.

Sigismond, après les avoir conduits jusqu'à leur voiture, retraversa lentement et la tête basse les grands appartements d'apparat du rez-de-chaussée ; — il songeait à la déception cruelle qu'allait éprouver madame de la Tour-Vaudieu en présence de ce nouvel écroulement de ses beaux rêves tant caressés...

Toute hésitation, tout retard, étaient d'ailleurs impossibles !.. — Il fallait lui dire la vérité toute entière, il fallait l'initier aux résultats funestes de cette raillerie du hasard que nous avons racontée dans nos précédents chapitres.

Enfin le duc franchit le seuil du petit salon dans lequel la douairière l'attendait.

Il referma la porte derrière lui; la mère et le fils se trouvèrent seuls et en face l'un de l'autre.

— Sigismond, — dit vivement madame de la Tour-Vaudieu, avec une nuance d'amertume et de sévérité dans la voix, — m'expliquerez-vous ce qui vient de se passer ici ?... Me donnerez-vous les raisons de votre conduite étrange ?

— A l'instant, ma mère... — Je suis prêt à tout vous apprendre.

— Parlez donc, et songez que c'est une justification que j'attends... Justification difficile, j'en ai peur, car j'ai éprouvé par vous, ce soir, en quelques heures, plus de peine que vous ne m'en aviez causé dans tout le reste de votre vie.

— Hélas! ma mère, c'est une douleur nouvelle que je vous apporte... Et cependant je n'ai rien à me reprocher...

— Encore une fois, parlez... J'attends...

Sigismond s'arma de courage.

— Mon mariage avec mademoiselle de Chastenay, — dit-il, — était le plus vif de vos désirs, la plus chère de vos espérances... je le sais...

— Eh bien ?...

— Eh bien, mademoiselle de Chastenay ne sera jamais ma femme...

— Jamais !... — s'écria la douairière.

— Non, ma mère, — répéta le jeune duc avec fermeté, — jamais !...

— Il y a dans tout ceci un mystère incompréhensible pour moi ! — murmura madame de la Tour-Vaudieu. — Que s'est-il donc passé que j'ignore?... — D'où vient cette résolution si complètement en désaccord avec celle que vous exprimiez avec tant de chaleur il y a si peu de temps? — Pourquoi, enfin, n'épouserez-vous point mademoiselle de Chastenay ?

— Parce que je ne l'aime pas et parce que j'en aime une autre... — répondit Sigismond avec fermeté.

La duchesse stupéfaite regarda son fils comme si quelque accès de folie soudaine venait de s'emparer de lui.

— Vous ne l'aimez pas! — balbutia-t-elle, — vous en aimez une autre!...

— Oui, ma mère...

— Mais alors que me disiez-vous hier au soi[r] en revenant de l'Opéra?... — que me répétiez-vou[s] aujourd'hui encore, au moment même de l'arrivé[e] du marquis et de Cécile?... — Vous me trompie[z] donc?... et dans quel but?...

— Je ne vous trompais point, — répliqua Sigis[-]mond. — Hier et tout à l'heure je vous disais l[a] vérité... — seulement je me trompais moi-même..

— Expliquez-vous mieux car vos paroles, a[u] lieu de m'éclairer, n'apportent qu'obscurité et co[n]fusion dans mon esprit...

— Quel ne sera pas votre étonnement quan[d] vous apprendrez, ma mère, que c'est vous qu[i] êtes la seule cause, cause innocente et involontaire de ce qui se passe aujourd'hui....

— Moi! — s'écria la douairière. — Moi! je sui[s] cause de votre conduite étrange?...

— Vous-même.

— Et comment?

— Si vous ne m'aviez point envoyé à l'Opéra hie[r] au soir, peut-être aurais-je aimé Cécile de Chas[-]tenay, peut-être serait-elle devenue ma femme..

— Je vous ai demandé de vous expliquer clai[-]rement, mon fils, et chacune de vos paroles ne fai[t] qu'augmenter les ténèbres qui m'environnent...

— Ténèbres que quelques mots suffiront à dissiper....

Et Sigismond raconta brièvement de quelle façon, grâce à la bizarre et presque invraisemblable similitude des deux loges, des deux vieillards, des deux robes et des deux bouquets, il avait laissé prendre son cœur par une inconnue, en croyant le donner à la fiancée choisie par sa mère.

Madame de la Tour-Vaudieu l'écouta silencieusement.

A mesure qu'il parlait une flamme fugitive se rallumait dans les yeux attristés de la douairière, un faible sourire venait se jouer autour de ses lèvres pâlies.

— Eh bien! ma mère, — demanda Sigismond quand il eut achevé, — maintenant que vous savez tout, jugez-moi! — Ai-je quelque chose à me reprocher?...—suis-je coupable?... — Mon trouble et mon anéantissement, ce soir, en face d'une déception si grande et si peu prévue, sont-ils naturels et vous paraissent-ils excusables?...

Au lieu de répondre à cette question, madame de la Tour-Vaudieu s'écria avec une surprise toute juvénile :

— Ainsi donc, elle est bien belle, cette jeune fille, cette enfant blonde?...

— Elle est belle à ce point que les expressions me manquent pour peindre sa beauté! — Si les anges descendaient du ciel sur la terre, ils prendraient une forme pareille!...

— Et tu l'aimes?...

— Oh! de toute mon âme et cent fois plus que ma vie!...

— Et tu es certain qu'il ne s'agit point ici d'une fantaisie passagère, d'un pur et simple caprice que tu prends pour une passion?...

— Je suis d'une nature trop sérieuse pour connaître et même pour comprendre ce que dans le langage du monde on appelle caprice et fantaisie... — L'amour, le véritable et impétueux amour, vient de se révéler à moi... — Je vous le disais hier et je vous le répète en ce moment : — J'aime, et c'est pour toujours!!...

Pendant quelques secondes madame de la Tour-Vaudieu parut hésiter.

Enfin elle murmura :

— Eh bien, puisqu'il en est ainsi, pourquoi cette belle et charmante enfant qui s'est emparée de ton cœur n'en deviendrait-elle pas la souveraine légitime? — Pourquoi ne la nommerais-je point ma fille?

— Quoi, ma mère... — balbutia Sigismond d'une voix que la surprise et l'émotion rendaient tremblante et à peine distincte, — quoi, vous consentiriez?...

Il n'acheva pas.

— Je consentirai à te voir heureux! — répondit

la douairière, — oui, certes, et avec une joie immense... si ton bonheur est possible et s'il me paraît assuré...

— Qu'entendez-vous par là, ma mère?...

— J'entends par là que je n'exigerai de cette jeune fille, pour lui ouvrir mes bras et mon cœur, ni une naissance ni une fortune égales à la tienne... — qu'elle appartienne à une famille d'honnêtes et loyaux gentilshommes — que son éducation, ses principes et son caractère soient irréprochables, et je n'en demande pas plus pour poser sur sa tête blonde une couronne de duchesse... — Peut-être dira-t-on dans notre monde que tu fais un humble mariage... — Mais qu'importe ce qu'on dira, si ce mariage amène avec lui ton bonheur!...

Et la duchesse ajouta tout bas :

— Au moins ainsi, et Dieu aidant, je me verrai revivre, avant de mourir, dans les petits-enfants qui porteront le nom de mon fils...

Sigismond, presque agenouillé devant la douairière, saisit ses deux mains et les couvrit de baisers en s'écriant :

— O ma mère, que vous êtes bonne, et comment vous remercier jamais assez de ce qu'aujourd'hui vous faites pour moi ?..

—Ne sais-tu pas depuis longtemps, mon enfant, — répondit madame de la Tour-Vaudieu en embrassant son fils, — que j'ai toujours été prête à mettre ta volonté et tes désirs à la place de mes désirs et de ma volonté... — J'ajouterai qu'il ne faut point t'exagérer la grandeur de mon sacrifice... — Peut-être en effet l'alliance que tu souhaites sera-t-elle moins brillante que je ne l'avais rêvée pour toi, mais j'ai la conviction et la certitude que tu ne me proposeras jamais de me donner pour fille une femme indigne de ce titre... — Tu as conservé au plus profond de ton cœur, comme dans un sanctuaire, le respect de tes ancêtres et celui de ta mère... — Je te connais et je suis tranquille, — l'amour ne prévaudra point dans ton âme contre l'honneur... — Va donc, mon enfant, et que demain j'apprenne par toi le nom de la future duchesse de la Tour-Vaudieu.

Sigismond embrassa une dernière fois sa mère et regagna son appartement où l'attendait non point le sommeil, mais l'insomnie, avec tout son cortège d'agitations et d'inquiétudes.

Les réflexions du jeune pair de France n'étaient point, en effet, d'une nature absolument rassurante.

La duchesse-douairière en consentant à accepter pour bru, s'il le fallait, la fille d'un simple gentilhomme sans fortune, faisait une concession immense et que Sigismond n'aurait jamais osé espérer, et peut-être cependant cette concession serait-elle inutile.

Qui sait, en effet, si la vierge blonde appartenait à une famille noble, de si petite noblesse que fût cette famille ?...

La suprême distinction de la jeune fille, l'apparence aristocratique du vieillard et sa rosette d'officier de la Légion d'Honneur rassuraient un peu le jeune homme; — mais bientôt il se rappela ce coupé sans armoiries dans lequel étaient montés le père et la fille, et ses inquiétudes redoublaient, car il ne se dissimulait point que madame de la Tour-Vaudieu ne prêterait jamais les mains, sans une mortelle douleur, à une mésalliance absolue.

Or, Sigismond aimait trop sa mère pour songer seulement à lui imposer un si dangereux chagrin.

Alors un véritable désespoir s'empara de lui.
— Il se prenait à maudire son titre et sa naissance, et de toute son âme il enviait le sort de ces innombrables inconnus qui, grâce à l'humilité de leur origine, ne doivent compte à personne de leur nom obscur et peuvent librement disposer d'eux-mêmes et saisir le bonheur quand il se présente.

Le lendemain, dès neuf heures du matin, M. de la Tour-Vaudieu se rendait à l'administration de l'Opéra pour y consulter la feuille de location de l'avant-veille et apprendre ainsi le nom des personnes qui occupaient la loge d'entre-colonnes n° 28 pendant la représentation de *la Muette*.

Son impatience fut déçue. — L'employé de l'Académie royale de musique, préposé aux registres de la location, n'arrivait à son poste qu'à onze heures; — Sigismond dut revenir.

Enfin, il fut admis à compulser la bienheureuse feuille qui contenait, croyait-il, l'arrêt de sa destinée, et il apprit, non sans un immense battement de cœur, que la loge n° 28 était louée à l'année par la baronne de Chanceaux, demeurant rue du Mont-Blanc (aujourd'hui rue de la Chaussée-d'Antin), n° 21.

Baronne de Chanceaux !...

Ce n'était point là un de ces noms brillant d'un vif éclat héraldique et possédant — comme disait Murger — *leurs entrées dans l'histoire*, — mais enfin, à tout prendre, il résonnait d'une façon aristocratique ; — un titre le précédait ; — si ce titre était sérieux et de bon aloi, cela pouvait suffire...

Sigismond s'élança dans sa voiture et se fit conduire rue du Mont-Blanc.

Il mit pied à terre un peu avant de se trouver en face du n° 21, afin de ne point attirer sur lui l'attention. — Il franchit avec une indicible émotion le seuil de ce logis où sans doute vivait sa bien-aimée, et pour la première fois de sa vie il entra dans une loge de concierge.

Les loges de *messieurs* les portiers de la bonne ville de Paris ne se recommandaient point, en l'an de grâce 1834, par le confort et par le luxe qui les distinguent aujourd'hui dans toutes les maisons neuves des quartiers élégants. — Les fauteuils à la Voltaire, les pianos en palissandre destinés aux études musicales de *mademoiselle la concierge* — (une élève du Conservatoire ! gardez-vous d'en douter !) — n'y brillaient que par leur absence ; — mais, tel le *portier* nous apparaît aujourd'hui, — tel il était alors — tel il sera toujours, — curieux et cupide, — insolent et servile, bavard et malfaisant...

Il existe quelques rares exceptions, nous ne l'ignorons pas. — Elles ne servent qu'à confirmer la règle générale.

— Que désirez-vous ? — demanda d'un air rogue le concierge de la rue du Mont-Blanc, assez médiocrement satisfait d'être interrompu dans l'opération importante de son second déjeuner.

La réponse de Sigismond fut une question.

— Madame la baronne de Chanceaux,—dit-il, — demeure bien dans cette maison ?

— Au premier au-dessus de l'entresol... — Mais il est trop matin pour monter ; — madame la baronne ne reçoit jamais personne avant deux heures de l'après-midi...

— Je n'ai point l'intention de me présenter chez madame de Chanceaux, de qui je n'ai pas l'honneur d'être connu...

— Alors, que voulez-vous donc ?

— Quelques renseignements...

Le portier toisa Sigismond de la tête aux pieds et répliqua d'un ton bourru :

— Des renseignements !... — Je n'en tiens pas... — Est-ce que vous êtes commissaire de police pour venir comme ça questionner le monde ?... — Dans ce cas, montrez votre écharpe !... — D'ailleurs mes locataires ne doivent rien à personne ! — Tous gens connus et comme il faut... — Passez donc votre chemin... — Ce n'est point ici un bureau de renseignements...

Le jeune duc, à cette insolente réponse, éprouva la plus violente tentation d'expérimenter la souplesse de sa canne sur les épaules du butor, mais il se contint et il se rappela fort à propos que c'était par des gâteaux de miel, et non autrement, que Cerbérus, le portier de l'enfer, se laissait apprivoiser.

Il tira de son gousset une pièce de vingt francs et il la posa sur la petite table, à côté d'une écuelle de café au lait, grande comme une soupière et dont le concierge avait absorbé déjà plus qu'à moitié le gigantesque contenu.

— Quand je demande un service, — dit-il en même temps, — j'ai pour habitude de le payer ; — prenez ceci et répondez.

Un changement de décoration à vue, à l'Opéra ou à la Porte-Saint-Martin, n'est pas plus rapide que ne le fut la transformation du visage du subalterne qui nous occupe, à l'aspect de la pièce d'or étincelante.

Sa physionomie devint rayonnante.

D'une main il enleva la calotte grecque de velours noir et gras qui couronnait son crâne chauve, tandis que de l'autre il faisait disparaître la pièce de vingt francs dans les profondeurs de sa poche.

— On voit tout de suite à qui on a affaire ! — — s'écria-t-il ensuite avec un profond salut. — Monsieur n'a qu'à me questionner, je lui apprendrai tout ce qu'il désirera savoir... — Seulement, j'ai grand peur de ne pas pouvoir lui en donner pour son argent, car il n'y a guère à dire sur mes locataires...

— J'ai peu de chose à vous demander... et les renseignements que j'attends de vous ne sont point d'une nature compromettante... — Madame de Chanceaux est une personne bien née, sans doute ?...

— Ah ! je le crois fichtre bien, monsieur !... Elle est baronne et reçoit ce qu'il y a de mieux dans Paris...

— Elle est riche ?

— Plus de cent mille livres de rentes !...

— Son âge ?

— Soixante ans, ou environ, mais bien conservée...

— M. le baron de Chanceaux a sans doute été militaire ?...

— Je me suis laissé dire qu'il avait servi dans l'armée, du temps du grand Napoléon, et même qu'il avait passé de vie à trépas prématurément, par suites de blessures reçues dans les guerres...

— Eh quoi ! — s'écria Sigismond, — M. de Chanceaux est mort !..

— Vers 1817 ou 1818, oui, monsieur...

— Laissant plusieurs enfants ?

— Pas un seul.

— Madame de Chanceaux n'a point de fille ? — balbutia Sigismond, atterré.

— Elle n'en a point et n'en a même jamais eu... du moins je n'en ai entendu parler ni peu ni beaucoup...

Abattu pendant quelques secondes par cette déception inattendue, le jeune homme prit bien vite sur lui-même et continua son interrogatoire.

— Est-il à votre connaissance, — demanda-t-il, — que madame de Chanceaux soit locataire d'une loge à l'Opéra ?

— Oh ! pour ce qui est de ça, oui, monsieur...
— A telles enseignes qu'avant-hier, madame la baronne ne voulant pas sortir le soir, et le valet de chambre ayant ses occupations, c'est moi qui suis allé porter le billet à l'un des amis de madame...

Sigismond tressaillit.

Cette fois — il en était sûr — le renseignement attendu venait de lui-même s'offrir à lui.

— Et, — fit-il d'une voix émue, — cet ami de madame la baronne, comment se nomme-t-il ?..

— Le colonel Derieux..

— Il demeure ?..

— Rue Saint-Louis, numéro 14, au Marais.

— Il a une fille?

— Oui, monsieur. — Une *demoiselle* si belle que, quand elle passe devant ma loge avec monsieur son papa, j'en suis ébloui comme si j'avais vu un rayon de soleil entrer dans la maison.

— Blonde, n'est-ce pas?

— Si blonde, qu'on dirait qu'elle a des cheveux d'or...

— Ainsi, le colonel et sa fille sont allés à l'Opéra avant-hier?..

— Oui, monsieur, positivement.. — loge numéro 28... — Je connais le numéro, attendu que j'ai regardé le billet qui n'était pas dans la lettre de madame la baronne au colonel...

— Tenez, mon ami... — dit le jeune duc en tirant de sa poche une nouvelle pièce d'or et en la mettant dans la main du concierge, dont cette largesse incompréhensible fit ployer l'échine avec la souplesse du caoutchouc. — Prenez encore ceci...

— Monsieur sait ce qu'il voulait savoir? — demanda le cerbère en réitérant ses courbettes.

— Oui.

— Et monsieur est satisfait?

— Complètement.

— J'ai fait de mon mieux pour cela, et je prie monsieur de croire que je suis tout à fait à son service quand monsieur aura besoin de nouveaux renseignements... — Monsieur n'aura qu'à parler, je ne négligerai rien..

Sigismond sortit de la loge et de la maison sans en écouter davantage, et regagna sa voiture qui l'attendait.

— Où va monsieur le duc? — fit le valet de pied en refermant la portière.

— Rue Saint-Louis, 14, au Marais, — répondit le jeune homme.

CHAPITRE XII.

Amour, amour, quand tu nous tiens...
(La Fontaine)

Les refléxions du jeune pair de France furent de la nature la plus rassurante, tandis que ses chevaux suivaient au grand trot la ligne des boulevards pour le conduire à ce quartier, jadis aristocratique par excellence aujourd'hui déchu, qu'on appelle le Marais.

Le colonel Derieux... — avait dit le concierge de la rue du Mont-Blanc.

Sigismond, trompé par la sonorité tout patricienne de ce nom, se persuadait de la meilleur foi du monde qu'il appartenait à un descendant de cette grande famille de Rieux, jadis l'égale dans la vieille province de Bretagne, des Rohan, des Beaumanoir et des Châteaubriand.

— Quelle sera la joie de ma mère, — pensait le jeune homme, — lorsqu'elle apprendra que celle que j'aime est digne d'entrer dans notre maison, non seulement par sa beauté mais encore par sa noblesse, noblesse séculaire, historique, éclatante, et qui ne le cède en rien à celle de la Tour-Vaudieu !... — Du temps d'Anne de Bretagne, la bonne duchesse, les Rieux, illustres déjà, n'étaient point, depuis longtemps, de petits gentilshommes !...

Sigismond s'étonnait bien un peu d'entendre parler pour la première fois de ce colonel de Rieux, lui qui croyait connaître le nobiliaire de France sur le bout du doigt, mais il se disait en même temps qu'ils sont nombreux les rejetons des vieilles races historiques, qui végètent en province dans une obscurité presque complète et cherchée à dessein, parce qu'ils ne possèdent point la richesse nécessaire pour soutenir l'éclat de leur nom retentissant.

Vraisemblablement la fortune du colonel devait être modeste, si du moins on la comparait à celle des la Tour-Vaudieu ; — mais nous savons déjà que Sigismond faisait profession d'une indifférence absolue à l'endroit de tout ce qui touchait à la question d'argent.

Les chevaux s'arrêtèrent, — le marche-pied fut abaissé et le duc quitta sa voiture.

La maison portant le numéro 14 était un de ces vastes hôtels quasi princiers, jadis habités par une seule famille ; — constructions importantes qu'on ne rencontre plus guère aujourd'hui dans Paris qu'au Marais et au faubourg Saint-Germain.

Une porte monumentale, portant à son couronnement un écusson dont le marteau révolutionnaire de 1793 avait mutilé le blason, donnait accès dans une cour immense et triste, où l'herbe poussait entre les pavés.

Derrière le principal corps de logis, haut de trois étages et divisé en plusieurs appartements, comme une vulgaire maison moderne, par un propriétaire spéculateur qui voulaient en faciliter la location, s'étendait un grand jardin.

— Allons, — se dit Sigismond en entrant dans la cour, — c'est bien une telle demeure qu'un descendant des Rieux devait habiter... — Qui sait si cet hôtel antique et sombre, superbe de majesté triste, n'appartenait point jadis aux ancêtres de cette blonde enfant, qui doit par sa jeunesse en fleur rajeunir et charmer ces vieux murs !...

Dans l'un des angles de la cour s'élevait la loge du portier, loge absolument dissemblable de celle des quartiers nouvellement bâtis.

Des barreaux en fer ouvragé garnissaient l'unique fenêtre. — Autour de ces barreaux des liserons et des capucines tordaient leurs spirales et témoignaient des goûts du concierge pour l'horticulture.

Au milieu de ces guirlandes verdoyantes se voyait une cage d'osier ; — une pie et un merle habitaient cette cage et semblaient y vivre en parfait accord, crescellant et sifflant à qui mieux mieux.

Assis sur une chaise de bois, à côté du seuil, à

l'ombre de ses liserons et de ses capucines, le portier lui-même, petit vieillard à l'apparence débonnaire, se livrait à un travail ingénieux sur la partie la plus mystérieuse d'un de ces vêtements masculins que les chastes anglaises appellent un *inexpressible*, et réparait des ans l'irréparable outrage !

Ce *digne* fonctionnaire privé — (nous signalons à dessein l'épithète), — accueillit Sigismond avec une courtoisie très dissemblable de la morgue insolente de son confrère de la rue du Mont-Blanc, et daigna, pour lui répondre, interrompre pendant quelques minutes son opération réparatrice.

Mais, hélas ! les renseignements donnés par lui furent désespérants pour le duc, et firent crouler impitoyablement les châteaux en Espagne que son imagination édifiait depuis une heure !...

Le colonel Derieux — (et non point de Rieux), — issu d'une famille du tiers-état, était un vieux soldat de Napoléon. — Il avait brisé son épée lors de la chute de celui que la duchesse de la Tour-Vaudieu appelait, non sans amertume : l'*ogre de Corse*, ou l'*usurpateur*. — Il avait compromis sa tête dans toutes les conspirations bonapartistes qui éclatèrent en France après 1814, et il n'avait dû son salut qu'à la puissante protection d'amis haut placés, restés moins fidèles que lui à la religion du serment et des souvenirs.

Entre la fille du colonel et le fils de la duchesse-douairière, ceci creusait déjà un abîme, on le comprend...

Cependant ce n'était rien encore!...

Il existait un dernier détail qui fit pâlir Sigismond lui-même d'épouvante et de douleur.

Jean Derieux, avocat au parlement et père du colonel, siégeait à la Convention parmi les plus fougueux, et nous pourrions dire parmi les plus féroces démocrates.

Il avait, dans un jour à jamais funèbre, apporté sa pierre au temple sanglant de la liberté, en votant la mort de Louis XVI...

Ainsi, — chose étrange et terrible! — la vierge blonde était la petite-fille d'un régicide!...

A coup sûr on ne pouvait reprocher à la pauvre enfant le crime de son aïeul, — mais elle avait en héritage un nom souillé d'une tache indélébile, et sur son front si pur le duc crut entrevoir une goutte de sang!...

Morne, anéanti, désolé, — ne conservant plus d'espoir et, croyait-il, ne gardant plus d'amour, Sigismond reprit le chemin du faubourg Saint-Germain.

Aussitôt arrivé à l'hôtel, il gagna rapidement son appartement où il s'enferma et là, cachant sa tête dans ses mains, il passa de longues heures à pleurer sur ses illusions envolées et sur son cœur si douloureusement brisé d'où le sang coulait par une large blessure.

Plus d'une fois pendant ce temps on vint frapper à sa porte, de la part de la duchesse-douairière qui, le sachant de retour, le faisait prier de passer chez elle.

Soit qu'absorbé dans son désespoir le jeune homme n'eût point entendu, — soit qu'il eût feint de ne pas entendre, — les messagers de madame de la Tour-Vaudieu durent se retirer sans avoir obtenu de réponse.

Enfin, cette crise de désespoir trouva sa fin dans sa violence même...

Sigismond releva la tête et tourna vers le ciel son regard désolé.

— Dieu me donnera le courage et la force d'arracher de mon âme cette passion fatale, cet amour impossible... — murmura-t-il. — Soyons homme et soyons vaillant !.. — Oublions... Oublions !...

Après avoir ainsi formulé cette résolution héroïque, mais d'une réalisation difficile, le jeune pair de France baigna son visage dans une eau glacée — il répara le désordre de sa toilette et il se fit annoncer chez la duchesse-douairière.

— Que se passe-t-il donc ? — s'écria cette dernière, effrayée de la pâleur livide et de la décomposition des traits de son fils. — Quelle nouvelle m'apportes-tu ?

— Une mauvaise nouvelle, ma mère, — répondit Sigismond avec un sourire plein d'amertume où se peignaient les angoisses de son âme.

— Allons, — balbutia la duchesse à voix basse, — encore une déception ! ! !

Puis elle ajouta tout haut :

— Ainsi, cette jeune fille est indigne de toi ?

— Elle ! non, ma mère... — mais mon mariage avec elle n'en est pas moins impossible.

— Pourquoi ?..

— Je vous supplie de ne pas m'interroger à ce sujet... — il me faudrait, pour vous répondre, entrer dans des détails douloureux... — Sachez seulement que tout espoir de donner mon nom à celle à qui j'avais donné mon cœur est anéanti, et que je ne vous reparlerai jamais d'un amour qui n'aurait pas dû naître...

— Mais tu souffriras, mon pauvre enfant.

— Je souffrirai sans doute... — la lutte sera cruelle... — qu'importe, pourvu que je triomphe de moi-même ? — La vie est une bataille, et jusqu'à ce jour j'avais été trop heureux.

Madame de la Tour-Vaudieu ne crut point devoir insister pour connaître le secret de son fils ; — elle ne lui prodigua pas non plus ces banales consolations qui ne pouvaient qu'aviver ses blessures inconnues ; — elle ployait d'ailleurs sous le fardeau de ses propres chagrins, car elle sentait bien qu'il lui fallait désormais perdre tout espoir d'assister avant de mourir au mariage de Sigismond.

Quelques jours s'écoulèrent.

Le jeune homme se tint parole à lui-même. — il lutta de toutes les forces de sa résolution et de son courage.

Le résultat de cette lutte était prévu d'avance. — Sigismond, débordé par l'immense passion qui grandissait en lui et l'envahissait de plus en plus, comme les flots d'une marée montante, fut vaincu, et s'avoua non sans effroi que toute résistance était inutile et qu'il fallait aimer ou mourir.

Or, on veut vivre quand on aime — même lorsque l'amour est sans espoir...

Sigismond, pareil au nageur épuisé et trahi par ses forces qu'entraîne le courant irrésistible, s'abandonna passivement à sa destinée et ne chassa plus cette image qui jour et nuit, dans la veille comme dans le songe, se présentait sans trêve ni relâche à ses regards, ou plutôt aux regards de son âme.

Une fois dans la voie des concessions vis-à-vis de lui-même, il les fit de jour en jour plus larges et plus complètes. — Il ne se contenta point de cette vision constante — il lui fallut la réalité — il voulut revoir la blonde enfant à laquelle il appartenait tout entier.

Le jeune duc passa ses journées en embuscade, au fond d'une voiture de place dont les stores étaient à demi baissés, en face de la porte cochère de l'hôtel du Marais.

Parfois la jeune fille sortait avec son père dans ce même coupé qui les avait conduits à l'Opéra. — Sigismond les suivait de loin.

Le plus souvent ils dirigeaient leur promenade du côté du bois de Boulogne. — Le colonel mettait pied à terre avec sa fille, et tous les deux marchaient pendant une heure sous les ombrages poudreux de ce parc parisien qui n'avait rien à cette époque de ses splendeurs et de ses élégances d'aujourd'hui.

Sigismond, abandonnant alors son fiacre ou sa citadine, allait lentement derrière eux, affectant les allures distraites et indifférentes d'un promeneur, et évitant avec soin d'attirer sur lui l'attention du colonel.

Quelquefois aussi, mais plus rarement, mademoiselle Derieux quittait l'hôtel à pied avec une femme de chambre et se rendait à la Place-Royale, où elle assistait en riant d'un rire enfantin aux joyeux ébats des petites filles jouant au volant ou franchissant en cadence à vingt reprises la corde qui tournait et qui fouettait l'air en sifflant.

Alors Sigismond, plus hardi, osait s'approcher davantage de celle qu'il aimait ; il s'enivrait de la vue de ce frais visage, de ces yeux purs et candides, de ces longs cheveux qui liaient son cœur avec leurs tresses d'or, et lorsque par hasard le regard de la jeune fille se croisait avec le sien, il se sentait tressaillir comme s'il venait de recevoir en pleine poitrine l'étincelle d'une puissante machine électrique.

Un matin, tandis que le pair de France faisait dans la rue Saint-Louis sa faction accoutumée, mademoiselle Derieux apparut en compagnie d'une grosse femme d'un âge incertain dont la physionomie prétentieusement commune et la toilette d'un goût douteux semblèrent étranges à Sigismond.

— Il est impossible, — se dit-il, — que cette personne aux formes massives et à la physionomie triviale soit la mère de cette adorable enfant...

Mademoiselle Derieux et sa compagne gagnèrent les boulevards et firent de nombreuses acquisitions dans des magasins de modes et de colifichets féminins.

Le duc ne les perdait pas de vue.

Lorsqu'elles furent rentrées, il s'adressa à l'un des commissionnaires stationnant à l'angle de la rue voisine, et il le chargea de se renseigner adroitement sur le compte de la grosse femme.

Le commissionnaire était jeune et intelligent. — Il ne lui fallut que quelques minutes de conversation avec le concierge pour venir apprendre à Sigismond que cette dame se nommait madame Amadis — qu'elle était veuve et fort riche — qu'elle menait une existence très retirée et qu'elle occupait le premier étage de l'hôtel dont le colonel Derieux habitait le second.

Nous ne tarderons pas beaucoup à faire avec madame Amadis une plus ample connaissance.

M. de la Tour-Vaudieu — (tout ce qui précède le prouve d'une façon surabondante) — n'avait plus qu'une occupation et qu'une pensée, celle de se trouver sans cesse d'une façon discrète et pour ainsi dire mystérieuse sur le chemin de mademoiselle Derieux.

Chacune de ses rencontres avec la jeune fille fournissait un aliment nouveau à la flamme dévorante qui le consumait.

— La voir ainsi, ce n'est pas la voir ! — se dit-il un jour. — Je lui appartiens plus que l'esclave n'appartient à son maître !... — Mon cœur n'a pas un seul battement qui ne soit à elle !... — En elle est ma vie toute entière !... — Et cette enfant qui me possède ainsi ne sait pas même que j'existe ! — Elle ignore mon amour... elle ignore mon nom... — Son regard distrait et indifférent tombe sur moi comme sur une étrangère, comme sur un inconnu... — Je ne veux pas qu'il en soit ainsi plus longtemps... — Je me rapprocherai d'elle... il le faut... — Mais comment ?

Sigismond, en se parlant de cette façon, ne se demandait point quelles pouvaient et devaient être les conséquences d'un rapprochement entre lui et mademoiselle Derieux...

L'homme rigide et chevaleresque par excellence, l'homme qui jadis flétrissait toute séduction avec mépris et avec colère, ne se souvenait même pas qu'il commettrait une action déloyale et lâche en demandant de l'amour à une jeune fille qui ne pouvait devenir sa femme...

Le sens moral, la conscience, l'idée du devoir, n'existaient plus en lui. — L'immense passion qui le dominait avait tout anéanti dans sa tête et dans son cœur pour y régner seule et sans partage.

Presque toujours il en est ainsi...

Jean de La Fontaine, l'immortel bon homme, faisait preuve d'une profonde connaissance du cœur humain, lorsqu'il écrivait ces deux vers :

« Amour, amour, quand tu nous tiens,
« On peut bien dire : Adieu, prudence !... »

Donc, nous le répétons, le jeune pair de France voulait, quelqu'en pût être le résultat, se rapprocher de mademoiselle Derieux, mais il avait beau chercher, il ne trouvait aucun moyen d'arriver à ce rapprochement.

Sous quel prétexte en effet Sigismond pouvait-il se faire présenter à M. Derieux?.. — Évidemment ce prétexte n'existait pas, et d'ailleurs le duc ne connaissait personne qui pût se charger de sa présentation.

Le hasard, ce grand arrangeur de la plupart des drames d'ici-bas, lui vint en aide.

Un soir, Sigismond se trouvait à l'Opéra..

Il avait pris l'habitude de ne manquer aucune représentation de l'Académie royale de musique, dans l'espoir que le colonel et sa fille viendraient occuper la loge de madame de Chanceaux.

Cet espoir ne se réalisait point, et la vieille baronne se montrait régulièrement et solitairement dans l'entre-colonnes n° 28, où elle ne manquait guère de s'endormir pendant le ballet.

Le soir en question, Sigismond, de sa stalle d'orchestre, aperçut dans une baignoire d'avant-scène une figure bizarre et que, sans aucun doute, il ne voyait point en ce moment pour la première fois.

Cette figure appartenait à une femme entre deux âges, courte et massive, fardée à outrance, vêtue d'une robe de soie jaune d'un ton criard et tapageur, et décolletée plus que de raison.

Des plumes d'autruche blanches et rouges se hérissaient en panaches étranges parmi les massifs d'une chevelure d'un noir bleu, dont la nuance terne trahissait l'emploi des teintures les plus énergiques.

Une chaînette d'or attachait sur le front une *féronnière* formée d'un seul gros diamant.

Sur les épaules ruisselaient les chatons d'une rivière de topazes.

Les bras — depuis les poignets jusqu'aux coudes — étaient cerclés de bracelets.

Quant au corsage de la robe, il disparaissait absolument sous un étalage de bijoux de tous les genres dont la réunion faisait involontairement penser à la devanture d'une boutique d'orfèvrerie.

Les *dandys* de l'orchestre — (à cette époque on appelait dandys ce qu'on appelle aujourd'hui *gommeux*) — se désignaient railleusement cette créature emplumée fantastiquement et couverte de pierreries, et ils la nommaient en riant madame *Panache*, ou *la reine de Golconde*.

Sigismond dirigea les canons de sa jumelle vers la baignoire d'avant-scène, et au bout d'une demi-minute il reconnut la grosse petite femme qu'il avait vue, quelques jours auparavant, sortir de l'hôtel de la rue Saint-Louis en compagnie de mademoiselle Derieux, et qui se nommait madame Amadis.

Cette dernière, pendant toute la représentation, joua de la lorgnette, du bouquet et de l'éventail, avec la prétentieuse vulgarité la plus réjouissante, — mettant ainsi dans le spectacle un intermède d'un haut comique.

Sigismond, au lieu de railler comme ses voisins les minauderies, les afféteries et les coquetteries ultra ridicules de madame Amadis, se demandait s'il ne lui serait point possible de tirer parti de cette rencontre au profit de ce qu'il désirait le plus au monde.

Au risque de voir accuser le jeune homme, par nos lecteurs d'une grande pauvreté d'imagination, nous devons à la vérité de convenir que cette fois encore il ne trouvait rien.

Cependant, après la chute du rideau sur le dernier acte de *Guillaume Tell*, il s'arrangea de façon à se trouver sous le vestibule au moment où madame Amadis, enveloppée dans des nuages de mousseline et répandant sur son passage de longues traînées de parfums violents, y arrivait de son côté.

Deux ou trois pas à peine séparaient le duc de la grosse petite femme.

Un splendide valet de pied mulâtre, en livrée de fantaisie aux couleurs éclatantes et heurtées comme celles des laquais de saltimbanque et d'empiriques, s'approcha de cette dernière, le chapeau galonné à la main.

— Eh bien, Domingo, — lui demanda brusquement madame Amadis, — pourquoi n'appelez-vous pas mon cocher ?...

— Il vient d'arriver un accident à la voiture de madame... — répondit le mulâtre.

— Un accident ! — Quel accident ? — Expliquez-vous, jour de Dieu !... expliquez-vous vite !... Une voiture de quatre mille francs ! et toute neuve !...

— Voyons, qu'est-il arrivé ?

— Peu de chose, madame, et rien de grave...
— Le timon brisé...

— Jean est un maladroit et un ivrogne... Je le jetterai demain à la porte... — Enfin, où est-elle, cette voiture, avec son timon cassé ?...

— Jean vient de reprendre, au petit pas de ses chevaux, le chemin de l'hôtel...

— Eh bien! eh bien! et moi ?... comment donc y retournerai-je, s'il vous plaît, à l'hôtel?... — Vous figurez-vous que je veuille coucher ici ?...

— J'ai fait avancer un fiacre pour madame... — Il est là...

Ce peu de mots produisit un effet prodigieux sur madame Amadis.

— Un fiacre ! — s'écria-t-elle d'une voix glapissante dont le vestibule aristocratique de l'Opéra répéta, non sans stupeur, les intonations plus que roturières, — un fiacre !... jour de Dieu !... D'où sortez-vous donc, Domingo? Pour qui me prenez-vous et comment vous permettez-vous de supposer qu'une femme de ma sorte puisse s'encanailler jusqu'à monter dans un ignoble fiacre ?... — Allons donc !... — Vous vous *fichez* pas mal de moi, mon garçon!! — Courez après Jean, de toutes vos jambes, comme si vous aviez le feu aux mollets, et qu'il ramène la voiture vite et tôt, cassée ou non !

— Fût-elle en *bringue-zingues*, je m'en servirai tout de même...

— Mais, madame... — essaya de dire le mulâtre.

— Pas de mais...— et filez plus vite que ça !...

— Je ne viendrai point à bout de rejoindre Jean, c'est certain...

— Il faut que vous le rejoigniez, cependant, sinon je vous flanque à la porte en même temps que lui, et ça ne pèsera pas une once !

Le mulâtre fit un geste de résignation et s'élança hors du vestibule.

— Domingo ! — s'écria la grosse femme au moment où il allait disparaître dans la rue Lepelletier.

Le valet de pied revint docilement sur ses pas.

— Prenez le fiacre pour courir après le carrosse, — lui dit madame Amadis. — Un fiacre, c'est bon pour la valetaille... — Vous y pouvez monter, vous... — Mais, moi... — Ah ! fi donc !...

Et la bizarre créature, — immobile et inébranlable au plus épais de la foule qu'elle divisait par sa masse imposante, et qui s'écoulait à sa droite et à sa gauche comme les eaux d'un fleuve brisé à l'angle d'une île, — déploya son éventail et se mit à l'agiter avec énergie, car l'indigne proposition de Domingo et la seule pensée de monter en fiacre avaient produit ce grave résultat de lui faire monter violemment le sang à la tête.

En ce moment Sigismond eut une inspiration triomphante.

Sans nul souci de se compromettre vis-à-vis de tous ceux de ses amis qui se trouvaient là et de passer à leurs yeux pour un original ou pour un fou, il s'approcha de madame Amadis, s'inclina devant elle avec son exquise et inimitable courtoisie du grand seigneur, et lui dit :

— Il est fort à craindre, madame, que votre voiture ne se fasse longtemps attendre... — Permettez-moi d'avoir l'honneur de mettre mon coupé à vos ordres... — Vous me causerez une joie vive en daignant l'accepter...

CHAPITRE XIII.

Madame Amadis.

Madame Amadis se retourna avec une vivacité toute juvénile du côté de celui qui venait de formuler à son oreille une offre si galante, et elle l'examina curieusement.

Nous savons déjà combien était aristocratique et charmante l'apparence de Sigismond.

Le coup d'œil investigateur et plein d'expérience de la petite femme rendit prompte et bonne justice aux qualités physiques de notre héros.

Madame Amadis appela donc sur ses lèvres peintes au carmin son plus agréable sourire — elle ébaucha une révérence que le manque d'espace rendit malheureusement incomplète, et elle dit d'une voix grasseyante, et avec toutes sortes de minauderies enfantines :

— Comment, monsieur, vous êtes assez prodigieusement aimable et poli pour m'offrir votre voiture !

— En cela, madame, je ne fais que mon devoir...

— Mais, monsieur, vous ne me connaissez pas...

— Eh! qu'importe?... — ne me suffit-il point qu'une femme (surtout une femme belle et charmante) se trouve dans l'embarras, pour souhaiter l'en sortir bien vite?... — Tout homme à ma place n'agirait-il pas comme j'agis?... J'ai l'honneur, madame, de vous offrir mon bras pour vous conduire jusqu'à mon coupé?...

— En vérité, monsieur, l'offre est séduisante, je ne dis pas non, mais je crains... — soupira la petite femme... — oui, je crains... — elle s'interrompit.

— Quoi donc? — demanda Sigismond; — que craignez-vous?...

— D'être indiscrète...

— Une pareille crainte me désole!... — je vous en conjure, madame, rejetez-la bien loin!... ne tardez pas un instant! venez...

— Je ne sais si je dois... — balbutia madame Amadis avec un redoublement de minauderies auxquelles Sigismond coupa court en s'écriant :

— Eh! madame, ce que vous devez, je vais vous le dire... — vous devez avant tout éviter une plus longue station au milieu des courants d'air de ce vestibule... — Les rhumes et les fluxions de poitrine tiennent ici cour plénière... — au nom de votre précieuse santé, ne bravez pas davantage un péril très sérieux, et très imminent!

— Je vous le demande de nouveau, venez, venez, madame...

En entendant prononcer le mot de fluxion de poitrine, madame Amadis pâlit sous son rouge et frissonna de la tête aux pieds.

Sa main charnue, dont les doigts courts et gros semblaient au moment de faire éclater les gants paille qui les emprisonnaient, harponna le bras de Sigismond.

— Monsieur, — dit-elle avec une émotion si grande que pour une seconde elle oublia de grasseyer et de minauder, — vous me paraissez être un trop galant homme pour qu'il me soit possible de refuser le service important que vous m'offrez de si bonne grâce... — J'accepte donc...

— C'est moi, madame, qui resterai votre obligé...

— Allons, onsieur, allons vite..

Sigismond fit un signe à son valet de pied, debout à quelques pas et attendant des ordres. — Ce valet se dirigea aussitôt vers la porte de sortie, précédant son maître et écartant la foule devant lui, ce qui permit au jeune duc de traîner madame Amadis à la remorque sans trop de peine.

Ce soir-là, M. de la Tour-Vaudieu devait, en sortant de l'Opéra, se rendre à une fête donnée au Luxembourg par le président de la Chambre des pairs. — La voiture qui l'attendait était donc une voiture de cérémonie, un grand coupé à siège drapé dont la housse armoriée splendidement supportait un énorme cocher galonné à outrance, poudré à frimas sous son tricorne, et pourvu d'une véritable *trogne* à la Falstaff, ce qui, comme chacun sait, est le nec plus ultra de la distinction suprême pour les cochers de grands seigneurs.

Sur les panneaux encadrés d'argent de la voiture, l'écusson des la Tour-Vaudieu étincelait surmonté de la couronne ducale.

Madame Amadis embrassa d'un regard admirateur et fasciné tous les détails de cet équipage princier, et, lorsque le marchepied s'abaissa devant elle et qu'elle le franchit pour s'asseoir sur les moelleux coussins de reps blanc, elle se demanda de la meilleure foi du monde si quelque miraculeux hasard ne venait point de la transformer subitement en personne de qualité.

Le marchepied claqua en se relevant — la portière se referma avec un bruit sec.

Sigismond, le chapeau à la main, et dans l'attitude la plus respectueuse, demanda :

— Veuillez me faire connaître vos ordres, madame, pour que je les transmette à mes gens, et m'apprendre où mon cocher doit vous conduire...

— Rue Saint-Louis, n° 14, au Marais... — répondit la petite femme.

Sigismond répéta à haute voix le nom de la rue et le numéro de la maison, puis il ajouta :

— Et maintenant, madame, il ne me reste qu'à vous présenter mes respects les plus empressés...

— Comment... comment... — s'écria madame Amadis, — vous ne montez pas avec moi dans votre carrosse ?...

— Me le permettez-vous donc ?...

— Parbleu !... mais certainement, monsieur, je vous le permets de tout mon cœur !...

— C'est une faveur immense que je n'aurais osé solliciter, mais que j'accepte avec reconnaissance...

La portière fut ouverte de nouveau, Sigismond s'élança auprès de la petite femme, et la voiture partit à une allure rapide et douce dont les chevaux allemands de madame Amadis n'avaient aucune idée.

Chemin faisant M. de la Tour-Vaudieu déploya toutes les ressources de son esprit et toutes les grâces de sa parole pour subjuguer de la façon la plus complète sa compagne excentrique.

Nous devons ajouter qu'il y parvint au-delà de ses espérances.

Au moment où le coupé s'arrêta devant l'hôtel de la rue Saint-Louis, la grosse petite femme était absolument sous le charme.

Sigismond, descendu le premier, lui prit la main pour l'aider à mettre pied à terre, puis, élevant cette main à la hauteur de son visage, ou plutôt s'inclinant sur elle, il en effleura de ses lèvres les doigts *boudinés*, et après un dernier et profond salut il fit un mouvement pour se retirer.

Madame Amadis le retint.

— Monsieur, — lui dit-elle, — oh! monsieur, de grâce, excusez mon indiscrétion...

— L'excuser! — répliqua Sigismond, — comment le pourrais-je, madame ? — vous ne sauriez être indiscrète...

— Je prétends l'être, cependant...

— Et de quelle façon ?...

— En vous adressant une question ?

— Je me mets à vos ordres pour y répondre... quelle qu'elle soit...

— Eh bien! monsieur, je désire ardemment connaître le nom de celui qui vient de se conduire vis-à-vis de moi en véritable chevalier français...

— En un mot, je prends la liberté de vous demander à qui j'ai *l'avantage* de parler ?..

— Au duc de la Tour-Vaudieu, pair de France... — répondit Sigismond avec une parfaite simplicité.

Madame Amadis eut un éblouissement!...

Eh quoi! c'était la voiture d'un duc et pair qui venait de la ramener chez elle!...

Quelle gloire!... — Quel inépuisable sujet de légitime orgueil!!...

Ah! pourquoi le quartier tout entier n'assistait-il point à son bonheur et à son triomphe, pour le compléter par l'admiration et la jalousie!!

— Monsieur le duc... — balbutia-t-elle, le cœur palpitant et la voix tremblante, — monsieur le duc, quel honneur...

— Tout l'honneur est pour moi, madame... — interrompit Sigismond, qui reprit aussitôt : — Oserais-je vous demander la permission de venir prochainement prendre de vos nouvelles et vous présenter mes respects ?...

— Comment donc ! monsieur le duc,... comment donc !... — répliqua la grosse femme, — ah ! je le crois bien, que vous pouvez venir ! oh ! oui !... tout autant qu'il vous plaira... — et le plus souvent sera le mieux... — Vous serez reçu comme un vrai prince, je vous le garantis, monsieur le duc, et ça sera pour moi bien de la joie, sans compter le respect...

— Votre bonté me pénètre de reconnaissance, et j'aurai hâte d'en profiter... — Au revoir, madame... à bientôt...

— *Sans adieu*, monsieur le duc... — Monsieur le duc, votre servante...

Et madame Amadis accompagnait chaque *monsieur le duc*, d'une révérence de la bonne école.

Bref, la voiture de Sigismond avait disparu déjà à l'angle de la rue Saint-Louis, que la petite femme saluait encore sous la porte cochère.

Enfin elle prit le parti de rentrer chez elle et de se mettre au lit, mais ce ne fut point sans avoir raconté, d'abord au concierge de la maison, et ensuite à tous ses domestiques, qu'elle venait d'être reconduite au logis par le duc de la Tour-Vaudieu, pair de France, dans son propre carrosse, traîné par ses propres chevaux conduit par son propre cocher.

En se couchant, madame Amadis se répétait cela à elle-même ! — En s'endormant elle se le redisait encore ! — Elle se le redit dans ses songes !...

Madame Amadis devant jouer un rôle de quelque importance dans le drame raconté par nous, il importe que nos lecteurs sachent sans plus de retard à quoi s'en tenir sur son compte.

Nous allons donc tracer un précis rapide des antécédents de cette honorable personne.

Née en 1785 d'un père anonyme et d'une blanchisseuse de la place Maubert, Flore-Céphyse-Rosalba Pitois atteignait sa cinquantième année au moment où ce récit commence, c'est-à-dire en 1835.

Nous savons déjà qu'elle employait tous les moyens imaginables et inimaginables pour se rajeunir ; — résultat ardemment convoité et qu'elle n'atteignait que d'une manière très incomplète. — Nous devons ajouter qu'elle ne s'avouait point cet insuccès, malgré la franchise un peu brutale de son miroir.

Dans son enfance la petite Flore était si jolie que les membres de la municipalité du quartier Maubert la désignaient par acclamation pour jouer les rôles de *petits génies* et *d'amours* dans les fêtes et les solennités civiques par lesquelles la république naissante célébrait son avènement.

Les triomphes incontestables et bruyants obtenus par Flore dans ces exhibitions précoces la dégoûtèrent à tout jamais de la profession maternelle.

Quelques jours après avoir accompli sa quinzième année l'enfant, qui ne voulait point être blanchisseuse, disparut un beau matin.

Cette disparition d'une jolie fille ne fit aucun bruit dans les alentours de la place Maubert, et la blanchisseuse elle-même ne s'en inquiéta que médiocrement.

— La petite n'est point bête et fera fortune... — se dit-elle, — le monde est grand... bon voyage !...

Et il ne fut pas plus question de Flore, à partir de ce moment, que si Flore n'avait jamais existé.

Nous ne suivrons pas la fugitive, et pour cause, dans les multiples aventures d'une existence beaucoup trop accidentée.

Nous la retrouverons seulement en 1810, — âgée de vingt-cinq ans, — moins fraîche et moins jolie qu'à quinze, — mais plus belle, et favorite déclarée d'un de ces fournisseurs coquins qui se créaient à cette époque de si scandaleuses fortunes, en livrant à nos héroïques armées des vivres à demi-pourris et des chaussures que deux journées de marche mettaient en lambeaux.

Ce fournisseur, dénoncé par un de ses complices,

poursuivi par la justice napoléonienne et forcé de rendre gorge, se vit dépouillé de cinq millions sur six qu'il avait, nous ne dirons pas gagnés, mais volés.

Réduit à soixante mille livres de rentes — (le pauvre homme!...) — contraint à renoncer au luxe raffiné dont il avait pris l'habitude pour lui-même et surtout pour Flore, et ne pouvant admettre la pensée d'être abandonné par la jeune femme qu'il idolâtrait, — il résolut d'attacher à lui cette dernière par une chaîne indissoluble...

On devine que la chaîne en question était le mariage.

Flore consentit sans trop d'enthousiasme à devenir ce que le monde appelle une *femme honnête*, désignant ainsi tant de femmes qui ne le sont guère.

Elle épousa le fournisseur, et nous devons à la vérité de déclarer qu'elle le rendit plus heureux qu'il ne le méritait, et qu'elle le trompa infiniment moins que ses habitudes d'autrefois ne semblaient le rendre probable.

En 1825, — après quatorze ou quinze années d'une union exemplaire, — Flore, âgée de quarante ans, se trouva veuve, sans enfants, et riche de soixante mille livres de rentes.

Elle ne songea point à se remarier, — elle s'arrangea une existence confortable; — elle devint romanesque, grâce à la lecture assidue d'une infinité de romans absurdes et indigestes, et sa plus vive ambition, désormais, fut de se trouver mêlée par le hasard à quelqu'une de ces étranges et émouvantes aventures si communes dans les livres, si rares dans la réalité.

De son vivant le fournisseur avait porté deux noms, dont l'un n'était que prétentieux, tandis que l'autre était presque ridicule.

Voici ces deux noms : Amadis Parpaillot.

La veuve supprima résolument le second et se fit appeler madame Amadis, — ce qui lui parut chevaleresque et galant.

Après avoir porté pendant un an, selon les convenances, un deuil strict et sévère, notre moderne Arthémise se consola de son mieux. — (Ce à quoi elle parvint le plus facilement du monde.)

Elle dépensa largement ses revenus ; — elle eut à l'écurie deux bons chevaux normands ; — elle fréquenta l'Opéra, par genre, et les théâtres de mélodrames par goût ; — elle reçut à sa table, de temps à autre, quelques vieux amis de feu Parpaillot, et leur prodigua de grands vins miraculeux, comme jadis les fournisseurs seuls en avaient dans leurs caves ; elle fit enfin un assez grand nombre de nouvelles connaissances, et elle employa à recevoir ou à rendre des visites tout le temps qu'elle ne consacrait point à la lecture de ses chers romans.

Au moment où commence l'histoire que nous racontons, elle habitait depuis quatre ans l'hôtel de la rue Saint-Louis.

Le colonel Derieux, — installé dans cette maison un an après elle, — ignorant les légèretés de son passé et ne soupçonnant point les principes plus que douteux résultant forcément du genre de vie qu'elle avait mené, lui confiait sa fille sans la moindre inquiétude, et ne voyait en elle qu'une excellente femme, un peu commune, un peu prétentieuse, il est vrai, mais parfaitement sûre et inoffensive.

Nous connaissons maintenant madame Amadis, bonne personne au fond, point vicieuse ni méchante, mais tout à fait dépourvue de sens moral, exaltée par une foule d'imaginations et d'aspirations romanesques et, par cela même, effroyablement dangereuse pour une jeune fille.

Nous n'en aurons que trop tôt la preuve.

CHAPITRE XIV.

Esther et Sigismond.

Se rapprocher de madame Amadis qui connaissait mademoiselle Derieux, c'était, pour Sigismond, raccourcir la distance qui le séparait de son idole.

Aussi dès le lendemain, vers les trois heures de l'après-midi, le pair de France franchissait le seuil de l'hôtel de la rue Saint-Louis et venait sonner chez la veuve du fournisseur.

Dans la prévision de cette visite, madame Amadis avait donné l'ordre à son cocher et à son valet de pied mulâtre de revêtir leurs livrées de gala et de ne quitter l'antichambre sous aucun prétexte.

Elle-même, parée comme une châsse dès le matin, avec le suprême mauvais goût que nous lui connaissons, avait apporté un soin tout particulier à la peinture de son visage, et entassé sur sa personne les orfévreries les plus voyantes et les parfums les plus capiteux. — Elle était, littéralement, aveuglante et asphyxiante.

Le meuble blanc et cramoisi du grand salon, dépouillé de ses housses de coutil, brillait d'un éclat incomparable. — Les dorures, prodiguées de toutes parts, étincelaient.

Madame Amadis, à demi couchée sur un divan en face d'une haute *psyché*, étudiait des attitudes et souriait aux frais pastels de sa figure et à la grâce de ses poses, que la glace reproduisait avec résignation.

Bref, elle s'efforçait de se rendre digne de l'hôte éminent dont elle attendait la venue.

Il importe de dire en passant que, depuis le jour de son union avec feu Parpaillot, madame Amadis s'était sentie prise du désir impétueux de voir de près ce qu'en son langage insuffisamment patricien elle appelait *le beau monde*.

Avons-nous besoin d'ajouter que les vœux de la ci-devant blanchisseuse devaient être et avaient été complètement stériles, et que l'ex-fournisseur s'était trouvé dans l'impossibilité absolue d'ouvrir à sa femme les salons du monde aristocratique, où lui-même ne pouvait espérer de pénétrer qu'en qualité de laquais.

Or, le hasard, en jetant Sigismond de la Tour-Vaudieu sur le chemin de madame Amadis, avait fait entrevoir à cette dernière comme enfin possible la réalisation des rêves ambitieux de toute sa vie...

Aussi je vous affirme qu'au moment où la petite femme entendit retentir pour la première fois dans son logis un nom de noblesse historique, précédé du titre flamboyant de DUC, elle ressentit une indicible émotion, mêlée d'une joie vaniteuse incomparable.

Certes la jeune fille qui vient, palpitante et charmée, au premier rendez-vous donné par l'amour, n'éprouve pas de plus vives et de plus délicieuses sensations.

La visite de Sigismond fut longue.

Après avoir laissé madame Amadis l'entretenir tout à son aise d'elle-même, et la bonne dame ne tarissait point volontiers sur ce sujet, le pair de France trouva moyen de l'amener avec adresse à lui parler de ce qui l'intéressait si vivement, c'est-à-dire du colonel Derieux et de sa fille.

Il fut instruit de cette façon d'une foule de détails, plus précieux les uns que les autres pour un cœur éperdument épris.

Il apprit que mademoiselle Derieux se nommait Esther; — qu'elle avait seize ans et quelques mois; — qu'elle était aussi douce et aussi bonne que charmante; — qu'elle menait une vie horriblement triste auprès de son père, vieillard excellent sans doute mais d'une nature un peu sauvage, très absorbé dans ses souvenirs et ses regrets politiques, et ne recevant qu'un petit nombre de vieux amis, anciens officiers de Napoléon comme lui.

— Vous comprenez, monsieur le duc, — ajouta madame Amadis, — que ça n'est pas une existence pour un pauvre amour de seize ans comme Esther,

de ne jamais voir que des grognards, des culottes de peau, et des débris de la grande armée!... — A son âge et jolie à faire tourner les têtes!... — (car elle est plus jolie qu'un vrai cœur, la chère mignonne! — Si jamais vous la voyez vous en serez tout ébloui!...) — A son âge, donc, on aime la jeunesse, ce qui est bien naturel; on possède un petit cœur qui commence à battre sans savoir pourquoi, et ça fatigue terriblement de ne jamais avoir sous les yeux que des vilains visages racornis!...
— Je comprends ça, moi qui vous parle, monsieur le duc!... J'ai grande pitié de la pauvre Esther et *je me mets en quatre* pour la distraire et pour l'égayer de mon mieux... — Elle vient souvent passer l'après-midi ou la soirée avec moi, quand le colonel est sorti ou quand il est en train de fumer sa pipe avec ses vieux de la vieille... — Alors nous jabotons, la petite et moi, comme une paire d'amies que nous sommes, ou bien nous faisons la lecture de quelque beau roman bien intéressant, où il y ait des amours et des voleurs, et le temps se passe... Mais toujours est-il qu'il est très heureux pour la mignonne créature que le colonel soit venu se loger dans cette maison, car sans moi, très certainement, elle tomberait malade à force de s'ennuyer... et je vous réponds que ça serait grand dommage, car elle est crânement gentille!...

— Ah! madame, que vous êtes bonne! — s'écria le duc avec conviction, car il voyait dans madame Amadis l'ange sauveur de mademoiselle Derieux; — vous avez un cœur incomparable et vous ne sauriez rencontrer une souffrance sans la soulager, tant votre belle âme est généreuse et compatissante !...

La petite femme ne fit aucune difficulté d'accepter cet éloge comme chose parfaitement due, — quoique en réalité elle ne s'occupât d'Esther qu'au point de vue de ses propres distractions.

Elle minauda et se rengorgea de son mieux, tout en répondant d'une voix langoureuse et sentimentale :

— Il est de fait que j'ai l'âme tendre et sensible, et que la compassion est mon faible... — Depuis que je me connais, je suis comme ça... — Il faut absolument que je console les affligés, c'est plus fort que moi, et jamais je n'aurais su refuser n'importe quoi dans la crainte de faire de la peine par un refus.

Deux ou trois visites, à des intervalles très rapprochés, succédèrent à cette première visite de Sigismond.

C'était toujours avec un violent battement de cœur que le jeune pair de France arrivait chez madame Amadis, car chaque fois il avait l'espoir de trouver mademoiselle Derieux auprès de la veuve du fournisseur; mais le hasard semblait prendre parti contre l'amoureux, et la grosse femme était toujours seule au moment où M. de la Tour-Vaudieu se faisait annoncer dans son salon.

Une fatalité si constante courait risque de se prolonger longtemps encore, et Sigismond se désolait, lorsqu'un beau jour la probabilité de cette rencontre souhaitée ardemment fut remplacée par une certitude.

Voici comment :

Depuis à peu près deux semaines, Sigismond s'était fait le courtisan et le flatteur assidu de madame Amadis, et son amour pour Esther le dominait à un point tel que son amour-propre ne souffrait pas de ses complaisances intéressées pour la veuve de fournisseur.

A la fin d'une interminable visite, prolongée vainement dans un espoir toujours déçu, et pendant laquelle mademoiselle Derieux n'avait point paru, Sigismond se levait pour prendre congé.

Madame Amadis semblait en proie, ce jour-là, à une agitation et à une préoccupation très visibles, dont à plus d'une reprise M. de la Tour-Vaudieu s'était aperçu, mais sans en chercher la cause qui, à vrai dire, ne le touchait guère.

La grosse femme n'écoutait son interlocuteur qu'avec distraction et ne lui répondait qu'au hasard.

Évidemment elle pensait à toute autre chose qu'aux paroles échangées entre elle et M. de la Tour-Vaudieu ; — sans doute elle avait à faire à Sigismond quelque demande de grande importance, mais elle hésitait et ne savait comment formuler sa requête.

Enfin, la retraite du jeune homme devenant imminente et rendant tout nouveau retard impossible, madame Amadis prit son parti, et après avoir armé ses yeux et ses lèvres d'un regard et d'un sourire qu'elle croyait victorieux et irrésistibles, elle murmura :

— Mon cher duc...

La veuve du fournisseur (on l'a compris depuis longtemps) possédait une de ces natures qui deviennent promptement ultra-familières, en raison même de leur vulgarité et d'un manque absolu de tact.

Aussi madame Amadis n'avait-elle point tardé à remplacer le cérémonieux : *monsieur le duc*, par un : *mon cher duc*, qui lui plaisait d'autant plus à prononcer, qu'en écoutant ces trois mots sortir de sa bouche elle se prouvait à elle-même son intimité charmante avec un grand seigneur.

Sigismond, qui s'était levé, se rassit.

— Puis-je faire quelque chose pour vous être agréable, chère madame ?... — demanda-t-il.

— Vous pouvez faire beaucoup... si vous le voulez...

— Je le voudrai, n'en doutez pas... — Voyons, de quoi s'agit-il ?...

— D'une faveur que je me prépare à solliciter...

— De moi ?...

— Oui.

— Une faveur ?...

— Oui... — une faveur... une énorme faveur...
Sigismond sourit.

— Chère madame, — dit-il ensuite, ne savez-vous pas qu'elle est accordée d'avance?...

— Bien vrai?...

— Foi de gentilhomme.

— Ah! mon cher duc, quel homme ravissant et incomparable vous êtes!... — J'étais si fort troublée par la crainte d'un refus, que j'osais à peine vous présenter ma pétition... — Mais votre galanterie me remet d'aplomb sur mes pattes, et je vas vous dégoiser toute ma petite affaire en deux temps et trois mouvements...

— Je vous écoute avec une attention et avec un intérêt dont vous ne pouvez douter...

— Voici la chose... — Je donne samedi prochain une façon de raout improvisé à quelques amis, avec rafraîchissements de premier choix et un joli souper de chez Chevet, pour les intimes, sur le coup de deux heures du matin... — Oh! les choses seront bien faites...

— Cela est plus que certain, puisqu'elles auront été ordonnées par vous... — dit gracieusement Sigismond.

Madame Amadis reprit :

— Or, je veux vous demander, mon cher duc, d'assister à ma petite fête, quoiqu'elle doive être bien différente, je ne me le dissimule pas, des réunions *pompeuses* du grand monde dont vous avez l'habitude... — Voyons, vous acceptez, n'est-ce pas ?...

— Mais je le crois bien, que j'accepte ! — J'accepte avec empressement et reconnaissance...

— Grand merci de l'empressement, mais la reconnaissance est de trop...

— En aucune façon, et je vous dois l'un et l'autre...

— Comme ça, je puis compter sur vous?
— Absolument.
— Et vous arriverez de bonne heure?
— Je serai, si vous le désirez, le premier venu de vos invités...
— Et vous partirez tard?
— Le dernier, si vous m'en donnez l'ordre...

— Ah ! mon cher duc, mon cher duc ! — s'écria madame Amadis toute rayonnante et avec une indicible exaltation — vous me causez un ravissement inexprimable !... — Si je ne craignais de manquer aux convenances et de froisser les usages reçus, je vous sauterais au cou et je vous embrasserais sur les deux yeux pour vous témoigner la joie sans bornes que je ressens...

— Eh bien, qui vous en empêche? — fit Sigismond en souriant.

— Vous m'autorisez?...

— Ce n'est point une autorisation que je vous donne, c'est un bonheur que j'implore...

M. de la Tour-Vaudieu n'avait pas achevé

ces mots, que déjà madame Amadis le pressait dans ses bras robustes et lui octroyait à deux reprises la plus véhémente accolade.

— Mon cher duc, — reprit-elle aussitôt après, — je vous demanderai la permission de vous présenter samedi ma petite amie Esther, — cette jolie enfant qui demeure au-dessus de moi... — Quand nous sommes ensemble, et cela nous arrive presque tous les jours, nous passons notre temps à parler de vous, et la chère mignonne meurt d'envie de vous connaître... — C'est d'ailleurs une fille très bien née, élevée comme un charme... et quant à la douceur, c'est un sucre... — Sans cela, comme vous vous l'imaginez sans peine, je n'en ferais pas mon amie...

Sigismond était devenu si pâle et son émotion était si grande qu'il ne fallait rien moins que l'insouciante légèreté de madame Amadis pour ne point s'apercevoir de ce trouble et de cette pâleur.

Après un instant de silence, pendant lequel le jeune homme fit tous ses efforts pour dominer son agitation, et y parvint, il répondit d'une voix un peu tremblante :

— Je serai très heureux, chère madame, d'être présenté par vous à une personne que vous honorez de votre sympathie...

— Il est de fait que je ne les prodigue point, mes sympathies, ce qui les rend peut-être précieuses... — répliqua la veuve du fournisseur en

faisant la roue ; — je ne lie un commerce d'amitié qu'avec des personnes du plus grand mérite... — Vous en êtes la preuve vivante, mon cher duc...
— Quant à la petite Derieux, vous verrez que pour elle aussi j'ai trouvé la pie au nid, et que c'est un amour d'enfant... — Elle vous plaira, je le parierais...

— Sous vos auspices, il ne saurait en être autrement.

Madame Amadis continua :

— J'ai l'ambition que mon raout vous amuse autant que vos soirées du grand monde... — Nous aurons une petite sauterie sans prétention, au piano, avec un violon, un cornet à piston, un chapeau chinois et une clarinette... — Voilà tout...
— Dansez-vous quelquefois, mon cher duc ?

— Rarement, je l'avoue... — répliqua Sigismond en souriant. — Mais je suis fort disposé, pour peu que la chose vous agrée, à faire chez vous une infraction à mes habitudes.

— Vous avez une fine fleur de galanterie qui me fait tourner la tête, parole d'honneur !... — dit la veuve en minaudant. — Ah ! la noblesse de cour !... Je l'ai toujours pensé, il n'y a que cela d'aimable et de charmant dans le monde !.. — Oh ! pourquoi faut-il que mes parents m'aient si follement mésalliée quand j'atteignais à peine ma quinzième année et que j'étais aussi incapable de résistance qu'un pauvre agneau !... — Ma place, ma véritable place, je le sens bien aujourd'hui, était dans les salons du faubourg Saint-Germain et dans les palais de nos rois...

Après avoir ouvert et fermé cette longue parenthèse, madame Amadis reprit :

— Soyez tranquille, d'ailleurs, mon cher duc, — je n'abuserai point de votre bonne volonté... — Je me contenterai de réclamer de vous une contredanse pour ma petite amie Esther et une ou deux valses pour moi... — Je suis, paraît-il, en valsant, de la plus étonnante légèreté... une plume, un zéphir, une hirondelle, un souffle... moins que rien... Vous verrez... vous verrez...

Malgré ces affirmations précises et réitérées, Sigismond ne put s'empêcher de jeter un regard inquiet sur la courte et massive personne de madame Amadis, qui ne donnait, hélas ! en aucune façon l'idée d'une sylphide ou d'une willis...

Il fit cependant contre mauvaise fortune bon cœur, et sa réponse fut de nature à redoubler l'enchantement de la veuve, laquelle, nous le savons, vivait dans un état d'enthousiasme perpétuel à l'endroit du pair de France.

La conversation que nous venons de mettre sous les yeux de nos lecteurs avait eu lieu le jeudi. — Deux jours seulement, par conséquent, devaient s'écouler avant le raout de madame Amadis.

La grosse femme consacra ces deux jours aux préparatifs de la soirée qui devait faire époque dans sa vie, puisque cette soirée allait lui permettre enfin d'exhiber aux yeux éblouis et envieux de ses nombreux invités, son très noble, très illustre et très intime ami...

Aussi, pour cette occasion solennelle, la veuve du fournisseur jeta sans compter l'argent par les fenêtres et réalisa des prodiges de luxe et de mauvais goût.

Il ne s'agissait, avait dit madame Amadis à Sigismond, que d'une petite fête sans prétention, d'une sauterie presque improvisée, et cependant dès huit heures du soir deux gardes municipaux à cheval, en grande tenue, prenaient position à la droite et à la gauche de la porte cochère de l'hôtel, pour surveiller le défilé des voitures, et douze valets de louage, revêtus de livrées d'apparat commandées tout exprès pour cette circonstance, faisaient la haie dans l'escalier, sur les marches duquel s'échelonnaient pour mille écus de fleurs rares.

A dix heures, les salons de madame Amadis regorgeaient de monde.

Cette réunion de cent quatre-vingt ou deux cents personnes se composait des éléments les plus hétérogènes et les plus bizarres. — C'est tout au plus si la veuve du fournisseur connaissait un tiers de ses hôtes. — Ce tiers avait reçu d'elle plein pouvoir d'amener qui bon lui semblerait, droit dont il ne s'était point fait faute d'user largement.

Or, les anciens amis de la maîtresse de la maison étant pour la plupart d'une distinction douteuse, les invités de seconde main, présentés par eux, appartenaient généralement à la petite bourgeoisie du Marais ou à ce monde légèrement bohême et excentrique que l'agglomération des théâtres faisait pulluler dans les alentours du boulevard du Temple.

Ainsi, madame Amadis avait l'honneur de compter parmi ses convives une demi-douzaine d'auteurs mélodramatiques incompris, dont les œuvres vierges encore n'attendaient, pour apparaître aux feux du lustre et de la rampe, que la venue d'un directeur *intelligent* qui sût les comprendre et les recevoir...

— Le présent ne leur appartenait pas mais ils comptaient sur l'avenir!... — Deux vaudevillistes, plus heureux et *arrivés*, puisqu'ils avaient eu le bonheur et la gloire d'être sifflés sur la scène des Funambules, se promenaient fièrement dans la foule. Enfin, un *grand premier rôle*, le Mélingue ou le Dumaine de l'avenir, et un *troisième rôle*, futur Chilly du plus incontestable mérite, notablement applaudis l'un et l'autre à la banlieue et en instance pour obtenir les débuts à la Gaîté, attiraient l'attention par leurs voix cuivrées aux vibrations métalliques, par l'audace de leurs ports de tête et par leurs écarts de poitrine.

Madame Amadis rayonnait en voyant ses salons remplis...

En fait d'invités, la digne personne tenait au

nombre beaucoup plus qu'au choix; d'ailleurs, nous le savons, cette multitude, que nous pourrions appeler *vile multitude*, en nous servant d'une expression célèbre, jouait dans les salons du vieil hôtel de la rue Saint-Louis le rôle des comparses dans un théâtre, et n'avait d'autre destination réelle que d'assister à la gloire de madame Amadis, et de propager au dehors, par ses récits, les rayonnements de cette gloire.

A dix heures, Sigismond n'était point encore arrivé.

La maîtresse de la maison, placée de manière à avoir sans cesse les yeux tournés vers la porte de l'antichambre, attendait avec une impatience fébrile dont il nous serait absolument impossible de donner une idée.

L'orchestre exécutait ses quadrilles les plus vifs. — L'animation était générale. — Quelques hommes graves, parmi lesquels se trouvait le colonel Derieux, jouaient au whist dans une petite pièce servant habituellement de cabinet de toilette... — Esther, vêtue de blanc et couronnée de roses blanches, dansait avec la joyeuse ardeur de ses dix-sept ans.

En ce moment, Sigismond arriva dans l'antichambre.

Le valet de pied mulâtre, faisant fonctions d'huissier, se tenait auprès de la porte d'entrée du salon.

L'orchestre venait de commencer la seconde figure de la classique contredanse.

— Ne m'annoncez pas, — dit au valet le jeune pair de France, qui ne voulait point troubler le quadrille et attirer sur lui l'attention.

Mais le mulâtre avait reçu de madame Amadis une consigne dont il ne devait s'écarter sous aucun prétexte.

Aussi, sans tenir compte de la recommandation du nouveau venu, il ouvrit avec fracas les deux battants de la porte et échangea un signe avec la maîtresse du logis.

Cette dernière se tourna vers les musiciens, prévenus d'avance, et fit taire d'un signe impérieux le piano, le violon, le chapeau chinois et la clarinette.

Un silence absolu succéda sans transition au tapage harmonieux des instruments.

Au milieu de ce silence, qui parut d'autant plus profond qu'il était plus soudain, le mulâtre cria d'une voix retentissante :

— *Monseigneur* le duc Sigismond de la Tour-Vaudieu... pair de France !...

En même temps madame Amadis quittait sa place, et se précipitant au-devant de notre héros sans nul souci des groupes formés pour la contre-danse et qu'elle disjoignait brusquement, elle se suspendit au bras de Sigismond en lui disant assez haut pour être entendue de tout le monde :

— Ah! cher duc, que vous avez tardé, mais combien votre arrivée me rend joyeuse!... — C'est à partir de cette minute que la fête commence pour moi!...

— Je vous en supplie, — balbutia M. de la Tour-Vaudieu très surpris et fort contrarié de l'*entrée* à effet que venait de lui ménager la maîtresse de la maison et singulièrement embarrassé de sa contenance en se trouvant le point de mire de tous les regards braqués sur lui, — je vous en supplie, chère madame, n'interrompez pas plus longtemps le bal... — Je serais désespéré, je vous le jure, de troubler, ne fût-ce qu'une minute, les plaisirs de vos invités...

— Que votre volonté soit faite, mon cher duc, — répondit madame Amadis.

Et aussitôt elle cria, d'un bout du salon à l'autre, et d'une voix glapissante dont les notes aiguës firent tressaillir Sigismond :

— Messieurs les musiciens, à la besogne!... allez-y gaiement et recommencez la figure... —
— Monsieur le duc veut bien le permettre!...

CHAPITRE XV.

Esther et Sigismond (suite).

Les musiciens obéirent sans retard à l'ordre qui venait de leur être donné d'une façon incontestablement originale ; ils recommencèrent la figure interrompue et les danseurs se remirent en mouvement, tandis que madame Amadis, plus que jamais suspendue au bras de Sigismond, faisait avec lui le tour des salons en ayant soin de parler assez haut pour dominer les bruits de l'orchestre, et en répétant de minute en minute ces trois mots qu'elle ne prononçait jamais sans un frémissement d'orgueil : *Mon cher duc...*

Au moment où le valet mulâtre avait annoncé, ou plutôt proclamé le nom de M. de la Tour-Vaudieu, l'une des personnes qui se pressaient dans le premier salon, tout à côté de la porte de l'antichambre, s'était retournée brusquement et avec l'expression manifeste d'une surprise indicible.

Cette personne était une jeune femme de vingt-quatre ou vingt-cinq ans, très brune, très blanche et très belle, avec de grands yeux sombres étincelants comme des diamants noirs.

Elle portait une robe de crêpe jaune paille qui mettait en valeur la pâleur chaude de son teint et laissait à découvert ses bras, ses épaules et la moitié d'une poitrine qu'on eut dit taillée par Phydias en plein marbre de Paros.

Un collier de corail rose à gros grains entourait son cou. — Des bracelets pareils s'attachaient à ses poignets. — Des grappes de corail se mêlaient aux masses épaisses de sa chevelure magnifique.

De la main droite elle tenait un gros bouquet de roses mousseuses qu'elle approcha vivement de sa figure, comme pour la dérober aux regards, à l'instant précis où le jeune duc faisait son entrée.

Mais presqu'en même temps sa main s'abaissa, et elle murmura, avec un sourire d'une expression indéfinissable :

— Quelle folie !... j'oubliais sottement qu'il ne me connaît pas !!...

Puis sans transition elle ajouta, toujours en se parlant à elle-même :

— Mais que vient faire le duc de la Tour-Vaudieu chez cette bourgeoise grotesque et prétentieuse ? au milieu de cette assemblée ridicule ?..

— D'après ce que Georges m'a dit vingt fois de son frère, s'il est un endroit au monde où je ne devais point m'attendre à rencontrer ce frère, c'est ici !.. — Peut-être sa présence en un pareil lieu touche-t-elle à nos intérêts, quoique je ne devine pas encore comment... — Enfin, nous sommes dans une position à ne rien abandonner au hasard et à tout craindre, même l'impossible...

— Heureusement je suis là... je veillerai..

Nos lecteurs connaissent déjà la jeune femme dont nous venons de reproduire le monologue, et qui n'était autre que Claudia Varni, la dangereuse maîtresse et la complice du frère cadet de Sigismond, le marquis Georges de la Tour-Vaudieu.

Il importe, croyons-nous, d'expliquer en peu de mots la présence d'une femme de l'espèce de Claudia chez madame Amadis qui, malgré ses antécédents plus que douteux et son manque absolu de sens moral, n'aurait point fait à Esther Derieux l'injure de la réunir dans un salon à une pécheresse notoirement connue pour telle.

Claudia Varni appartenait à la catégorie de ces invités de seconde main que la maîtresse de la maison ne connaissait pas.

L'un des *littérateurs de l'avenir*, dont nous avons parlé dans le précédent chapitre, chargé par la veuve du fournisseur de lui recruter des danseurs, et muni par conséquent de plusieurs lettres d'invitation en blanc, avait offert une de ces lettres à Claudia, qu'il courtisait assidûment quoique sans résultats.

La pécheresse avait accueilli cette galanterie avec un rire moqueur et dédaigneux.

— Madame Amadis ! — s'était-elle écriée, —

madame Amadis, au Marais, rue Saint-Louis !

— Qu'est-ce que c'est que madame Amadis, s'il vous plaît, mon cher ami ?

— C'est la riche veuve d'un fournisseur qui s'appelait Parpaillot... — répondit le littérateur inédit.

— Et cette ci-devant Parpaillot, aujourd'hui veuve Amadis, — poursuivit Claudia, — réunit sans doute dans *son Louvre* la fine fleur des bourgeois *cossus* de la Place-Royale et de la rue du Pas-de-la-Mule, sans oublier la rue de l'Oseille et celle des Trois-Pistolets ?...

— Précisément...

— Eh bien, mon cher, que diable voulez-vous que j'aille faire dans cette galère, moi Claudia Varni, je vous prie ?... — Croyez-vous que je serai tout à fait à ma place au milieu des prudes pécores et des pecques ridicules qui doivent former la société habituelle de votre veuve Amadis, ci-devant Parpaillot ?...

— C'est justement parce que vous n'y serez point à votre place que je vous propose, à vous, la reine des plus mondaines élégances, d'honorer de votre présence cette soirée d'un monde qui vous est inconnu...

— J'avoue que je ne comprends pas...

— Je m'explique... — Vous avez l'habitude de l'Opéra, du Théâtre-Italien, de la Comédie-Française et des Variétés, n'est-ce pas ?

— Sans doute... Mais quel rapport?

— Un peu de patience, s'il vous plaît...

— Ne vous est-il jamais arrivé, pendant un voyage en province, d'assister aux représentations de pauvres diables de comédiens nomades, et d'y prendre plaisir, autant et peut-être plus qu'aux meilleurs spectacles parisiens?...

— Cela m'est arrivé, j'en conviens.

— Pourquoi ces gens-là vous amusaient-ils? — Le savez-vous, ou faut-il vous l'apprendre?

— Je le sais... — ils m'amusaient parce qu'ils étaient ridicules... — Médiocres, ils m'eussent fait bâiller; — grotesques, ils me faisaient rire...

— Comprenez donc alors, belle Claudia, mon désir de vous voir assister à la fête de madame Amadis!... — Ces bourgeois du Marais vous donneront la comédie bien mieux encore que les *cabotins* départementaux... — Vous les regarderez défiler devant vous en gardant votre sérieux si vous pouvez, et il vous semblera que vous feuilletez un gros livre de caricatures réjouissantes...

— Vous avez peut-être raison....

— J'ai raison certainement... — Bref, viendrez-vous?

— Nous verrons... — Je réfléchirai... — Laissez-moi toujours la lettre d'invitation... — Si je prenais le parti de ne point m'en servir, je vous la renverrais demain...

Or, Claudia avait réfléchi, et en réfléchissant

elle s'était décidée à faire au moins une apparition dans les salons de la rue Saint-Louis.

Il nous paraît maintenant facile de comprendre la stupeur de la pécheresse en entendant annoncer le duc de la Tour-Vaudieu au milieu d'une réunion où elle-même s'étonnait de se trouver.

— Encore une fois, que vient-il faire ici ? — se répéta-t-elle, après avoir cherché vainement quels pouvaient être les motifs plausibles de sa présence. — Un aimant mystérieux l'attire sans doute dans cette maison... — Cet aimant, je veux le connaître et, si bien caché qu'il soit, je le découvrirai !...

A partir de ce moment, Claudia ne perdit pas de vue Sigismond pendant tout le reste de la nuit.

Son rôle en cette circonstance étant resté d'ailleurs purement passif, il nous paraît suffisant que sa présence soit constatée.

Donc, sans nous préoccuper d'elle davantage, nous allons raconter les petits incidents qui se succédaient sous ses yeux et dont aucun ne lui échappa.

Quelque minimes que fussent en apparence ces incidents, il est possible, il est même probable que si Claudia Varni n'avait point assisté à la soirée de la rue Saint-Louis, le drame sinistre commencé à Brunoy n'aurait eu ni prologue ni dénouement...

Mais le hasard en avait décidé autrement.

Aussi sommes-nous de ceux qui croient fermement que le hasard est le plus habile, et surtout le plus fécond des romanciers.

Rejoignons madame Amadis et le duc de la Tour-Vaudieu abandonnés par nous depuis un instant.

Aussitôt que la contredanse fut achevée, la veuve du fournisseur entraîna Sigismond vers l'endroit où venait de se rasseoir mademoiselle Derieux.

Sigismond, avec cet infaillible et rapide coup d'œil des amoureux bien épris, avait distingué depuis longtemps Esther au milieu de la foule qui l'entourait.

A mesure qu'il s'avançait vers elle, il lui semblait que le sang de ses veines se changeait en torrent de feu et, tout à la fois, que par un phénomène étrange son cœur cessait de battre.

Mademoiselle Derieux, de son côté, ressentait une involontaire et indéfinissable émotion ; — un trouble inconnu l'agitait ; — une vive rougeur colorait son charmant visage, et l'intensité de cette pourpre virginale augmentait de seconde en seconde, en même temps que diminuait la distance qui la séparait de Sigismond.

Le duc et madame Amadis s'arrêtèrent en face de mademoiselle Derieux.

Les longs cils veloutés de la jeune fille s'abaissèrent sur ses yeux incomparables, et sa beauté pudique en parut plus touchante encore.

— Chère mignonne — lui dit madame Amadis en donnant à sa voix les intonations les plus prétentieusement caressantes pour débiter une phrase laborieusement composée et apprise par cœur depuis deux jours, — je vous présente mon excellent ami monsieur le duc Sigismond de la Tour-Vaudieu, pair de France, l'un des plus grands seigneurs de l'Europe et sans contredit le plus aimable gentilhomme de France...

Et, après s'être admirée elle-même de la meilleure foi du monde pendant une ou deux secondes, la grosse femme ajouta :

— Mon cher duc, je vous présente ma chère petite amie, mademoiselle Esther Derieux, l'unique rejeton de l'illustre colonel de ce nom, et je vous demande pour elle votre haute bienveillance... et la prochaine contredanse...

— Je supplie mademoiselle de vouloir bien ratifier la promesse qui m'a été faite par vous en son nom, chère madame... — fit Sigismond vivement — et de m'accorder la contredanse dont vous venez de parler...

Esther, aussi rouge que la fleur du cactus, et les yeux toujours baissés, balbutia quelques paroles indistinctes dont il fut impossible à M. de la Tour-Vaudieu de deviner le sens.

— Elle dit : oui ! — s'écria madame Amadis.
— Un brin de timidité ne messied pas dans un

âge si tendre... — J'ajouterai qu'on n'a pas tous les jours l'occasion de pincer le quadrille avec un duc et pair. Mais je parierais vingt-cinq louis contre un œuf dur que la chère enfant ne demande pas mieux... — N'est-il pas vrai, mignonne Esther, que je gagnerais mon pari et que vous avez dit : *Oui?*

Mademoiselle Derieux ne répondit que par un signe affirmatif qui transporta de joie Sigismond.

— Affaire arrangée, — chose convenue ! — reprit la veuve du fournisseur. — Vous allez avoir tout à l'heure un duc et pair pour cavalier, ma mignonne amie, rien que ça !... Toutes ces dames en sècheront de jalousie. Mais vous méritez bien ça !..
— Ah !.. voici que mes musiciens se mettent à la besogne.. — Si je ne me trompe, c'est une valse qu'ils vont nous jouer.. — A nous deux, mon cher duc, à nous deux !

Et madame Amadis, avec une vélocité que rendait peu vraisemblable la massive épaisseur de sa lourde personne, entraîna Sigismond dans le tourbillon de la valse la plus impétueuse.

La grosse femme n'avait point menti, elle n'avait même point exagéré en vantant à notre héros son rare mérite de valseuse et sa légèreté... relative.

Sous les coups d'éperon de l'orchestre, cette masse de chair bondissante tournait comme une toupie d'Allemagne et ne pesait qu'à peine au bras de son valseur, ce qui n'empêchait pas Sigismond de se trouver fort mal à l'aise, car, en passant et en repassant devant les groupes qui formaient une galerie compacte et curieuse autour du couple mal assorti, il lui semblait surprendre dans tous les yeux et sur toutes les lèvres des regards et des sourires chargés d'ironie.

On chuchotait, on applaudissait, on donnait enfin toutes les marques d'une admiration sans bornes; — mais cette admiration semblait suspecte au jeune homme qui la trouvait trop bruyante pour la croire sincère.

Il ne se trompait guère.

— Allons, — se disait-il à lui-même, — je ne puis me faire aucune illusion,—je suis ridicule!... —O Esther... Esther... combien ne faut-il pas vous aimer pour accepter un pareil rôle et pour le jouer sous vos yeux!...

Hélas! le supplice de Sigismond était loin de toucher à son terme.

Moins clairvoyante que M. de la Tour-Vaudieu, et pour cause, madame Amadis prenait de la meilleure foi du monde son succès au sérieux.

Naturellement elle souhaitait le prolonger et, au moment où les dernières notes de la valse allaient se faire entendre, elle lança aux musiciens un tel regard accompagné d'un signe de tête d'une signification si parfaitement claire, que le pianiste et ses collègues reprirent avec une ardeur nouvelle les premières mesures de l'air entraînant.

A partir de ce moment le triomphe de la veuve du fournisseur grandit comme un incendie qui dévore un toit de chaume.

Les exclamations enthousiastes se croisaient et s'entrechoquaient, les applaudissements redoublaient...

Jamais la Taglioni, jamais Fanny Essler, les divinités chorégraphiques de ce temps, n'avaient recueilli plus ample et plus sonore moisson de bravos sur les planches de l'Opéra.

Expliquons cet enthousiasme railleur, complètement justifié par le plus étrange et le plus grotesque de tous les spectacles.

Les innombrables bougies des candélabres et des lustres, le nombre des invités, hors de toute proportion avec l'appartement qui les contenait, avaient chauffé l'atmosphère outre mesure.

On ne dansait point sur un volcan, comme au Palais-Royal en 1830, — mais on valsait dans un brasier.

Or, tandis que la maîtresse de la maison tournoyait avec une furie toujours croissante, multipliait les attitudes qu'elle croyait irrésistiblement gracieuses, et cambrait sa taille épaisse en imitant de son mieux les jeunes filles de l'Allemagne, une sueur ardente ruisselait sur son front, coulait sur son visage et métamorphosait en un gâchis incompréhensible les frais pastels et les savantes retouches qui prêtaient un velouté trompeur et un éclat factice aux chairs boursouflées de la grosse femme.

Le noir violent des sourcils déteints formait de fantastiques arabesques en se mêlant au carmin liquéfié des joues, et l'opiat vermillonné des lèvres décrivait autour du menton un demi-cercle d'un rouge vif.

Ici, la plume est impuissante.

Le pinceau seul, tenu par une main exercée et surtout spirituelle, pourrait donner une idée exacte de l'étrange aspect de ce visage ainsi barbouillé, qui ressemblait bien plus à la face burlesquement tatouée d'une matrone de l'Océanie, qu'à la figure d'une Parisienne.

Madame Amadis, ne se doutant de rien, continuait ses évolutions et *ses grâces ;* — Sigismond, la tête basse, subissait avec résignation son martyre infiniment prolongé, et la galerie applaudissait.

Bref, au moment où les musiciens haletants, essoufflés, anéantis, s'arrêtèrent d'un commun accord, la grosse femme n'était point au bout de ses forces, et son premier mot à Sigismond fut celui-ci :

— Vous me croirez si vous voulez, mon cher duc, mais je vous jure que je me sens tout aussi fraîche et tout aussi leste qu'en commençant, et que me voici capable de continuer avec le même entrain pendant toute la nuit!... — Pour le nerf et la légèreté, voyez-vous, je ne crains personne... — je suis de caoutchouc et d'acier!... — C'est prodigieux, n'est-ce pas?...

M. de la Tour-Vaudieu, — nos lecteurs l'admettront sans peine, — n'avait nulle envie d'expérimenter à nouveau les infatigables mérites de madame Amadis.

Il se hâta de la reconduire à sa place et se perdit ensuite dans la foule, en attendant que le prélude du quadrille lui permît de se rapprocher de mademoiselle Derieux.

Ce prélude ne se fit pas attendre longtemps, et le duc put enfin sentir avec ivresse les doigts tremblants d'Esther s'appuyer pour la première fois sur sa main frémissante.

CHAPITRE XVI.

Préludes d'amour.

Pendant les deux premières figures de la contredanse, le duc et la jeune fille échangèrent à peine quelques phrases banales, monnaie courante de ce qu'on pourrait appeler la conversation des danseurs, et encore ces phrases étaient-elles séparées par de fréquents intervalles de silence absolu.

Mademoiselle Derieux semblait émue et embarrassée ; elle parlait d'une voix très basse et presque indistincte.

Sigismond ne parvenait qu'à grand'peine à dissimuler son trouble profond. — Il aurait voulu pouvoir s'absorber dans une muette extase, tomber aux genoux de son idole et murmurer, du cœur et non des lèvres, une de ces ardentes prières que les chrétiens fervents adressent à leur Dieu...

En voyant Esther à son côté, si blanche dans sa blanche parure, si chaste, si candide, — (un ange plutôt qu'une femme !) — il se répétait avec une sorte d'effroi que jamais il n'aurait le courage de faire descendre cette enfant du ciel sur la terre en lui déclarant son amour...

Mademoiselle Derieux, dont le trouble s'expliquait tout naturellement par la timidité d'une jeune fille sans habitude du monde et sans expérience du bal, se remit la première et s'étonna quelque peu de l'attitude embarrassée de M. de la Tour-Vaudieu et de sa visible préoccupation.

— Sans doute — se dit-elle dans son for intérieur, avec une nuance de dépit, — sans doute, monsieur le duc me prend pour une petite pensionnaire bien insignifiante, bien niaise, bien guindée, et ce n'est que par égard pour madame Amadis qu'il daigne me faire le très grand honneur de danser avec moi... — Pourquoi ne lui prouverais-je pas que je suis moins sotte qu'il ne pense?...

Et la vierge blonde, forte de l'audace de son innocence absolue, se mit à causer avec une grâce si naïve et si charmante que Sigismond, surpris et ébloui de cette révélation inattendue, se contraignit à sortir de son amoureuse extase, redevint lui-même et déploya pour mademoiselle Derieux les richesses de sa brillante et facile causerie d'homme d'esprit et d'homme du monde.

Avons-nous besoin d'ajouter que dans cette causerie il ne fut point question de la seule chose en ce monde qui intéressât notre héros — nous voulons parler de son amour.

Une circonstance fortuite vint cependant permettre à Sigismond de soulever un coin du voile et de laisser entrevoir à la jeune fille une partie de ce qui se passait dans son cœur.

La dernière figure du quadrille allait commencer.

Les premières notes de l'orchestre se faisaient entendre.

— Ah! — dit tout-à-coup Esther avec une enfantine vivacité, — nous danserons cette figure sur un motif de la *Muette de Portici*...

— Un opéra que vous aimez, n'est-ce pas, mademoiselle? — demanda Sigismond.

— Passionnément! — répondit la jeune fille. — J'adore d'ailleurs la musique, — ajouta-t-elle, — et je n'ai pas de plaisir plus vif que d'aller à l'Opéra...

— C'est un charmant plaisir, en effet... — répliqua le duc, — mais vous le goûtez bien rarement...

Esther regarda son interlocuteur d'un air étonné.

Sigismond poursuivit :

— Car enfin, mademoiselle, il y a plus d'un mois que vous n'êtes allée à l'Opéra avec monsieur votre père...

— Comment donc savez-vous cela, monsieur? — fit la jeune fille avec une surprise croissante.

— Oh! je sais bien d'autres choses...

— Qui ont rapport à moi et à l'Opéra?...

— Oui.

— Lesquelles ?...

— Quand vous avez assisté pour la dernière fois à une représentation de l'Académie royale de musique et de danse, on jouait précisément la *Muette de Portici* et le ballet de la *Tentation*...

— C'est vrai...

— Vous occupiez avec monsieur votre père une loge d'entre-colonnes...

— C'est encore vrai...

— Loge qui porte le n° 28...

— C'est toujours vrai...

— Et qui est louée à l'année par madame la baronne de Chanceaux...

— Vous connaissez la baronne ? — s'écria Esther.

— Pas le moins du monde... Je n'ai jamais eu l'honneur de voir cette dame autrement que de loin, et dans sa loge...

— Mais alors... — commença mademoiselle Derieux.

Elle n'acheva pas et s'interrompit au moment de questionner.

— J'ajouterai, — poursuivit Sigismond, — que ce soir-là vous portiez une robe rose; qu'une couronne de roses blanches était posée sur vos beaux cheveux blonds, et que vous teniez à la main un gros bouquet de roses pareilles... — Est-ce exact, tout cela, mademoiselle ?...

— Parfaitement exact, j'en conviens... — Vous étiez donc à l'Opéra ce soir-là, monsieur?...

— J'y étais...

— Mais, comment se fait-il que vous m'ayez vue et remarquée? — demanda la jeune fille avec une candeur adorable et sans la moindre nuance de coquetterie, — et surtout que vous vous soyez souvenu de moi aujourd'hui, après plus d'un mois écoulé...

Malgré son extrême habitude du monde, Sigismond éprouva pendant une ou deux secondes un vif embarras.

De quelle façon, en effet, répondre autrement que par un compliment banal à la question charmante qui venait de lui être adressée?...

Or, le jeune duc avait la banalité en horreur...

Une heureuse inspiration lui vint en aide fort à propos.

— Mademoiselle, — dit-il, — je voyageais en Italie il y a dix ans, seul, à pied, en artiste, évitant autant que faire se pouvait les routes battues, et m'efforçant de découvrir quelques aspects encore inconnus de la terre classique par excellence, quelques-unes de ces beautés secrètes qui n'ont ni cicérones, ni visiteurs... — Je fus récompensé de mes recherches, et je le fus bien au-delà de mes espérances... — J'eus cette joie infinie de découvrir, dans une bourgade perdue qui se nomme Fusinella, et dans la chapelle d'un couvent ignoré, la plus sublime peinture que les regards d'un homme aient contemplée jamais... — Cette peinture — (une toile incomparable de Raphaël !) — offrait la sublime et radieuse image de la vierge Marie à seize ans..., — Rien au monde ne saurait donner une idée de la splendeur de ce doux visage aux longs cheveux blonds, aux grands yeux bleus rêveurs... — Devant cette jeune madone il fallait, croyant ou impie, tomber à genoux et prier !... L'image céleste s'est gravée là !... dans mon cœur... — Aujourd'hui comme il y a dix ans, je n'ai qu'à fermer les yeux pour la revoir à l'instant, éclatante et rayonnante, ou plutôt je n'ai qu'à vous regarder, mademoiselle, car vous êtes le vivant portrait de la vierge de Fusinella... — Ne me demandez donc plus, je vous en supplie, comment il se fait que je vous aie remarquée il y a un mois, et que je me sois souvenu de vous, puisqu'il y a dix ans que je vous connais, grâce au maître divin qui vous avait devinée !...

Esther écoutait Sigismond les yeux baissés.

Tandis qu'il parlait, elle sentait son cœur battre plus vite que de coutume et, lorsqu'il eut achevé, une pudique rougeur couvrait ses joues et son front, et elle éprouvait un trouble et un embarras involontaires qui n'étaient pas sans charme.

Un instant de silence succéda aux dernières paroles du jeune duc.

Mademoiselle Derieux, à qui ce silence pesait, fut la première à le rompre.

— La contredanse est finie... — balbutia-t-elle sans trop savoir ce qu'elle disait. — Finie... déjà...

— Puis-je espérer, mademoiselle, — demanda Sigismond, — que vous me ferez l'honneur de danser encore une fois avec moi cette nuit?..

— Oui, monsieur... — répondit Esther dont le trouble grandissait, — je ne demande pas mieux...

— Êtes-vous engagée pour le prochain quadrille?...

— Non, monsieur...

— Alors, voulez-vous me le promettre?...

— Je vous le promets, oui, monsieur...

Ces quelques mots s'échangeaient tandis que le duc reconduisait Esther à sa place.

Un siège se trouvait libre à côté de la jeune fille.

Sigismond s'empara de ce siège et reprit avec mademoiselle Derieux la conversation interrompue, au grand déplaisir de madame Amadis qui, après avoir réparé aussi bien que possible l'immense désordre de son *maquillage* —(le mot n'existait pas en 1834, mais la chose existait déjà), — n'aurait point été fâchée de continuer dans ses salons et au milieu de ses invités la solennelle exhibition de *son duc*, exhibition qu'elle considérait, nous le savons, comme la *great attraction* de sa petite fête.

Elle se consola cependant de ce mécompte en constatant que M. de la Tour-Vaudieu appréciait, en homme de goût, la société d'Esther Derieux, qu'elle considérait modestement comme une autre elle-même.

Il nous paraît complètement inutile de sténographier pour nos lecteurs le long entretien de Sigismond et de la jeune fille.

Qu'il nous suffise de leur apprendre que cet entretien se prolongea d'une façon presque indéfinie, car Esther ne dansa qu'avec le duc, et ce dernier, dans l'intervalle des quadrilles, ne quitta guère sa danseuse..

Disons encore que mademoiselle Derieux, — quoiqu'elle eût compris à merveille que Sigismond ne se faisait le visiteur assidu de madame Amadis que dans l'espoir de la rencontrer auprès d'elle — (l'esprit vient si vite aux jeunes filles!!.) — se prit à raconter, par hasard sans doute, qu'elle passerait la soirée du lendemain, en l'absence de son père, auprès de la veuve du fournisseur.

Ajoutons que Claudia Varni, immobile et attentive derrière les jeunes gens, ne perdit pas un seul mot de leur conversation, et qu'elle ne quitta l'hôtel de la rue Saint-Louis qu'avec la conviction parfaitement arrêtée que le duc de la Tour-Vaudieu éprouvait une passion violente pour mademoiselle Derieux, et que cette passion ne tarderait point à être partagée par la jeune fille, si même elle ne l'était déjà, ainsi que le lui faisait croire le rendez-vous très adroitement et très ingénument donné pour le lendemain soir.

En formant cette dernière supposition, la pécheresse ne se trompait pas.

Esther allait aimer le duc.

Nous pourrions presque dire que déjà elle l'aimait à son insu car, lorsqu'elle se fut enfermée après le bal dans la chambrette virginale où, jusqu'à ce jour et jusqu'à cette heure, elle avait dormi d'un sommeil si pur et si profond, il lui fut impossible de reposer ; — le dieu des songes jeta vainement des poignées de sable d'or sur ses paupières fatiguées qui ne se fermèrent point, et une image, sans cesse la même — celle de Sigismond — se fit la compagne assidue de son insomnie.

Si tout cela n'était point de l'amour, il faut convenir que tout cela du moins y ressemblait beaucoup.

CHAPITRE XVII.

Une situation sans issue.

Dans l'un de nos précédents chapitres, nous disions à peu près ceci :

« Madame Amadis, veuve et sans enfants, devint romanesque au suprême degré, grâce à la lecture assidue d'une infinité de romans absurdes et indigestes, et sa plus vive ambition, désormais, fut de se voir mêlée par le hasard à quelqu'une de ces étranges et émouvantes aventures, si fréquentes dans les livres, si rares dans la réalité. »

Le rêve de la veuve du fournisseur allait se trouver réalisé d'une façon complète et inattendue.

Son rôle était tracé d'avance dans un drame aussi curieux, aussi rempli de complications et de mouvement, que ceux dont les dramaturges de profession édifient laborieusement la robuste charpente.

Ce rôle débutait d'une façon charmante qui fit palpiter de joie toutes les fibres sentimentales de la forte femme.

Devenir la confidente et la protectrice des amours d'un beau gentilhomme, d'un grand seigneur, d'un duc et pair, et d'une jeune et jolie fille comme Esther, n'y avait-il pas là de quoi tourner une tête aussi peu solide que celle de madame Amadis ?

Ceci ne manqua point d'arriver.

Dès le lendemain du bal auquel nous avons fait assister nos lecteurs, Sigismond et mademoiselle Derieux se réunissaient chez la veuve.

A cette première entrevue succédèrent des rendez-vous quotidiens, et avant la fin de la semaine madame Amadis s'aperçut que le duc idolâtrait Esther et qu'Esther ne se montrait point insensible à la passion qu'elle inspirait.

Une personne de bon sens aurait reculé avec effroi devant la grave responsabilité qu'elle assumait en favorisant un amour dont les résultats, selon toute apparence, devaient être funestes, car rien ne semblait moins vraisemblable, et nous dirions volontiers plus impossible, qu'un mariage entre le duc de la Tour-Vaudieu, pair de France, héritier d'une immense fortune, et la fille d'un officier bonapartiste, fils lui-même d'un régicide.

Mais, hélas ! madame Amadis n'était point une personne de bon sens !...

Les réflexions sages que nous venons de formuler ne se présentèrent même pas à son esprit.

Elle avait vu dans plus d'un roman en quatre volumes in-18 que les rois fort souvent épousaient des bergères...

Or, il y avait bien moins loin, selon elle, de

Sigismond à Esther, que d'un puissant monarque à une gardeuse de moutons...

Elle trouvait d'ailleurs déplorablement banal et prosaïque un mariage conclu selon la coutume des unions vulgaires, c'est-à-dire succédant presque sans transition à une demande en bonne forme présentée par la famille de l'*amant* à la famille de l'*amante*...

Il fallait — (au point de vue de madame Amadis) — commencer par s'aimer, par se le dire, par se le prouver. — Il fallait envelopper son amour de ténèbres et de mystère, — le voir grandir au milieu des craintes, des inquiétudes, des jalousies, des rivalités, des périls, — et s'épouser enfin à la lueur des feux de bengale du dénouement, après avoir triomphé de tous les obstacles.

Si l'on veut bien se placer pour un instant au point de vue quelque peu fantaisiste que nous venons de signaler, on conviendra sans peine que les amours d'Esther et de Sigismond se trouvaient dans les plus romanesques, et par conséquent dans les plus excellentes conditions du monde.

Aussi madame Amadis, bien loin de redouter les conséquences de l'intrigue nouée sous ses yeux, se fit une joie et un point d'honneur de lui servir de paravent ; — bien loin de rappeler à M. de la Tour-Vaudieu qu'une séduction est une lâcheté presque toujours irréparable, — bien loin enfin d'ouvrir les yeux d'Esther sur le danger qui la menaçait, elle s'efforça de rendre inévitable la séduction, et d'aveugler la pauvre enfant à laquelle son innocence et son amour ne tendaient déjà que trop de pièges.

Non seulement la veuve offrit aux deux amants une complaisante hospitalité de toutes les heures, mais encore, et sous un prétexte de discrétion, elle n'assista pas toujours à leurs entrevues et favorisa de longs tête-à-tête...

Ce qui devait fatalement arriver dans un semblable état de choses ne se fit guère attendre.

Un soir, Esther sortit du boudoir de madame Amadis avec le duc, toute pâle et toute tremblante, et les yeux baignés de grosses larmes que les lèvres de Sigismond s'efforçaient vainement d'étancher.

Sur le visage du jeune homme se lisait une indéfinissable expression de triomphe mêlé de remords.

Onze heures venaient de sonner.

Madame Amadis était à l'Opéra. — Les domestiques mettaient les chevaux à la voiture pour aller chercher leur maîtresse. — La femme de chambre avait obtenu la permission de passer toute la soirée dehors. — Esther et Sigismond se trouvaient seuls dans l'appartement.

Au moment d'ouvrir la porte de l'antichambre pour remonter à l'étage supérieur, mademoiselle Derieux s'arrêta chancelante.

Elle cacha son visage dans ses deux mains et, en proie à une véritable crise nerveuse, elle éclata en sanglots convulsifs.

Le duc la prit tendrement dans ses bras, lui appuya la tête contre sa poitrine, disjoignit doucement ses deux petites mains, et lui demanda tout bas, à plusieurs reprises, d'une voix pleine de caresses :

— Esther... mon Esther... mon enfant chérie... qu'avez-vous ?... au nom du ciel, répondez-moi !.. Pourquoi donc ce désespoir, et pourquoi pleurez-vous ainsi ?...

— Malheureuse... malheureuse que je suis... — balbutia la fille du colonel au milieu de ses sanglots, — je suis perdue !... ah ! je le sens bien, je suis perdue !...

— Non, cent fois non, chère enfant, — répondit Sigismond, — non, vous n'êtes pas perdue, puisque vous ne pouvez douter ni de mon amour, ni de mon honneur...

— J'ai peur... — poursuivit mademoiselle Derieux, qui dans son trouble et dans son désespoir ne pouvait ni écouter, ni comprendre les paroles de son amant, — j'ai peur !... — je n'ose plus rentrer chez mon père., je tremble... le courage et la force me manquent...

— Esther... Esther, au nom de Dieu, que craignez-vous donc ?...

— Comment paraître devant mon père, maintenant?... — continua la jeune fille avec un fiévreux délire, — comment offrir mon front à son baiser du soir?... — Il verra sur ce front une tache... celle de ma honte... — Il voudra savoir!... tout savoir!... — Il m'interrogera... — Que lui répondre?... — Mentir?... — Est-ce qu'une fille peut mentir à son père?... — J'ai beau tomber à ses genoux... sa main me repousse... sa malédiction m'écrase!... — Je suis maudite!... maudite par mon père!... Sigismond... — Sigismond, vous m'avez perdue!! — Sigismond, me sauverez-vous?...

— Oui, je te sauverai, chère enfant! — répondit M. de la Tour-Vaudieu avec un entraînement sincère.

— Vous me sauverez?... bien vrai?
— Oui, bien vrai...
— Comment?
— Tu seras ma femme...
— Vous me le jurez?...
— Je te le jure...
— Sur votre honneur?
— Sur mon honneur de gentilhomme et sur mon amour!... — Après un tel serment peux-tu douter de moi?...

— Non, je ne doute pas de vous, mon ami, — murmura la jeune fille à demi calmée, et souriant presque à travers ses larmes, — je n'ai jamais douté ni de votre amour, ni de votre honneur, mais soyez indulgent pour moi... — Dans ce moment je suis presque folle... — Ma tête ne m'appartient plus.... — Mes pensées se troublent... — mes paroles s'égarent... — Si je vous ai blessé par une plainte, par un regret, je vous supplie de me pardonner... — Ce n'est pas pour moi que j'ai peur, voyez-vous, Sigismond, c'est pour mon père... — Oh! mon pauvre père, lui si bon, mais si sévère, si inflexible en ce qui touche aux choses de l'honneur, il en mourrait... je le sais... je le sens!... — Encore une fois, Sigismond, pardonnez-moi... — je ne regrette rien... — je vous aime et j'ai confiance...

— Et si je trompais cette confiance, douce et chère enfant, — s'écria le jeune homme avec feu, — je serais un misérable... je serais un infâme, indigne de mon nom, indigne de ma race!... — Je te le répète, Esther, tu seras ma femme devant Dieu et devant les hommes! — tu seras duchesse de la Tour-Vaudieu!...

— Mon ami, — balbutia la fille du colonel, — ce que j'envie, ce n'est ni ce grand nom, ni ce titre éclatant, c'est le droit d'être aimée de vous au grand jour et de vous aimer devant tous et sans rougir...

— Tu es un ange!.. — répondit Sigismond avec enthousiasme, — et si tes blanches épaules n'ont pas d'ailes, c'est par un oubli du bon Dieu!!.

Quelques tendres paroles furent échangées encore entre les amants puis, comme madame Amadis n'allait point tarder à revenir, et comme Esther tenait par-dessus tout à éviter sa présence en ce moment, les jeunes gens se séparèrent et mademoiselle Derieux regagna l'appartement de son père.

Le colonel, absorbé complètement par un club politique dont il avait la présidence et qui faisait, à huis-clos, une notable opposition à l'ordre de choses établi, n'était point encore rentré.

Il fut donc possible à la jeune fille de se soustraire, ce soir-là, aux regards et au baiser paternels.

Esther, prosternée devant le crucifix d'ivoire qui se suspendait à l'un des panneaux de sa chambre, remercia Dieu à deux genoux de cette faveur inespérée.

Rejoignons M. de la Tour-Vaudieu, qui se dirigeait à pied et lentement vers l'hôtel de la rue Saint-Dominique.

Un trouble immense, une profonde angoisse, s'emparaient de son esprit et le faisaient cruellement souffrir.

Ses yeux se tournaient vers l'avenir avec une épouvante facile à comprendre.

Sa situation était en effet épineuse et presque sans issue honorable.

Sigismond, redevenu le maître de lui-même, et dégagé pour un instant de ces ardeurs fatales qui dévorent un homme comme la tunique de Déjanire, comprenait pour la première fois qu'il s'était engagé dans une voie funeste, où son bonheur et son honneur allaient peut-être s'anéantir.

M. de la Tour-Vaudieu n'appartenait point à la catégorie de ces hommes qui transigent facilement avec leur conscience et s'absolvent volontiers de toutes les erreurs auxquelles la passion peut servir d'excuse.

— J'ai commis bien plus qu'une faute, — se dit-il avec épouvante, — j'ai commis un crime en abusant de la confiante tendresse, de la touchante innocence d'une jeune fille aussi chaste que l'ange de la pudeur lui-même!... — Et ce n'est pas tout!...
— J'ai promis, j'ai juré de réparer ce crime!... — Mais la réparation est-elle en mon pouvoir, et ne vais-je pas ajouter un parjure à une lâcheté?...

Hélas! Sigismond était dans le vrai!...

Comment, en effet, faire accepter à la duchesse douairière la possibilité d'un mariage avec la petite-fille du terrible conventionnel Jean Derieux?...

Y songer seulement, n'était-ce pas de la folie?...

Le jeune duc, en ce moment, ne se rappelait que trop bien avoir dit à sa mère ces propres paroles qui allaient devenir sa condamnation : — *Tout espoir de donner mon nom à celle à qui j'avais donné mon cœur est anéanti, et je ne vous reparlerai jamais d'un amour impossible, qui n'aurait pas dû naître!...*

Que faire donc, et que décider ?

Se résigner aux faits accomplis, ne tenter aucun effort, abandonner Esther à sa honte imméritée, à ce déshonneur que dans sa pureté angélique elle avait compris seulement lorsqu'il était consommé déjà, c'était misérable, c'était infâme, et Sigismond n'y songeait même pas...

D'ailleurs, ce que la loyauté commandait, l'amour, de son côté, l'exigeait non moins impérieusement...

Bien loin de s'affaiblir, l'amour du duc pour la jeune fille grandissait...

Le plus ardent désir de Sigismond, nous l'affirmons, était de nommer mademoiselle Derieux sa femme...

Pour arriver à ce résultat il aurait donné de grand cœur une part de sa vie, sans marchander les jours, les mois, ni les années...

Mais, encore une fois, comment faire ?...

Entre Esther et Sigismond se dressaient deux obstacles infranchissables, — la duchesse douairière de la Tour-Vaudieu, et le spectre ensanglanté de 93...

A la seule pensée d'aborder avec sa mère ce sujet brûlant, à la seule pensée de lui voir écouter cette confidence formidable devant laquelle il avait reculé lui-même lorsqu'il croyait possible encore de lutter contre son propre cœur et de triompher de son amour, à cette pensée, disons-nous, Sigismond sentait une sueur glaciale perler sur son front.

— Jamais, — se disait-il avec un frisson d'angoisse, — jamais je n'aurai le courage de parler!... — et cependant, il le faut... oui, il le faut!... — Reculer serait d'un lâche!... Je parlerai demain...

CHAPITRE XVIII

Parti pris.

M. de la Tour-Vaudieu n'était point un lâche et cependant, le lendemain, il ne parla pas.

La résolution lui fit défaut au moment suprême.

— L'incertitude, au moins, me laisse l'espérance... — murmura-t-il pour se créer un semblant d'excuse vis-à-vis de lui-même ; — une espérance bien frêle, il est vrai... Mais, quand j'aurai brûlé mes vaisseaux, quand la duchesse saura tout, que me restera-t-il?..

Dans les circonstances où Sigismond se trouvait placé, l'espérance, en réalité, n'était qu'un mot vide de sens.

Le duc ne s'illusionnait point...

Il savait bien que sa mère ne pouvait consentir, il savait bien qu'elle ne consentirait jamais...

Aussi lorsque, le soir venu, il se retrouva en présence d'Esther, au lieu de lui confirmer les promesses positives, les engagements solennels de la veille, il balbutia quelques phrases embarrassées, obscurcies, évasives, dont voici le sens, sinon la forme :

— Je ne suis pas le maître absolu de la situa-

tion... Mes sentiments sont toujours les mêmes...
— Le temps aplanira les obstacles... — Il faut compter sur moi, et attendre...

La jeune fille courba la tête. — Une mortelle pâleur envahit son visage, mais elle ne fit entendre ni plainte ni reproche, et elle ne répondit que ces deux mots :

— J'attendrai....

Trois mois se passèrent.

Ce que souffrirent les amants pendant ces trois mois, nous devons renoncer à le dire, car l'analyse des sentiments d'angoisse et de remords qui déchiraient leurs cœurs nous entraînerait trop loin.

Sigismond n'osait plus répéter ses trompeuses promesses...

Aucune question ne s'échappait des lèvres d'Esther...

L'heure d'entraînement et de folle ivresse qui de l'un faisait un coupable et de l'autre une victime, était restée sans lendemain.

Pour creuser l'abîme sans fond, une seule faute avait suffi.

Le moment approchait où la fatalité inexorable allait précipiter en même temps dans cet abîme la victime et le coupable.

Nous le répétons, trois mois s'étaient écoulés, pendant lesquels ces deux amants, qui s'aimaient plus que leur vie et qui souffraient si cruellement l'un par l'autre, s'étaient réunis chaque jour.

Esther, plus belle encore peut-être qu'au temps de son insouciance et de son bonheur, car une touchante expression de mélancolie ajoutait un nouveau charme à son visage angélique, offrait des traits légèrement amaigris et qui semblaient fouillés dans la cire vierge par l'ébauchoir d'un artiste de génie. — Sa pâleur mate et le cercle d'azur estompant le contour de ses paupières décelaient ses douleurs contenues.

Son amant la voyait lentement dépérir comme une fleur que ronge un mal inconnu et qui se penche sur sa tige.

Lui-même se consumait dans un inutile désespoir. — Il maudissait le ciel et se maudissait lui-même...

A plus d'une reprise il avait dû chasser avec horreur cette pensée parricide, qui se présentait obstinément à son esprit et qui l'obsédait :

— Si cependant ma mère venait à mourir, je serais libre !.. libre de sauver celle que j'aime et que je tue !.. libre d'être enfin heureux !...

Et, malgré lui, une voix venue de l'enfer ajoutait tout bas à son oreille :

— Esther est si jeune encore, et la duchesse a vécu si longtemps !.. — N'est-ce pas aux vieillards à partir les premiers ??...

. . . .

Un soir, en arrivant au rendez-vous de chaque jour, M. de la Tour-Vaudieu fut effrayé du changement survenu depuis la veille sur le visage de la jeune fille et stupéfait de l'expression de ce visage.

Les joues d'Esther n'étaient plus pâles, mais livides, avec une tache rouge d'un aspect sinistre sur chaque pommette. — Les paupières, violettes et gonflées, trahissaient des larmes récentes...

Le regard n'avait point sa douceur et sa résignation habituelles. — Son énergie, son éclat inaccoutumés, étaient les indices d'une résolution extrême.

Du premier coup d'œil le duc aperçut ces symptômes étranges qui lui causèrent une inquiétude et un effroi instinctifs.

— Esther, mon enfant, qu'avez-vous donc? — demanda-t-il vivement en serrant dans les siennes les mains brûlantes de fièvre que la jeune fille lui tendait.

— Ce que j'ai?.. — répondit mademoiselle Derieux avec un sourire plein d'amertume. — Vous ne le saurez que trop tôt...

— Avez-vous donc à m'apprendre une mauvaise nouvelle? — murmura Sigismond.

— J'ai une nouvelle à vous apprendre, en effet, et Dieu sait ce que cette nouvelle renferme de malheurs...

— De malheurs?.. — Pour qui?..

— Pour vous et pour moi, Sigismond...

—Esther, je vous en conjure, expliquez-vous!....
vous m'épouvantez!.....

— Oui, je m'expliquerai... Mais d'abord il me faut vous interroger...

— Je suis prêt à vous répondre...

— Vous souvenez-vous de ce jour funeste où mon ange gardien a cessé de veiller sur moi?...— Vous souvenez-vous de cette heure funeste où j'ai perdu le droit de prier Dieu sans rougir?...

—Esther... Esther, que me demandez-vous?...

— Comment aurais-je oublié, comment pourrais-je oublier jamais ce qui fut à la fois mon bonheur et mon crime!...

— Vous souvenez-vous du premier cri de mon désespoir lorsque, tremblante et à demi folle, je vous ai dit : — *Sigismond, vous m'avez perdue!... Sigismond me sauverez-vous?..* — Vous souvenez-vous de ce que vous m'avez répondu?...

— Je vous ai répondu : *Tu seras ma femme!...*

— Et vous me l'avez juré?...

— Je vous l'ai juré sur mon honneur de gentilhomme et sur mon amour!...

— Un double serment sacré, n'est-ce pas? — et cependant, le lendemain, vos paroles n'étaient plus les mêmes... — le lendemain, toute assurance avait disparu de votre langage, et vous murmuriez seulement ces trois mots qu'on jette en pâture à toutes les filles séduites, ces trois mots qui presque toujours cachent un abandon prochain, ces trois mots qui me brisaient le cœur : — *Il faut attendre!...* — Est-ce vrai, cela, Sigismond?...

— Hélas! ce n'est que trop vrai!...

— Que vous ai-je répondu, moi?...

— Vous m'avez répondu : *J'attendrai!...*

— Ai-je tenu parole depuis lors?... — Ai-je enfermé ma douleur et ma honte au plus profond de moi-même?... — Ai-je condamné mes lèvres au silence dans la crainte de vous blesser par une plainte ou par une prière échappées au désespoir incessant qui me dévore et qui me tue?... — Je serais morte, Sigismond!... — Je serais morte bientôt, mais morte sans avoir parlé!...

— Je sais que vous êtes la plus douce, la plus résignée, la plus angélique de toutes les femmes!... — s'écria le duc, dont l'effroi grandissait en présence de l'exaltation d'Esther, — mais que se passe-t-il en ce moment, et ces promesses sacrées, ces promesses sur la réalisation desquelles plus que jamais vous pouvez compter, pourquoi me les rappelez-vous aujourd'hui?...

— Parce qu'aujourd'hui, Sigismond, je ne peux plus attendre!... — Parce que le déshonneur de celle qui sera votre femme est au moment d'éclater aux yeux de tous!... — Parce qu'enfin votre nom, que je ne réclamais pas pour moi seule, il me faut bien vous le demander pour notre enfant!....

La foudre tombant aux pieds de M. de la Tour-Vaudieu n'aurait pas produit sur lui un effet plus soudain et plus terrible que cette révélation d'Esther.

— Notre enfant!... — répéta-t-il d'une voix inarticulée, semblable à celle des somnambules qui parlent dans le sommeil magnétique.

— Oui, — balbutia la jeune fille en voilant de ses deux mains sa figure devenue pourpre, — notre enfant, qui vous supplie de lui donner un père...

Quel homme d'honneur serait resté sourd à ce suprême appel?...

Aucun, sans doute, et nous savons que le duc était loyal entre les plus loyaux.

Au bout de quelques secondes il secoua la stupeur où l'avait plongé ce coup de tonnerre inattendu.

— Esther, mon Esther, — répondit-il, en pressant mademoiselle Derieux contre son cœur avec une profonde et respectueuse tendresse — vous n'aurez pas compté vainement sur moi, je vous le jure!... — Vous êtes la femme de mon choix... la seule que j'aie aimée, la seule que j'aimerai jamais... la plus chaste et la plus noble des créatures... — Je suis à vous, à vous sans partage... Mon nom va vous appartenir comme mon cœur vous appartient déjà!...

— Est-ce bien vrai, cela?... est-ce bien possible?... — s'écria Esther ranimée, ravivée, transfigurée.

— Cela est vrai, cela est possible...

— Mais, quand?... — Oh! Sigismond, pardonnez à mon impatience, — ajouta vivement la jeune fille, — vous le comprenez bien, n'est-ce pas, ce n'est pas pour moi que j'ai hâte?...

— Je comprends que chaque minute qui s'écoule et qui retarde l'accomplissement d'un devoir sacré me rend plus coupable à mes propres yeux!...— Nous avons bien souffert par ma faute tous les deux depuis trois mois, mon Esther! — Cette souffrance que vous ne méritez point ne doit pas se prolonger pour vous une heure de plus, pauvre martyre!... — Je vais parler ce soir même à la duchesse ma mère... — demain je viendrai trouver votre père et je lui demanderai de vous donner à moi...

— Votre mère... — murmura la jeune fille redevenue pâle. — Je ne sais pourquoi, mais je tremble...

— Que craignez-vous?...

— Si sa réponse était un refus...

En entendant ces mots, Sigismond frissonna.

La terreur d'Esther, nous le savons, n'était que trop partagée par lui.

Cependant il répondit avec une conviction apparente :

— Chassez ces inquiétudes folles, mon amie... — Ma mère est une femme excellente et qui m'aime de toute son âme... — Pour rien au monde elle ne voudrait me condamner au désespoir!...

— Je lui apprendrai ce que nous sommes l'un pour l'autre... Je lui dirai qu'un refus serait ma mort... Je me jetterai à ses genoux, s'il le faut, en lui demandant la vie, en lui demandant le bonheur... — Elle cèdera, soyez-en sûre, comme j'en suis sûr moi-même... — Et d'ailleurs, quelle mère ne serait fière de vous nommer sa fille?... — N'êtes vous pas digne du fils d'un roi ?... — Qu'ai-je fait, moi, pour mériter votre amour ?... — Je me sens presque indigne de posséder un pareil trésor de grâce et de beauté !... — Ma mère comprendra tout cela, Esther... — Elle vous tendra ses bras, elle vous ouvrira son cœur... — Ne doutez plus ! Ne doutez plus !...

— Sigismond, que Dieu vous entende !...

— Il m'entendra !...

— J'ai tant pleuré !... J'ai tant prié... Dieu m'a-t-il écoutée?...

— Dieu pourrait-il rester sourd à la voix du plus charmant de tous ses anges ? — Vous avez prié, je vais agir !... — Point de crainte et bonne espérance !... — Demain, ma bien-aimée, ma femme, je vous apporterai mon nom, qui vous appartient deux fois, et comme épouse, et comme mère !... A demain donc, mon Esther, à demain !... Et, je vous le répète : Espérez !!...

Sigismond appuya passionnément ses lèvres sur le front d'ivoire et sur les deux petites mains de mademoiselle Derieux.

Puis, sans tourner la tête en arrière pour revoir une fois encore celle qu'il aimait, ou plutôt qu'il adorait, il quitta le boudoir dans lequel venait d'avoir lieu la scène à laquelle nous avons assisté, et il sortit de l'hôtel.

CHAPITRE XIX.

La mère et le fils.

M. de la Tour-Vaudieu, pour des raisons faciles à comprendre, ne se servait jamais de sa voiture ni de ses gens lorsqu'il se rendait rue Saint-Louis.

Il gagna rapidement le boulevard. — Il monta dans un cabriolet de régie qui passait à vide et donna l'ordre au cocher de le conduire rue Saint-Dominique.

Grâce à ces mots magiques : — *Cent sous de pourboire si votre cheval a des ailes !* l'automédon joua si bien du fouet et des guides, que l'humble haridelle prit une allure de pur sang.

Disons en passant que les cabriolets de régie, à l'époque où se passaient les faits que nous racontons, tenaient assez mal sur le pavé de Paris l'emploi que les petits coupés remplissent aujourd'hui.

Évidemment les petits coupés sont un progrès...

Le siècle marche !...

Ne prenez ceci, je vous prie, ni pour un *mot*, ni pour une épigramme déguisée, — et revenons à nos moutons.

Donc, le cabriolet roulait à toute vitesse, et Sigismond, durement cahoté sur le pavé mal entretenu des rues étroites qui formaient dans le centre de la grande ville un inextricable réseau, et dont aujourd'hui le souvenir a presque disparu, — Sigismond, disons-nous, songeait.

Pendant la dernière partie de son entretien avec mademoiselle Derieux, le jeune duc s'était étourdi et illusionné de bonne foi ; — l'ardeur vertigineuse de ses propres paroles l'avait en quelque sorte enivré.

Maintenant son étourdissement et ses illusions se dissipaient ; — son ivresse s'envolait et il se trouvait de nouveau face à face avec cette réalité implacable devant laquelle il reculait depuis trois mois.

Mais l'heure des hésitations et des tergiversations était passée... — Sigismond le comprenait bien. — Il fallait agir à l'instant... — Le devoir et l'honneur l'exigeaient impérieusement.

Le cabriolet s'arrêta devant la porte cochère de l'hôtel.

M. de la Tour-Vaudieu descendit de voiture, paya largement le cocher et, sans même prendre le temps de monter dans son appartement particulier, il fit demander à sa mère si elle pouvait le recevoir.

La duchesse répondit affirmativement.

Sigismond, sans espoir mais résolu, comme un condamné courageux qui marche au supplice, traversa d'un pas ferme la longue file d'appartements qui séparaient le vestibule du salon où madame de la Tour-Vaudieu se tenait d'habitude.

Les boiseries sculptées de ce salon étaient d'une blancheur un peu ternie, rehaussée par des filets d'un or mat que le temps avait rougi.

Une dizaine de grands et magnifiques portraits de famille, dont la couronne ducale surmontait les cadres splendides, formaient le principal ornement de cette pièce.

Un feu très ardent brûlait dans une cheminée de marbre rouge, contemporaine des premières années du règne de Louis XIV.

Près de cette cheminée, au fond d'un fauteuil immense, la douairière était assise ou plutôt étendue sur des coussins amoncelés.

Comme toujours, elle disparaissait à demi sous les plis soyeux de sa robe brune et sous ses coiffes de dentelle.

A côté d'elle, un guéridon de laque rouge du Coromandel supportait une lampe carcel à capuchon vert.

En face de ce guéridon se voyait une chaise basse servant de siège à la demoiselle de compagnie de la duchesse, vieille fille très maigre, très laide, et généralement très hargneuse, qui lisait tout haut à sa maîtresse les journaux monarchiques et religieux.

Au moment de l'entrée de Sigismond, et sur

un signe de madame de la Tour-Vaudieu, la demoiselle de compagnie sortit, en emportant la *Gazette de France*, après avoir fait au jeune duc une profonde révérence.

La douairière abandonnant pour une seconde les longues aiguilles d'ivoire qu'elle agitait dans les mailles d'un filet de soie, tendit à son fils une main presque diaphane et lui dit :

— Sois le bienvenu, mon cher enfant, et apprends-moi vite à quoi je dois cette heureuse visite, qui me rend d'autant plus heureuse que je l'espérais moins...

— Ma mère, — répondit Sigismond après avoir baisé la main de la duchesse, — j'ai à causer avec vous longuement...

— Longuement, dis-tu ?... — Tant mieux, puisque ce mot me donne l'assurance que ta visite sera longue...

— Je viens vous parler de choses graves, de choses bien graves, ma bonne mère... et je fais d'avance appel à toute votre tendresse, à toute votre indulgence...

— Ma tendresse ? — tu la connais, mon enfant... elle est exclusive, elle est passionnée, elle est infinie, tu le sais... — Quant à mon indulgence, j'ai peine à croire qu'elle puisse aujourd'hui te devenir nécessaire... — Ce serait pour la première fois de ta vie, puisque, dans ta vie entière, je ne me souviens pas de t'avoir vu mériter un reproche... puisque, depuis ton enfance, je n'ai pas éprouvé un chagrin par toi...

— Puissiez-vous, quand j'aurai parlé, me répéter ces bonnes paroles !..

— C'est donc véritablement très grave, ce que tu as à me dire ?...

— Oui, ma mère...

— J'ai beau être sûre de toi, malgré moi je me sens inquiète... — Parle, mon enfant, de quoi s'agit-il ?

— Il s'agit d'un mariage... — murmura Sigismond avec une violente agitation intérieure.

La douairière tressaillit.

— Un mariage !.. répéta-t-elle. — Ai-je bien entendu ?...

Sigismond fit un signe affirmatif.

Madame de la Tour-Vaudieu reprit :

— Un mariage, pour toi ?..

— Oui, ma mère... — je viens vous demander d'accepter pour fille la femme que j'ai choisie...

— Il me semble que je rêve ! — s'écria la douairière rayonnante, — et j'ai peur de m'éveiller tout d'un coup !.. — Eh ! quoi, tu me fais craindre une mauvaise nouvelle, tu me fais redouter quelque événement funeste, et voilà que tu m'apportes à l'improviste la plus grande joie que je puisse ressentir ! — Tu me demandes d'accepter pour fille celle que tu as choisie ! — Oui, certes, je l'accepterai, avec bonheur, avec amour ! — Je sais trop bien que tu n'as pu distinguer qu'une femme digne de toi... digne de nous !... Mon enfant, mon cher enfant, je suis bien heureuse !...

— Ma mère, — balbutia Sigismond d'une voix sourde, — ne vous hâtez pas trop de vous réjouir...

Ces paroles, et surtout la manière dont elles furent prononcées, firent passer un frisson glacial dans les veines de la vieille duchesse.

Pour la première fois depuis le commencement de l'entretien elle regarda son fils bien en face.

Elle fut frappée douloureusement de l'altération de son visage, — de la fixité morne de ses yeux, — du tremblement de ses lèvres pâlies.

— Mon Dieu, — balbutia-t-elle, — que signifie ceci ?.. — Voici que ma joie s'éteint !.. — voici que mon cœur se serre !.. — voici que j'ai peur !.. — Sigismond... Sigismond... rassure-moi...

Et comme le jeune duc gardait le silence, la douairière reprit, en étendant vers lui ses deux mains :

— Voyons, mon enfant, ne me laisse pas plus longtemps dans cette incertitude qui me brise... dis-moi tout ce que je dois savoir... — Cette femme que tu aimes... cette femme que tu veux me donner pour fille... qui donc est-elle ?...

— C'est la blonde enfant qu'une fatale erreur m'a fait croire désignée par vous, ma mère ; —

celle que j'ai prise pour mademoiselle de Chastenay, la fiancée de votre choix...

— Ainsi, depuis quatre mois, tu l'aimes, cette enfant ?

— Oui, ma mère, de toutes les puissances de mon âme..

— Et cependant tu m'as dit, je m'en souviens, que cet amour n'aurait pas dû naître... que ce mariage était impossible...

— Je vous l'ai dit, c'est vrai...

— Tu devais lutter contre toi-même et contre ton amour, ajoutais-tu.... Tu devais souffrir et vaincre.

— J'ai lutté, je vous le jure... mais mes forces m'ont trahi... le courage m'a manqué... j'ai été vaincu dans la lutte...

— Il y a quatre mois, je te demandais de me faire connaître l'obstacle infranchissable qui s'opposait à ton mariage... Tu m'as conjurée de ne te point interroger à ce sujet... tu redoutais d'entrer avec moi dans des détails douloureux... — Je n'ai pas insisté pour apprendre ton secret... je ne t'ai pas offert des consolations que tu semblais repousser... — Aujourd'hui, ce secret il faut que je le sache... ces détails, je dois les connaître...

— Et je ne vous les ferai pas attendre... — Celle que j'aime se nomme mademoiselle Derieux, — elle n'appartient point à une famille noble... — son père est un colonel démissionnaire... — son grand'père s'appelait Jean Derieux, avocat au Parlement...

La duchesse douairière appuya son coude sur le guéridon et sa joue sur sa main et, levant les yeux vers le plafond peint à fresque par un élève de Lebrun, elle sembla pendant quelques secondes se recueillir en elle-même pour interroger sa mémoire.

Sigismond attachait sur sa mère un regard rempli d'angoisse.

Soudain la duchesse fit un mouvement brusque. — Un pli profond se creusa entre ses sourcils et, à travers ses paupières à demi baissées, un jet de flammes s'élança.

— Jean Derieux ! — murmura-t-elle, — il me semble que ce nom m'est bien connu.. — Ou mes souvenirs me servent mal, ou ce Jean Derieux, avocat au Parlement, comme M. de Robespierre, siégeait à la Convention...

— Vos souvenirs vous servent bien, ma mère...

— Ce Jean Derieux était un jacobin forcené !.. — poursuivit la douairière !..

— Votre mémoire n'est que trop fidèle.

— Ce Jean Derieux, enfin, s'associa au plus exécrable forfait du dernier siècle, et vota la mort de Louis XVI.

Sigismond, pâle comme un agonisant, baissa la tête sur sa poitrine sans prononcer une parole.

Ce silence était la plus expressive de toutes les réponses.

— Ainsi, — reprit la duchesse, après avoir laissé ce silence se prolonger pendant un instant, — ainsi celle dont vous me parlez est la petite-fille de l'un des assassins du roi ?

— Hélas ! — balbutia Sigismond.

Puis il ajouta d'une voix tremblante :

— Mais comment une enfant de dix-sept ans à peine pourrait-elle être solidaire du crime de son aïeul ?...

Madame de la Tour-Vaudieu, au lieu de répondre, étendit la main vers la lampe et enleva l'abat-jour de façon à ce que la lumière vînt frapper en plein le visage livide de son fils.

Durant quelques secondes elle attacha sur ce visage son regard fixe et profond, où se lisait un douloureux étonnement.

— Sigismond, — dit-elle ensuite d'un ton triste et solennel, en désignant du geste les toiles blasonnées qui se suspendaient aux boiseries du salon, — vous voyez ceci, n'est-ce pas ?

— Oui, ma mère...

— Vous savez quelles sont ces armoiries que surmonte la couronne ducale ?

— Ce sont les armes de ma famille...

— Vous savez quels sont ces portraits ?

— Ce sont les portraits de mes ancêtres...

— Et l'histoire de vos ancêtres, la connaissez-vous, Sigismond?...

— Je le crois...

— Vous vous trompez, mon fils... — Cette histoire, vous l'ignorez! — Si vous l'avez connue jadis, à coup sûr aujourd'hui vous l'avez oubliée!... — C'est à moi qu'il appartient de vous rappeler quelle est la race dont vous sortez, et quels sont les fiers gentilshommes, les héros de fidélité et de dévouement, dont vous avez l'honneur de porter le nom...

Le jeune duc écoutait l'austère parole de la douairière avec une angoisse craintive, comme on entend ces voix qui parlent dans les rêves.

Une sueur froide mouillait son front. — Il lui semblait qu'un souffle étrange, l'haleine glacée des aïeux ensevelis, passait dans ses cheveux.

Madame de la Tour-Vaudieu continua :

— Mon fils, votre famille a grandi près du trône !... — Aussi nobles que les rois eux-mêmes, vos ancêtres étaient les amis des rois... Ils en étaient aussi les plus fidèles serviteurs... — Dieu et le roi !... leur existence entière entrait dans ces quatre mots !... — Leur âme à Dieu, leur vie au roi ! — C'était jour de fête pour tous ceux de notre race que le jour où le sang de l'un d'eux coulait au service de son roi... — Levez les yeux, si vous l'osez, mon fils, sur ceux qui sont là, debout, et qui s'apprêtent à vous juger... — Croisez votre

regard avec le leur et écoutez ce que ces regards vous diront!... — S'ils restent muets... si vous n'osez pas les interroger, je parlerai pour eux!...
— Celui-ci, c'est Enguerrand de la Tour-Vaudieu, tué en Palestine près du roi saint Louis qu'il défendait ! — Celui-là, c'est Martial de la Tour-Vaudieu, tué à Marignan près du roi François Ier qu'il défendait ! — Ce troisième, c'est Raoul de la Tour-Vaudieu, tué à Arques près du roi Henri IV qu'il défendait ! — Voici René de la Tour-Vaudieu, tué pour son roi ! Guy de la Tour-Vaudieu, tué pour son roi, et cet autre, qui se nommait Sigismond comme vous, c'est encore un la Tour-Vaudieu tué pour son roi!. — Le sang que vos ancêtres ont versé pour leurs rois aurait pu former un fleuve, et ce fleuve, en se jetant dans l'Océan, aurait teint en rouge les flots de l'Océan !. — Que répondrez-vous à tout cela, mon fils ?...

— Ma mère... je savais déjà combien ma race est grande et forte, et je ne l'avais point oubliée...

— Vous ne l'avez point oubliée, dites-vous !... et cependant vous avez pu concevoir la pensée d'un mariage odieux... d'une union infâme...

— Oh! ma mère, si vous connaissiez mademoiselle Derieux, vous ne parleriez point ainsi...

— Sigismond, — s'écria la douairière avec une colère contenue, — comment se fait-il qu'après m'avoir écoutée jusqu'au bout, un tel nom se retrouve sur vos lèvres ?..

— Il est sur mes lèvres, ma mère, parce qu'il est dans mon cœur...

— Vous l'en bannirez, mon fils !...

— Je l'ai vainement essayé... — Aujourd'hui les racines sont si profondes, qu'à moins d'arracher le cœur, on n'arracherait pas l'amour...

— Recommencez la lutte et redoublez d'efforts !. — Un vaillant homme peut tout ce qu'il veut !..

— Dieu lui-même ne pourrait pas...

— Mon enfant, si je te suppliais... si je te suppliais à deux genoux, moi, ta mère ?..

— Demandez-moi ma vie, je vous la donnerai... Mais ne me demandez pas le sacrifice de mon amour...

La douairière attacha de nouveau sur son fils un long regard où se lisaient la stupeur et l'indignation.

Le duc baissa les yeux, mais sa résolution ne faiblit point.

Madame de la Tour-Vaudieu reprit avec plus de force qu'il n'aurait semblé possible d'en attendre de son âge et de son état maladif :

— Vous parlez de votre amour, Sigismond !... — Mais cet amour est honteux ! — Il est lâche !... il est déshonorant !!...

— Déshonorant !... ma mère... — balbutia le duc dont les lèvres blanchirent.

— Lâche et déshonorant !.. oui !.. cent fois oui !..

— Car, enfin, que prétendez-vous ?...

— Épouser mademoiselle Derieux...

— Quoi !.. donner votre nom à la petite-fille de l'assassin de Louis XVI !... — unir le sang des meurtriers au sang des défenseurs !.. — éteindre dans des baisers d'amour le cri de vengeance et de haine que tout homme de notre race doit pousser à l'encontre de la lignée maudite des bourreaux du roi martyr !! — Est-il bien vrai, est-il bien possible que ce soit là votre pensée ?

— C'est ma pensée, ma mère... — Nous vivons dans un temps où toute haine doit s'éteindre et toute vengeance s'oublier !. — Est-il juste, est-il légitime que la dette des pères écrase les enfants ? — Les crimes politiques ne déshonorent plus aujourd'hui... — D'ailleurs, mademoiselle Derieux est innocente du passé... et je l'aime...

— Ah ! — s'écria la duchesse dont les mains tremblaient convulsivement et dont les prunelles lançaient des éclairs, — taisez-vous !.. taisez-vous !... — Êtes-vous bien réellement mon fils ?.. — Sont-ce mes flancs qui vous ont porté ?.. — Est-ce mon sein qui vous a nourri ?.. — Sur mon honneur, j'en doute, car un véritable la Tour-Vaudieu ne parlerait pas ainsi !!.

— Ma mère... ma mère... — murmura Sigismond d'une voix suppliante, — au nom du ciel, calmez-vous !..

— Taisez-vous, — répéta la duchesse avec éclat. — Taisez-vous et écoutez-moi !... — Vous êtes venu tout à l'heure, aveuglé par je ne sais quelle inconcevable démence, me demander mon consentement pour un mariage sacrilège !.. — Voici ma réponse : — Votre nom est aussi le mien puisque ce nom, étincelant parmi les plus nobles et les plus purs, votre père m'avait fait l'honneur de me le donner !... — Il est celui de trente générations de gentilshommes illustres, qui tous l'ont porté vaillamment !... — Malgré vous, s'il le faut, je dois le garder sans tache, comme le ferait votre père, si votre père vivait encore ! — Je ne dois permettre à personne, et à mon fils moins qu'à tout autre, de souiller notre fier blason ! — Au nom de mon autorité maternelle, — au nom du droit sacré que je tiens de Dieu même, je vous défends donc, monsieur le duc, de songer un instant de plus au misérable projet que vous avez conçu !.. — Je vous ordonne d'oublier les rêves insensés de votre esprit malade ! — Je vous jure enfin, devant Dieu qui m'entend, devant vos ancêtres qui m'écoutent, que, — si vous me désobéissez, — vivante je vous maudirai, — morte, je sortirai de ma tombe pour vous maudire encore !...

Entraînée par la passion qui la dominait, la douairière s'était soulevée à demi.

Après avoir prononcé, avec une énergie toujours

croissante, les terribles paroles que nous venons de reproduire, elle se laissa retomber en arrière, écrasée par de trop violentes émotions.

Sigismond, sans prononcer une parole, salua profondément la duchesse et se dirigea lentement vers la porte du salon.

Il allait l'atteindre.

— Mon enfant... — balbutia madame de la Tour-Vaudieu d'une voix presque éteinte.

Sigismond revint sur ses pas.

La douairière lui tendit la main, qu'il prit et qu'il porta à ses lèvres, mais avec une contrainte manifeste.

— Que me voulez-vous, ma mère ? — demanda-t-il ensuite.

— Je ne veux pas que vous vous éloigniez ainsi, l'âme pleine d'amertume et de colère... — murmura la duchesse.

— Il n'y a ni colère, ni amertume dans mon âme... — Il n'y a que du désespoir...

— On se console de tous les désespoirs, mon enfant...

— Ou l'on en meurt... — dit froidement le jeune duc. — Mais peut-être préféreriez-vous ma mort au mariage que vous repoussez ?...

— Eh ! bien, oui ! cent fois oui !... — répliqua madame de la Tour-Vaudieu avec impétuosité. — J'aimerais mieux vous voir mort que déshonoré !... Et quel déshonneur égalerait celui de donner le nom de vos pères à la fille du bourreau du roi !...

Pour la seconde fois, Sigismond salua silencieusement et se dirigea vers la porte.

La duchesse, haletante, se souleva à moitié dans son fauteuil, et demanda d'une voix brisée :

— Mon fils, acceptez-vous le sacrifice ?... — Êtes-vous dominé, sinon convaincu ?... — M'obéirez-vous, mon fils ?...

— Vous m'avez donné l'horreur du mensonge... — répondit le duc sans hésiter. — C'est donc la vérité que vous allez entendre; je vous la dois tout entière, si cruelle qu'elle puisse vous paraître, et la voici : — Ma mère, je n'obéirai pas !...

Madame de la Tour-Vaudieu, galvanisée par la douleur et par l'indignation, fit un suprême effort.

Cette femme, dont les jambes affaiblies et presque paralysées ployaient sous le poids de son corps, — cette mourante qui ne pouvait quitter son fauteuil sans l'aide d'un bras, — retrouvant pour quelques secondes sa vigueur disparue, se dressa pareille à un spectre qui sort de la tombe, marcha jusqu'à Sigismond qui la contemplait d'un œil égaré, et étendant vers lui sa main menaçante elle s'écria :

— Va donc, enfant rebelle !... va donc, et sois...

Mais elle n'eut pas le temps d'achever la malédiction commencée.

Le duc saisit la main menaçante de la duchesse,

et, tombant à genoux devant elle, il murmura avec l'accent d'une supplication désespérée :

— Ma mère !... ma mère !... au nom du ciel, ne me maudissez pas !...

— Obéiras-tu, si je pardonne ?... — Toi qui foules aux pieds ton honneur, reculeras-tu devant la malédiction de ta mère ?...

— Ayez pitié de moi !... — Ne me demandez point une chose impossible !...

— Dieu lui-même maudit les fils dénaturés qui brisent le cœur d'une mère expirante et désespèrent son agonie !... — Tu me demandes d'avoir pitié de toi !... — Je te dis à mon tour : — Aie pitié de nous deux !... — Renonce !...

Sigismond laissa tomber sa tête sur sa poitrine que déchiraient ses ongles crispés.

La duchesse reprit :

— Eh ! quoi, tu hésites !... Ton cœur et tes lèvres se taisent !... — Que veux-tu donc ?... — Qu'attends-tu ?... — Qu'espères-tu ?...

— Daignez m'écouter un instant, ma mère, — balbutia le malheureux jeune homme — et peut-être, tout à l'heure, quand vous saurez ce que je ne vous ai pas dit encore, vous comprendrez que cet honneur, au nom duquel vous me parlez si haut, me défend d'obéir à vos ordres...

— Parle donc, et hâte-toi, car voici que les forces m'abandonnent... Il me semble que je vais mourir...

Sigismond prit la duchesse dans ses bras et la replaça doucement sur les coussins du fauteuil qu'elle venait d'abandonner.

Par une réaction naturelle et inévitable, elle paraissait près de tomber en défaillance; il s'agenouilla donc auprès d'elle, il mouilla ses tempes avec de l'eau fraîche et il fit respirer des sels énergiques.

Jamais tendresse filiale ne se manifesta par des soins plus touchants et plus affectueux.

— C'est mon fils bien-aimé que je retrouve... — se dit la douairière en elle-même. — Puisse Dieu, dans sa bonté, permettre que je le retrouve tout entier !..

— Ma mère, — demanda le duc au bout d'un instant, — êtes-vous enfin remise, et vous trouvez-vous assez forte pour m'entendre maintenant ?..

Madame de la Tour-Vaudieu fit un signe affirmatif.

— Je vous jure par la mémoire de mon père, — dit alors Sigismond, — et n'est-ce pas pour moi le plus sacré de tous les serments ? que, dût mon cœur se briser et dussé-je en mourir, j'accepterais le sacrifice, je renoncerais, sinon à mon amour, ce qui est hors de mon pouvoir, du moins à un mariage que vous réprouvez... Mais je n'en ai pas le droit...

Sigismond s'interrompit.

Il attendait une question.

Voyant que la douairière restait muette, il continua d'une voix plus basse :

— Non, je n'en ai pas le droit... — L'honneur m'ordonne de racheter une honteuse action que j'ai commise... une lâcheté... la seule de ma vie entière !...

— Une action honteuse... une lâcheté !... toi, mon fils !... — répéta madame de la Tour-Vaudieu stupéfaite.

— Oui, ma mère...

— Et, laquelle ?...

— Une séduction...

La duchesse tressaillit.

— Ainsi, cette jeune fille ?... — demanda-t-elle avidement.

— Est devenue victime de sa candeur même et de la confiance sans bornes qu'elle mettait en moi... je dois un nom à la mère de mon enfant...

— Un bâtard !! — s'écria madame de la Tour-Vaudieu dont les yeux étincelèrent.

— Je ne veux pas qu'il le soit !... il ne le sera pas !... — répliqua le jeune homme.

Par un geste étrange chez une femme et chez une mourante, la duchesse croisa ses deux bras sur sa poitrine amaigrie.

Une rougeur légère colora son pâle visage ; — une joie bizarre et sinistre brilla dans ses regards ; — un sourire d'une indéfinissable expression contracta ses lèvres flétries.

— Un bâtard!... — fit-elle pour la seconde fois avec l'accent d'une ironie écrasante. — Allons, j'étais folle de m'alarmer tout à l'heure, j'étais folle de prendre au sérieux une chose qui, vraiment, n'en valait pas la peine!...

— Que voulez-vous dire, ma mère?... — murmura Sigismond, en se demandant avec inquiétude si la raison de la duchesse s'égarait.

— Je veux dire que la petite-fille du régicide pouvait être à craindre pour nous, mais que la créature perdue ne l'est plus... — J'admets avec toi maintenant que la descendante de Jean Derieux n'est point solidaire du crime de son aïeul, mais du moins elle est responsable de sa propre honte!... — Quelle que soit la passion insensée qui t'aveugle, tes yeux se dessilleront avant le moment suprême, et tu ne feras point une duchesse d'une créature déshonorée!...

— Ma mère, au nom du Ciel, n'insultez pas un ange!...

— Un ange dont les ailes sont tombées dans la boue...

— N'avez-vous donc pas compris que mademoiselle Derieux n'a été perdue que par son innocence même, et que la chaste enfant, trompée mais non souillée, est tombée dans un piège qu'elle ignorait... — Toute la honte est pour moi, ma mère, et non pour elle...

— Pauvre dupe! — fit la douairière avec

ironie. — Ainsi, tu crois fermement à la candeur d'une fille-mère?...

— J'y crois, comme à mon propre honneur!...

— Tu crois à son amour pour toi?...

— Comme je crois à mon respect pour vous!...

— Ainsi, tu n'as pas vu, tu n'as pas deviné que cette sirène dangereuse, que cette Circé sans âme et sans pudeur, ne voulait de toi que ton nom, ton titre, ta fortune?... — Tu n'as pas compris quel rôle on te réservait dans cette odieuse intrigue, à toi, paravent blasonné, choisi sans doute pour cacher les résultats d'une autre faute...

— Ma mère, — interrompit violemment Sigismond, dont le visage livide prenait une expression effrayante, — je n'oublie pas, je n'oublierai jamais que je suis votre fils, et qu'à ce titre je dois tout accepter de vous, tout entendre en courbant la tête... — Je vous conjure cependant de mettre un terme à la torture inutile que vous m'imposez!... — Ces insultes, ces calomnies, votre cœur les désavouerait si vous connaissiez l'innocente enfant à qui vous les adressez!... — Ma résolution est prise, elle est irrévocable... — J'ai dépassé depuis longtemps cet âge où l'homme devient le maître de disposer de lui-même.. — Mademoiselle Derieux sera ma femme...

— Malgré ta mère, Sigismond?...

— Il me faudra bien passer outre, puisque vous me refusez ce consentement que je venais vous demander avec une si vive tendresse, avec un si profond respect...

Un long instant de silence suivit ces dernières paroles.

Ce fut madame de la Tour-Vaudieu qui rompit ce silence.

Elle le fit avec un calme sinistre plus effrayant que la plus formidable colère.

— Dieu m'avait donné deux fils — dit-elle lentement — et cependant je vais me trouver seule au monde; car ces enfants déshonorés, je les aurai demain reniés tous les deux!... — Que la volonté de Dieu soit faite, puisqu'il a réservé ce calice amer à mon agonie!... — Cet hôtel, dont votre père m'avait fait la maîtresse en me donnant un nom, cet hôtel où j'ai vécu, où j'espérais mourir, il n'appartient qu'à vous... — Je ne le partagerai point avec celle que vous préférez à votre mère et à votre honneur... — Je le quitterai demain, et j'irai traîner dans un couvent les derniers jours de mon existence désolée...

— Ma mère... ma mère... — balbutia le duc, en proie à un véritable paroxysme de désespoir — ne soyez pas sans miséricorde... laissez-vous toucher... laissez-vous fléchir...

La douairière imposa silence au jeune homme par un geste impérieux.

— Il est minuit, — reprit-elle, en désignant du doigt le cadran émaillé de la pendule, — je vous accorde douze heures pour le repentir... — Demain, à midi, je quitterai cette maison... demain je n'aurai plus de fils, si vous n'êtes pas venu me dire :— *Ma mère, je vous obéirai!*... — Vous connaissez désormais ma résolution suprême... — Je veux être seule... — laissez-moi...

Sigismond s'inclina devant sa mère qui détourna la tête, et il sortit du salon en chancelant comme un homme ivre.

CHAPITRE XX

Esther.

Minuit venait de sonner, nous le savons, au moment où M. de la Tour-Vaudieu quitta le salon de sa mère.

Il reprit machinalement son chapeau laissé par lui dans l'antichambre; — il sortit de l'hôtel et il se mit à marcher à l'aventure, sans savoir de quel côté se dirigeaient ses pas, à travers les rues désertes et silencieuses du faubourg Saint-Germain.

Le ciel, sombre et chargé de gros nuages pendant tout le jour, se fondait littéralement en eau. Une pluie glaciale tombait sans relâche, pénétrant les vêtements de Sigismond et fouettant son visage.

Il ne s'en apercevait pas.

Les cochers de fiacre attardés qui voyaient passer lentement devant eux, dans la boue des ruisseaux, cet homme vêtu avec élégance, lui criaient à qui mieux mieux :

— Vous faut-il une voiture, mon bourgeois?... Voilà...

Il ne les entendait point.

Le duc, allant ainsi au hasard, déboucha par la rue du Bac sur le quai Voltaire, traversa à demi le pont Royal et, s'accoudant au parapet, regarda couler l'eau rapide et noire de la Seine gonflée s'engouffrant sous les arches avec un bruit sinistre.

Alors il se fit une lueur vague dans son cerveau troublé par la fièvre.

Il eut une pensée de suicide.

— Quelques secondes me suffiraient — se dit-il, — pour en finir avec les angoisses qui déchirent mon cœur et mon âme... — Un effort de ma volonté, un mouvement de mon corps, et je m'endormirais d'un éternel sommeil dans cet humide et froid linceul... — Qui me retient ? — Qui m'arrête ? — Pourquoi vivre et souffrir, quand la mort est si proche et si facile ?...

Cette pensée n'eut d'ailleurs que la durée d'un éclair.

— Hélas ! — murmura-t-il, — je n'ai pas le droit de mourir... — Esther serait perdue sans moi... — Je dois vivre pour mon enfant...

Et il reprit sa course sans but.

Quand Sigismond revint à lui-même, quand il rentra en possession de la lucidité habituelle de son esprit et de la plénitude de son intelligence, il avait dépassé les Champs-Élysées et il se trouvait dans les allées du bois de Boulogne.

Sa fièvre se dissipait peu à peu. — Un froid mortel envahissait jusqu'à la moelle de ses os. — La pluie tombait toujours.

Il s'orienta de son mieux, grâce à sa connaissance approfondie des détours de ce bois qu'il parcourait presque chaque jour à cheval, et il se dirigea vers Paris.

Lorsqu'il atteignit la place Louis XV — (aujourd'hui place de la Concorde) — sa résolution était prise...

Quoi qu'il en pût résulter, il irait jusqu'au bout ! — Il ne reculerait devant rien et, dût-il être maudit par une mère injuste, il ferait de mademoiselle Derieux sa femme !...

Placé fatalement entre la colère de la duchesse et le lâche abandon de la jeune fille déshonorée par lui, il croyait entendre la voix de sa conscience lui crier qu'il se devait avant tout, et malgré tout, à la victime innocente.

Nous ne prétendons ni juger, ni trancher cette question terrible et brûlante...

Nous ne saurions ni absoudre, ni condamner Sigismond...

Nous nous bornons à constater l'état de son âme et nous ne le commentons pas.

Vers quatre heures du matin M. de la Tour-Vaudieu rentrait à l'hôtel de la rue Saint-Dominique, dans un état d'accablement plus facile à comprendre qu'à décrire.

Il ne réveilla point son valet de chambre qui s'était endormi sur une banquette en l'attendant, il ralluma lui-même le feu presque éteint de sa chambre à coucher, puis, après avoir changé de vêtements, il s'assit auprès de ce feu où il passa le reste de la nuit, sans modifier son attitude, les coudes appuyés sur ses genoux et la tête enfouie dans ses mains.

A neuf heures du matin il envoya chercher une voiture de place et donna l'ordre de le conduire rue Saint-Louis.

Madame Amadis dormait encore. — Nous nous souvenons qu'elle avait passé la soirée de la veille à l'Opéra.

Sigismond la fit prévenir de son arrivée, et la veuve du fournisseur, flattée et ravie de cette visite ultra-matinale, accourut dans un négligé indescriptible, les yeux encore bouffis de sommeil.

— Grand Dieu, cher duc, — s'écria-t-elle, — comme vous voilà pâle et défait!... — Qu'y a-t-i donc?..— Seriez-vous malade?... — J'ai la recette d'une potion qui ressusciterait les trépassés... — Voulez-vous que je vous en confectionne vit et tôt trois ou quatre tasses?... — Ça sera fait en un temps et deux mouvements...

— Merci, chère madame, — répondit Sigismond, — je n'ai besoin de rien de ce genre...

— Enfin, comment ça se fait-t-il, cher duc, que

vous soyez dehors de votre hôtel dès le *patron minette?...*

— Je viens, chère madame, vous demander un service...

— Quelle chance ! — Demandez-m'en deux, demandez-m'en dix, et vingt-sept et trente-deux aussi... — Parole d'honneur, ça me comblera de jubilation...

— Je sais combien vous êtes bonne...

— Ah ! le fait est que je n'ai rien à vous refuser... — de quoi s'agit-il, mon cher duc ?

— Il faut que je parle à mademoiselle Esther...

— Tout de suite ?...

— A l'instant même, si c'est possible...

— Et naturellement vous avez compté sur moi pour faciliter l'entrevue... — Vous avez eu raison... — La chère mignonne ne sort jamais si matin de chez son papa le colonel, mais je vais lui faire dire par ma femme de chambre que je me trouve légèrement indisposée.... que j'ai ma migraine et mes vapeurs, et la belle petite descendra comme un zéphir... — Avant trois minutes vous la verrez paraître...

— Merci de nouveau... merci cent fois.

Madame Amadis quitta Sigismond pour donner à sa cameriste l'ordre de monter chez Esther.

— Justine est en route, — dit-elle en rentrant, — plus qu'une minute de patience.... — La douce colombe, la gentille tourterelle va-t-elle être contente de vous voir !... — Je vous laisserai ensemble, comme bien vous pensez... — Vous devez avoir à *manigancer* quelque joli mystère avec ma petite amie... — Pendant ce temps-là j'irai faire un bout de toilette, car vous me voyez bien mal *ficelée*, mais vous m'excuserez, j'imagine, attendu que c'est pour ne point vous faire languir que je ne me suis pas *requinquée* un brin avant d'avoir l'honneur de votre compagnie... — A propos, cher duc, après le tête-à-tête, me ferez-vous l'avantage de partager mon modeste déjeuner ?

— Je le voudrais, mais je ne le puis...

— Bah !... sans façon.. des huîtres d'Ostende.. un salmis de bécasses aux truffes, des pieds truffés et la moindre chose... — Allons, acceptez...

— Aujourd'hui cela m'est impossible, je vous le jure...

— Esther déjeunerait avec nous..

— Je vous supplie de ne point insister, chère madame, — vous doubleriez inutilement mes regrets... — Des affaires urgentes et d'une extrême gravité exigent ma présence au faubourg Saint-Germain dans le délai le plus bref...

— Suffit, cher duc, n'en parlons plus... — C'était à la *bonne franquette*, mais, puisque ça vous gêne ce matin, ce sera pour la prochaine occasion...

On gratta doucement à la porte...

— Entrez, — fit madame Amadis.

La soubrette montra son museau fripon.

— Madame, — dit-elle, — voici mademoiselle Esther...

— Bien... bien... — qu'elle vienne, la belle mignonne,, — elle trouvera bonne compagnie et sera bien reçue... — Embrassez-la pour moi, cher duc,.. — je me sauve... — Si vous avez besoin de mes services, faites-moi appeler,..

Et la veuve du fournisseur disparut au moment où mademoiselle Derieux entrait.

La jeune fille jeta un regard inquiet sur Sigismond et sentit son cœur se serrer.

En effet, la décomposition effrayante et l'expression désolée des traits de M. de la Tour-Vaudieu annonçaient clairement un malheur.

Esther vint droit à son amant, lui tendit la main et lui dit d'une voix ferme :

— Parlez, mon ami, ne me cachez rien... — Quoi qu'il arrive, je suis prête à tout, et je vous assure que j'ai du courage,..

— Chère enfant bien-aimée, — répondit Sigismond en contraignant ses lèvres à sourire, — je ne vous apporte point de mauvaise nouvelle... — Vous allez être ma femme devant Dieu et devant les hommes...

— Bien vrai ? — s'écria la jeune fille, partagée entre le doute et l'espérance.

— Oui, bien vrai,.. je vous le jure.

— Ainsi, votre mère consent ?...

Un tremblement léger agita les lèvres de Sigismond.

— Ne nous occupons pas de ma mère, — murmura-t-il, — son consentement nous est inutile... la loi n'exige point ce consentement pour que notre mariage soit possible...

Esther regarda Sigismond avec une surprise pleine de terreur.

— J'ai peur de vous comprendre, mon ami... — dit-elle ensuite ; — expliquez-vous, je vous en supplie... — Avez-vous vraiment la pensée de me donner votre nom, malgré la volonté, malgré les ordres de celle que vous devez chérir et respecter plus que tout le reste du monde ?...

— Mon nom vous appartient, Esther... aucune volonté, aucun ordre, ne peuvent élever une barrière entre vous et moi... — répliqua le duc.

— Madame la duchesse de la Tour-Vaudieu s'oppose à notre union, n'est-ce pas ?... — demanda la jeune fille.

Sigismond garda le silence.

Esther reprit :

— Je vous en conjure de nouveau, je vous en conjure à genoux, mon ami, ne me cachez rien... — j'ai la force de tout entendre..., — Entre votre mère et vous, que s'est-il passé ?...

En face d'une telle insistance, il était impossible de se taire, impossible aussi de mentir.

Sigismond raconta donc à la jeune fille la scène

que nos lecteurs connaissent déjà, — seulement il atténua de son mieux ce qui, dans cette scène, avait été blessant et injurieux pour Esther, et il termina son récit par ces paroles :

— Mais encore une fois, ma bien-aimée, que nous importe ?... — ma mère obéit à des préjugés que je respecte sans doute, mais que je ne saurais partager... — Je serai, comme elle, inflexible... — La loi me fait libre... — j'userai des droits qu'elle me donne, pour réparer ma faute et pour assurer mon bonheur...

— Votre bonheur, mon ami... — balbutia tristement Esther en secouant la tête, — hélas ! il n'est pas de bonheur pour le fils coupable qui brave l'autorité sainte d'une mère !... — Un mariage célébré sous de si lugubres auspices ne pourrait être qu'une union maudite !... — Je ne serai point la complice de votre révolte... — Croyez-vous d'ailleurs que je n'aie pas aussi ma fierté ?... — Croyez-vous que je puisse descendre jusqu'à cette honte d'entrer de force dans une famille qui me repousse ?... — Vous m'avez donné votre amour... je prétends avoir aussi votre estime... — Obéissez donc à votre mère, Sigismond, obéissez-lui, car ce mariage que je sollicitais hier, je le refuse aujourd'hui...

— Esther... Esther... — s'écria le duc, — au nom du ciel, pas de résolution insensée !... imposez silence à votre orgueil pour n'écouter que notre amour... — Songez à moi qui vous aime plus que ma vie!... songez à l'enfant qui va naître.

— Cet enfant vous appartiendra, Sigismond... — Vous disposerez de sa vie... — Un jour sans doute il vous sera possible et permis de lui donner votre nom... — Mais moi, je vous le jure, jamais, non, jamais, je ne serai la fille de celle qui me jette au visage, comme un crime irrémissible, la foi politique de mon aïeul!...

Le duc eut beau prier, conjurer, joindre les larmes aux supplications, mademoiselle Derieux fut inébranlable, et Sigismond comprit qu'il se briserait vainement contre l'âme si forte et si vaillante enfermée dans ce corps d'enfant.

— Que votre volonté soit faite! — balbutia-t-il avec désespoir, — je cède, puisqu'il le faut, mais vous allez me faire trouver bien longs les derniers jours de ma mère...

. . . .

Une heure après, M. de la Tour-Vaudieu, de retour à l'hôtel de la rue Saint-Dominique, se faisait annoncer chez la duchesse-douairière.

Cette dernière, étendue dans son grand fauteuil, et ses mains fluettes jointes sur ses genoux comme celles des statues de châtelaines couchées sur les tombeaux du moyen-âge, offrait la rigide apparence et la complète immobilité du marbre.

Toute vie semblait s'être retirée de ce corps pour se concentrer dans ses yeux.

A l'instant précis de l'entrée de Sigismond, ces yeux étincelants dardèrent sur lui un regard fixe et inquisiteur dont aucun mot ne saurait exprimer l'étrange éloquence.

— Ma mère, — fit Sigismond en s'inclinant, — je suis vaincu... je vous obéirai...

L'éclair du triomphe illumina le visage dévasté de la douairière.

— J'ai retrouvé mon fils... — dit-elle simplement, — que Dieu en soit béni !.. Maintenant je puis mourir......

CHAPITRE XXI

Dernières explications.

A partir de ce jour, l'hôtel de la rue Saint-Louis fut le théâtre de l'une de ces comédies, ou plutôt de l'un de ces drames inconnus qui ne se jouent, hélas ! que trop souvent dans les familles les plus honorables, mais dont il est heureusement bien rare que des regards indiscrets surprennent les mystères.

Il s'agissait pour la jeune fille de cacher son état au colonel Derieux.

Tout mensonge, toute duplicité répugnaient souverainement à la nature franche et droite d'Esther. — Par malheur, dans cette circonstance, l'impérieuse nécessité ne lui permettait point de choisir sa route.

Nous ne pouvons en douter, si Esther s'était trouvée seule en cause, la courageuse enfant serait venue s'agenouiller aux pieds de son père en lui disant :

— Je suis coupable... — punissez-moi d'abord, et ensuite pardonnez-moi...

Mais, pour faire un pareil aveu, il fallait livrer

Sigismond, et mademoiselle Derieux n'ignorait pas que la vengeance de son père serait terrible et serait implacable.

Dire au vieux soldat : — *J'ai été déshonorée par le duc de la Tour-Vaudieu !...* — c'était infailliblement provoquer une de ces rencontres sans merci, où le coupable et le vengeur succombent parfois l'un et l'autre.

Donc, nous le répétons, il fallait tromper ce vieillard dont l'âme vigoureuse ne pouvait transiger avec la honte.

Par bonheur, c'était facile.

Le colonel, nous le savons, vivait beaucoup hors de chez lui, comme presque tous ceux dont s'est emparé la politique, cette maîtresse impérieuse et tyrannique.

Quand il rentrait dans son intérieur, il y rapportait des préoccupations sans nombre qui l'absorbaient et qui l'isolaient.

Nous devons ajouter que le colonel professait à l'endroit de sa fille la foi la plus inébranlable, la confiance la plus absolue. — Or, le premier effet, l'effet immanquable de cette confiance, devait être de lui attacher un épais bandeau sur les yeux. — Il aurait *vu* sans croire, et si l'ombre d'un soupçon flétrissant pour Esther se fût présenté à son esprit, il se serait empressé de chasser ce soupçon comme le plus impardonnable et le plus immérité des outrages.

Madame Amadis, forcément mise dans la confidence des funestes résultats d'un moment d'oubli, en éprouva d'abord un trouble réel et une désolation sincère.

— Sac à papier!.. — s'écria-t-elle, — sac à papier!... vilaine affaire!! — Voilà nos tourtereaux dans de jolis draps!... — Sapristi!... quel malheur!... — Je donnerais je ne sais quoi pour pouvoir défaire ce qui s'est fait si mal à propos ; mais tra-la-la!... — va-t'-en voir s'ils viennent Jean!.. Tout ce que je dirai, c'est absolument comme si je chantais : *J'ai du bon tabac!...* sur l'air de *Femme sensible!* — Vertu de ma vie, j'aimerais mieux que la mésaventure me fût arrivée à moi, qu'à cette pauvre chère mignonne!... — J'aurais dû peut-être ne pas les laisser si longtemps, ni si souvent seuls, ces deux amoureux.... — Oui, je l'aurais dû... mais on ne pense pas à tout, et d'ailleurs qui diable aurait jamais pu se douter d'une chose pareille!!...

Et, en forme de péroraison, madame Amadis répéta à trois reprises, et sur trois tons différents :
— Quel malheur!... sapristi!... quel malheur!...

Nous n'étonnerons personne en nous hâtant d'ajouter que cette première impression dura peu, et que la veuve, après des réflexions courtes et substantielles, en arriva à regarder comme une circonstance à peu près heureuse ce qui lui paraissait primitivement une déplorable catastrophe.

Voici de quelle manière se formulait cette conviction modifiée.

— Après tout, — se disait madame Amadis, — à quoi bon voir l'avenir en noir et se forger un tas de chimères attristantes, et de lubies à porter le diable en terre ?... — Ce qui se passe est peut-être pour le mieux... — Quelqu'un qui me viendrait dire cela ne m'étonnerait guère, et je lui répondrais qu'au fond de ma *jugeotte* je suis assez de son avis... — Un petit chérubin va venir au monde... — Où est le mal ?... — Ce chérubin-là, c'est un lien de plus entre le pigeon et la tourterelle... — Le duc adore sa mignonne Esther... — Il n'est pas homme à l'abandonner, ce qui serait le fait d'un vrai galopin... — Il l'épousera le plus tôt possible, et d'autant plus certainement qu'à l'heure qu'il est le voilà bien sûr de ne point s'en aller *ad patres* sans postérité...

Et la veuve ajoutait, en se frottant les mains :

— Allons... allons... plus j'y pense et plus je remonte sur ma bête ! — L'*hasard* est un grand *maigre* qui fait les choses assez proprement... — Tout va bien, et vive la Charte !... — Je ne vois plus qu'une anguille sous roche, c'est ce brave homme de colonel... — S'il venait à découvrir le pot aux roses ; quel grabuge !... — Mais l'ex-héros de la grande armée n'a plus tout à fait ses yeux de quinze ans... — Il n'y verra que du feu... et je m'en charge...

En effet, madame Amadis, — dont le rôle dans la pièce intime que nous mettons en scène se corsait de plus en plus, — se fit avec un zèle infatigable la complice et l'auxiliaire de mademoiselle Derieux pour tout ce qui pouvait épaissir le bandeau attaché sur les yeux du colonel.

La veuve feignit d'abord d'être atteinte d'une maladie de langueur où les nerfs jouaient un grand rôle. — Elle prétendit ensuite ne pouvoir trouver quelque adoucissement à ses souffrances que dans les soins affectueux que lui prodiguait sa jeune amie dont elle réclama presque sans cesse la présence, laissant ainsi le moins possible la fille avec le père.

Enfin, elle en arriva à circonvenir d'une façon si parfaite et si absolue le vieillard que celui-ci, à diverses reprises, l'autorisa à garder Esther auprès d'elle pendant la nuit, et à la faire coucher dans un lit dressé à côté du sien, lorsque quelque prétendue crise nerveuse était imminente.

Ces absences, de jour en jour plus longues et plus fréquentes, préparaient à merveille, on le comprend, la séparation prolongée qui ne tarderait guère à devenir indispensable.

On atteignit ainsi le milieu du mois de novembre.

L'époque fatale et décisive approchait.

Esther, gravement souffrante au physique et au moral, trouvait cependant en elle-même le courage nécessaire pour dissimuler ses défaillances et ses angoisses.

Le colonel s'étonnait et s'affligeait, il est vrai, de la pâleur de sa fille et de son abattement presque continuel, mais il restait plus éloigné que jamais de soupçonner la réalité désolante.

Voilà où en étaient les choses quand, un matin, madame Amadis fit prier M. Derieux de passer chez elle.

Le colonel ne se fit point attendre.

— Mon cher voisin, — lui dit d'une voix dolente la veuve du fournisseur, — je viens vous demander un service...

— S'il dépend de moi de vous le rendre, — répondit galamment le vieillard, — croyez bien que je serai l'homme du monde le plus heureux.

— Ta... ta... ta... — reprit madame Amadis, — ne prenez point d'engagement à la légère et sans savoir de quoi il s'agit... — Le service en question est si important que c'est à peine si j'ose vous présenter ma requête...

— Eh bien, s'il est important comme vous le dites, j'en aurai plus de plaisir à vous le rendre...

— Je suis depuis quelque temps, vous ne l'ignorez pas, horriblement *patraque*, et mes nerfs, mes pauvres nerfs, me font cruellement souffrir...

— Je ne l'ignore pas et je m'en afflige...

— Ma parole d'honneur, je ne sais comment je pourrais supporter le fardeau de l'existence, si le ciel compatissant n'avait placé près de moi un ange, un véritable ange du bon Dieu, dans la personne de votre chérie et adorable Esther que j'aime autant, si ce n'est plus, que j'aimerais ma propre fille !

— Esther est bien touchée de votre tendresse pour elle, et je vous assure qu'elle vous aime aussi de tout son cœur...

— Ah! la chère mignonne!... que le bon Dieu me préserve d'en douter!... je n'y survivrais point!...
— Un jour viendra, mon voisin, — et peut-être ce jour est-il proche, — quand je ne serai plus en ce monde... quand on ouvrira mon testament... on verra, alors, on verra, si je la regarde comme mon enfant...

— Chère madame, — dit vivement le colonel, — je vous en supplie, ne parlez pas de cela...

— Oui... oui... vous avez raison... n'en parlons pas... ce sont les faits qui parleront pour moi... — Bref, j'en arrive à ce je veux vous demander.

— Soyez certaine que mon attention ne vous fera point défaut...

— Figurez-vous, mon voisin, qu'il vient de me tomber une tuile...

— Une tuile ?... — répéta M. Derieux avec étonnement.

— Mon Dieu, oui.

— De quelle tuile parlez-vous, s'il vous plaît ?...

— D'un héritage.

— Qui vous échappe?
— Qui m'arrive, au contraire...
— Un héritage important?
— Cinquante mille écus, ou environ.
— La somme est ronde et je vous fais mon compliment...
— Puttt...
— Vous semblez contrariée...
— Je le suis.
— Pourquoi?
— J'ai soixante mille livres de rentes... — A quoi voulez-vous que me servent ces malheureux cinquante mille écus? — Parole d'honneur, ils arrivent fort mal à propos...
— Alors refusez le legs.
— Impossible! — Ce serait manquer d'égards pour la mémoire du vieux et respectable parent qui s'est souvenu de moi à son heure dernière...
— Dans ce cas, acceptez... — Rien n'est plus simple... — Ouvrez votre caisse, les billets de banque y viendront d'eux-mêmes prendre place...
— C'est ici, mon voisin, que *vous vous mettez le doigt dans l'œil...*
— Comment cela?...
— Les billets de banque n'arrivent pas tout seuls... L'héritage en question nécessite un déplacement... Le notaire chargé de régler les intérêts de la succession m'écrit que ma présence à Orléans est indispensable...

— Orléans est bien près de Paris ; — un voyage si facile et si peu fatigant ne saurait vous épouvanter beaucoup...

— Eh! sans doute!... — il ne m'épouvanterait même pas le moins du monde si j'étais aujourd'hui gaillarde et bien en point comme je l'étais il y a quelques mois...

— Je vous assure que votre mine est excellente...

— Ma mine ne sait ce qu'elle dit... — Je *jouis* d'une santé déplorable... — J'ai des crises continuelles... — Enfin je me sens incapable de me mettre en route si je dois voyager seule.

— Vous avez vos femmes de chambre...

— Ah! mon voisin, je vous en supplie, ne me parlez pas des soins mercenaires de ces *espèces!*...

— Souhaitez-vous donc que je vous accompagne?... — Quoique des affaires très graves me retiennent en ce moment à Paris, je me ferais un devoir de me mettre à votre disposition...

Un bruyant éclat de rire de madame Amadis déconcerta quelque peu le colonel.

— Mon cher voisin, — répondit la veuve après un instant d'hilarité, — je vous remercie beaucoup de votre offre gracieuse et galante... Mais à quoi me seriez-vous bon, je vous prie?... — Est-ce qu'un homme s'entend à soigner une femme?... — Non... non... Ce n'est pas vous qu'il me faut...

— Eh, qui donc ?

— Comment ne le devinez-vous point?... C'est ma petite amie... mon bel ange gardien... ma mignonne Esther... — Ma foi, tant pis!... voilà le grand mot lâché...

Un nuage passa sur le front de M. Derieux. — Un pli se creusa entre ses sourcils.

— Mon voisin, — s'écria madame Amadis, — songeriez-vous à me refuser?...

— Je m'attendais si peu à ce que vous me demandez... — balbutia le colonel.

— Enfin, me l'accordez-vous?

— Esther ne s'est jamais séparée de moi...

— Parce que l'occasion ne s'en est jamais présentée... C'est une habitude à prendre... — Vous la marierez un jour, j'imagine... — Il faudra bien alors qu'elle vous quitte pour s'en aller avec son mari...

— Je le sais bien, mais alors c'est son mari qu'elle suivra...

— Est-ce à dire, — s'écria la veuve du fournisseur, avec une dignité magnifique — est-ce à dire que vous n'avez point confiance en moi?...

— Que Dieu me garde d'une telle pensée!...

— Prouvez-le donc!... — Une défiance injurieuse pourrait seule vous dicter un refus, dans les circonstances où nous voici... — Si cette défiance existe, dites-le carrément, sapristi!... et pas un mot de plus!...

— Chère madame, je fais profession pour vous

d'une estime sans bornes, et vous n'avez pas le droit d'en douter, puisque Esther passe auprès de vous la moitié de sa vie et que j'en suis ravi...

— Alors, laissez-la venir avec moi...

— Sa présence vous est donc bien nécessaire?...

— Sa présence m'est indispensable comme l'air que je respire, comme le pain que je mange et comme le vin que je bois... — Que m'importent, sans elle, les cinquante mille écus dont j'hérite?.. — Certes, je n'irai point les chercher si je ne puis les avoir qu'au prix de son absence...

— Combien de temps comptez-vous passer à Orléans?...

— Trois ou quatre jours, tout au plus.

— Et, quand partirez-vous?

— La semaine prochaine, j'imagine... — J'attends une nouvelle lettre du notaire, lettre qui doit m'assigner un rendez-vous...

— Avez-vous parlé de ce voyage à Esther?

— Elle n'en sait pas le premier mot, la pauvre biche blanche... — Me croyez-vous femme à mettre une idée dans la cervelle d'une jeune fille sans savoir auparavant si la chose conviendrait à monsieur son père?... — Oh! que nenni!... Dieu merci, ce n'est point là mon genre!...

Pendant quelques secondes, qui semblèrent bien longues à la veuve du fournisseur, le colonel réfléchit.

— Chère madame, — dit-il enfin, — il m'est impossible de vous refuser un service auquel vous attachez une importance si grande et si flatteuse pour ma fille...

— Comme ça, vous consentez ?...

— Il le faut bien...

— Jour de Dieu, colonel, vous êtes un brave homme !... — Vous me sauvez la vie, voyez-vous, et je vous garantis qu'auprès de moi l'enfant ne sera pas moins en sûreté qu'auprès de vous !... — s'écria madame Amadis avec une expansion enthousiaste, en secouant vigoureusement les deux mains de M. Derieux.

Désormais le colonel était engagé d'une façon complète et ne pouvait plus revenir sur la parole donnée.

— M'était-il possible de faire autrement ? — se demandait-il en remontant chez lui après son entrevue avec la veuve. — Non, sans doute... — Pourquoi donc suis-je prêt à me reprocher comme une faiblesse cet involontaire consentement ?... — Aucun péril ne menace Esther... aucun danger ne saurait l'atteindre à côté de la digne femme qui l'aime comme sa propre fille... Et cependant je suis inquiet, et mon cœur se serre à la pensée de cette séparation... — Inquiétude absurde... tristesse sans motif... — Bannissons ces rêveries folles...

Et, après s'être tenu ce petit discours à lui-même, M. Dérieux s'efforça de chasser les pressentiments qui l'obsédaient, — mais il n'y parvint point sans peine...

Dieu envoie au cœur des pères de mystérieux avertissements. — Il faut les écouter et les croire...

En 1835, les chemins de fer n'existaient point encore, et Brunoy se trouvait plus loin de Paris que ne l'est aujourd'hui Fontainebleau.

Madame Amadis, dès la semaine suivante, se rendit à Brunoy, où elle se souvenait d'avoir autrefois visité la maison de Talma et qui lui semblait une localité admirablement choisie pour y ensevelir dans un mystère profond le résultat de la faute d'Esther.

Elle descendit à l'auberge du *Cheval blanc*.

Elle se fit indiquer les maisons meublées du village.

L'aubergiste la mit en rapport avec madame veuve Rougeau-Plumeau, qui la conduisit à cette fameuse *villa gothique* du Parc aux Biches, dont nous avons offert à nos lecteurs un croquis rapide au commencement de ce livre.

Madame Amadis trouva la villa gothique fort à son gré. — Elle paya cinq cents francs d'avance sur le prix total de la location et repartit pour Paris en donnant un louis à la servante de la veuve et en lui recommandant d'allumer chaque jour du feu dans toutes les chambres.

Le lendemain, certains indices rarement trompeurs annonçant que le moment suprême approchait, madame Amadis fit part au colonel de son départ immédiat pour Orléans; puis, au lieu de se diriger vers le chef-lieu du Loiret, elle prit en fiacre, avec Esther et une femme de chambre qu'il avait bien fallu mettre dans le secret, le chemin de Brunoy, où toutes trois arrivèrent à la nuit tombée et par un abominable temps.

Esther, brisée de corps et d'âme et en proie à des souffrances inconnues qui la remplissaient de terreur, eut cependant la force d'écrire ces quelques lignes dont nos lecteurs se souviennent peut-être :

« *M. le docteur Leroyer est prié de vouloir bien se rendre sans une minute de retard à la maison meublée appartenant à madame veuve Rougeau-Plumeau.*

« *M. le docteur Leroyer est attendu avec impatience et sera accueilli avec reconnaissance, mais qu'il se hâte, — il y va de la vie.* »

Le cocher de fiacre remit ce billet laconique au garçon d'écurie du *Cheval blanc*, avec ordre de le porter sans une minute de retard à son adresse.

Le garçon d'écurie s'acquitta consciencieusement de cette mission largement payée par une pièce de cent sous, et le billet d'Esther passa des mains de Suzon dans celles du docteur.

Nous savons le reste.

CHAPITRE XXII

Le réveil de Claudia.

Il nous paraît superflu de rien ajouter aux explications données dans le précédent chapitre.

La présence de Georges et de Claudia à Brunoy, pour la réalisation d'un plan monstrueux, ne saurait désormais étonner nos lecteurs.

Le mariage de Sigismond et la naissance d'un enfant, c'était pour le marquis de la Tour-Vaudieu, nous le savons, non seulement la misère, mais encore le déshonneur prochain et inévitable.

Les deux complices avaient donc suivi d'un œil épouvanté les progrès du mutuel amour de Sigismond et d'Esther.

Un des valets de madame Amadis, devenu communicatif grâce à quelques pièces d'or offertes à propos, s'était empressé de tenir Claudia au courant de ce qui se passait dans l'hôtel de la rue Saint-Louis, c'est-à-dire des visites quotidiennes de M. de la Tour-Vaudieu, et de ses entrevues avec Esther.

Ainsi renseignée sur une partie de la vérité la pécheresse, dont la clairvoyance égalait la dépravation, avait facilement deviné le reste.

Il s'agissait de conjurer un immense péril... — Il fallait à tout prix empêcher l'enfant de Sigismond, sinon de naître du moins de vivre.

La résistance inattendue du docteur Leroyer était venue saper par sa base l'édifice de ces projets infâmes.

L'esprit audacieux de Claudia, loin de se décourager, avait à l'instant cherché et trouvé les combinaisons d'un plan nouveau, plus infaillible que le premier.

A la question de Georges lui demandant :

— Ce plan, quel est-il ? — Nous avons entendu Claudia répondre :

— Je ne puis encore te le faire connaître dans ses détails, que les circonstances viendront sans doute modifier ; seulement je puis t'en révéler dès à présent les résultats probables : — L'enfant disparaîtra, mais plus tard, sans qu'aucune accusation puisse nous atteindre, sans que l'ombre même d'un soupçon ose monter jusqu'à nous...

Georges dut se contenter de cette réponse et attendre.

Il nous faut attendre comme lui.

Nous prions nos lecteurs de vouloir bien nous accompagner pour la seconde fois à Brunoy, à l'auberge du *Cheval blanc*, et nous leur demandons de pénétrer avec nous dans la chambre n° 2, occupée par Claudia Varni.

Il était sept heures du matin.

Les premières et douteuses lueurs d'un jour sans soleil pénétraient par les fenêtres à petits carreaux, et venaient expirer sous les rideaux du lit où elles n'éclairaient qu'à peine le pâle et beau visage de la jeune femme endormie.

La porte de communication qui séparait le n° 1 du n° 2 s'ouvrit doucement et Georges parut.

Les flétrissures précoces et indélébiles dont nous avons constaté les traces sur la figure du marquis de la Tour-Vaudieu, semblaient avoir fait, depuis la veille au soir, de notables progrès.

Les joues étaient livides, les yeux inquiets et incertains, et les plis du front plus accusés que de coutume.

Sans doute Georges, dans une fiévreuse insomnie, avait sondé d'un regard plein d'épouvante l'abîme béant sous ses pieds, abîme dont les paroles si brutalement franches de Claudia venaient de lui révéler dans toute leur horreur les profondeurs vertigineuses.

Pendant quelques secondes il s'arrêta sur le seuil les yeux, tournés vers la jeune femme, si merveilleusement belle dans son calme sommeil.

Un étrange sourire vint à ses lèvres, tandis qu'un éclair fugitif étincelait sous ses paupières.

ertes il eût été bien difficile, pour ne pas dire

impossible, de décider si ce regard et ce sourire exprimaient la haine ou l'amour.

Volontiers nous pencherions vers la haine...

Quel autre sentiment, en effet, le marquis Georges pouvait-il ressentir pour cette femme dont il subissait avec impatience l'écrasante supériorité, et à laquelle l'attachaient cependant les liens indissolubles de la complicité dans le crime ?...

Cette question, qu'en ce moment nous ne pouvons que poser, sera sans doute résolue plus tard...

Quoi qu'il en soit, Georges se décida vite à interrompre le sommeil de la pécheresse ; il fit quelques pas vers le lit et il prononça à deux reprises le nom de Claudia.

Cette dernière, éveillée brusquement, se souleva sur son coude, en écartant d'une main les boucles épaisses et soyeuses qui voilaient ses yeux, et elle balbutia d'une voix presque indistincte :

— Qui est là ?... — Que me veut-on? — Qu'y a-t-il?...

— Eh! parbleu, ma chère, — répondit Georges — c'est moi qui suis là... — Qui diable pourrait se trouver au pied de ton lit à une heure tellement matinale, si ce n'est ton meilleur ami...

— C'est juste! — fit Claudia avec une moue légèrement ironique, — je n'y songeais pas!... — Mais, dis-moi, est-ce que le feu est à la maison?...

— Pas que je sache...

— Alors, dans quel but mon meilleur ami m'éveille-t-il au point du jour, et si parfaitement mal à propos...

— Mal à propos, dis-tu ?

— Oui.

— Pourquoi?...

— Parce que je faisais un rêve adorable et du plus heureux augure...

— Est-ce que tu crois aux rêves, toi, Claudia?...

— J'y crois parfaitement... — Un rêve ne m'a jamais trompée... il n'y a même que les rêves qui ne m'aient pas trompée...

— Alors, raconte-moi le tien...

— Tout à l'heure...

— Mieux vaudrait tout de suite...

— Non. — Je veux avant tout connaitre les motifs de ton entrée brusque et inopportune dans ma chambre...

— Ne te souviens-tu pas qu'hier au soir tu m'as chargé pour ce matin de deux missions?...

— Mes idées sont encore un peu endormies, je l'avoue... — Viens en aide à mes souvenirs confus...

— Tu m'as dit de te louer une maisonnette dans le village, et d'aller à Paris te chercher des vêtements de femme...

— Et ensuite?...

— Voilà tout.

— Eh bien, cette maisonnette, l'as-tu trouvée?..

— Pas encore, puisque je vais seulement sortir pour me mettre à sa recherche...

— Dans ce cas, c'est au retour que tu aurais dû me réveiller, et non pas au départ...

— La nuit, dit-on, porte conseil, et je tenais à m'assurer que rien n'était changé dans tes idées et dans tes projets...

— Rien absolument... — Fais donc ce qui est convenu, et hâte-toi...

— Faudra-t-il toujours aller à Paris?

— Plus que jamais.

— A cheval!...

— Sans doute, puisque tu n'as à ta disposition aucun autre moyen de transport.

— C'est que...

— Quoi?...

— Je suis brisé de fatigue...

— Mauvaise raison, mon cher Georges!... — Un homme a le droit d'être fatigué, j'en conviens, mais il n'a pas celui d'en convenir... — Allons, va vite, et reviens de même...

— Tu oublies quelque chose, ma chère...

— Qu'est-ce que j'oublie?...

— De me raconter ton rêve... ce rêve charmant et tout rempli de fortunés pronostics...

— C'est juste... Écoute donc, et puisse ce merveilleux présage te faire partager l'ardeur que je ressens...

— Je t'écoute de toutes mes oreilles...

— Figure-toi que j'étais agenouillée dans une église...

— On voit bien que c'était en rêve! — interrompit Georges en riant. — Et, dans cette église, que faisais-tu, ma chère?..

— Je priais...

— Dieu, ou le diable?.. — Tu ne crois ni à l'un, ni à l'autre...

— Si tu m'arrêtes à chaque mot, je n'en finirai jamais!.. — Peu importe qui je priais... — Je constate le fait, et cela suffit.

— Et que demandais-tu?..

— La prompte réalisation de nos espérances à l'endroit de l'héritage de ton frère...

— Excellente idée!!..

— J'achevais à peine cette oraison incomparablement ardente, quand j'entendis les cloches de l'église dans laquelle je me trouvais sonner à toute volée..

— En signe de fête?

— Non, en signe de deuil... — C'était un glas lugubre et funèbre, et cependant, bien loin de m'attrister, ces tintements sinistres me rendaient joyeuse... — Comprends-tu cela, Georges?..

— Imparfaitement, je l'avoue.. — Je m'explique mal, jusqu'à présent, que tu regrettes si fort ton rêve interrompu...

— Attends un peu, et tu vas voir... — Tout à coup, et sans qu'aucun ouvrier eût paru dans l'église, les murailles se trouvèrent tendues de noir... — Des larmes d'argent semaient ces tentures, au-dessus desquelles étincelait en cent endroits l'écusson des la Tour-Vaudieu...

— Sacrebleu! — s'écria Georges en secouant la tête, — je trouve que cela manque de gaîté!..

— Patience donc!... — Je ne t'ai pas encore dit que la couronne ducale surmontait ces écussons...

— A la bonne heure...

— Je me rappelle qu'étant toute petite fille j'entendis un jour chanter l'office des morts... — Ces chants firent une grande impression sur mon esprit, et je n'en oubliai point l'étrange et sombre harmonie. — Des chants pareils éclatèrent soudainement autour de moi... En même temps, une grande foule de prêtres et d'enfants de chœur envahit l'église; — cette foule se pressait autour de quatre cercueils...

— Quatre cercueils!... — répéta Georges stupéfait.

— Tout autant..

— Qui donc était mort?

— Ceux qui se placent entre nous et la fortune.. — Ta mère — ton frère — l'innocente Esther et le petit bâtard qui va naître d'elle...

— Plût à Dieu que ce songe fût une réalité!! — murmura le marquis.

— Je n'ai pas fini...

— Continue...

— Jusqu'à cette minute, tu n'avais brillé dans mon rêve que par ton absence... — poursuivit Claudia; Je te vis alors apparaître...

— Bien vivant, j'espère ?..

— Oui, bien vivant, et tout radieux sous ton manteau noir d'héritier...

— Et que fut mon rôle dans la cérémonie funèbre ?

— Un rôle fantastique... — Tu traversas la foule, une hache à la main, pour te rapprocher des cercueils sur lesquels tu te mis à frapper à coups redoublés... — Il me semble entendre encore le bruit de la hache qui s'abat et des planches qui volent en éclats... — Le premier cercueil qui s'entr'ouvrit fut celui de ton frère. — Je m'attendais à voir un cadavre... involontairement je frissonnais... — Juge de ma suprise et de mon ravissement !.. Un flot d'or jaillissait de la brèche pratiquée par toi, et ce flot était inépuisable !...

— Quatre cascades métalliques ruisselèrent sur les dalles de l'église... — De ces intarissables sources, l'or coulait sans s'arrêter.. — Les dalles disparurent sous la vague éblouissante... — La marée d'or atteignit mes chevilles, puis elle monta jusqu'à mes genoux, puis jusqu'à ma ceinture...

— Un instant de plus, et mon corps tout entier allait se trouver plongé dans l'or... — J'attendais cette minute suprême avec une ivresse indicible...

— Tu m'as réveillée en sursaut, et tu dois convenir avec moi sans peine que jamais réveil ne vint plus mal à propos...

— C'est-à-dire plus à point... — répondit Georges avec un sourire.

— Comment cela?

— C'est bien simple... — Si je n'étais intervenu, comme un véritable chien de Terre-Neuve, tu courais risque, ma chère Claudia, de te noyer dans ton bain d'or...

— Ah! — s'écria la pécheresse avec une exaltation sincère, — qu'il me soit donné de mourir ainsi, et je te jure que je ne regretterai pas la vie!...

Puis elle ajouta froidement :

— Tu vois que j'avais raison et que mon rêve est encourageant... — Notre entreprise réussira... j'ai confiance et bon espoir... — Maintenant, tu sais ce que tu voulais savoir; rien ne te retient plus... — Cours louer la bicoque dont nous avons besoin... — Je vais me lever et m'habiller en attendant ton retour... tâche que je n'attende pas longtemps...

Georges sortit.

Claudia, s'élançant hors du lit, commença sa toilette masculine.

CHAPITRE XXIII

Pierre Loriot.

L'absence de Georges de la Tour-Vaudieu dura deux heures.

Quand, au bout de ce temps il rentra dans la chambre n° 2 de l'hôtel du *Cheval blanc*, il trouva Claudia Varni installée au coin d'un bon feu, à côté d'un guéridon, et dégustant avec grand appétit les deux ailes d'un poulet froid et le contenu d'une bouteille de vin de Bordeaux.

— Tu vois sur cette table, — lui dit la pécheresse en riant, — ce qu'on a pu trouver de meilleur dans le garde-manger de la *posada* que nous honorons de notre présence... — On m'avait fait espérer des côtelettes, il y a une heure, mais comme je ne vois rien venir il me paraît clair comme le jour que cette fallacieuse promesse cachait une déception... — Si ce menu frugal te paraît séduisant, mon cher Georges, tu peux te mettre à table et prendre ta part de ce volatile... — Il est un peu maigre... il est un peu dur... mais, bah !... à la campagne !..

— Merci, ma chère, — répondit le marquis, — je n'ai jamais faim de si bonne heure...

— C'est-à-dire que tu préfères déjeuner beaucoup plus confortablement à Paris... — Je te comprends et je t'approuve...

— Tu ne me demandes pas si j'ai accompli d'une façon satisfaisante la tâche que tu m'avais imposée?...

— Puisque te voilà de retour, il est évident que tu as réussi...

— J'ai réussi, en effet, et mieux que nous ne pouvions l'espérer...

— Comment cela?

— J'ai trouvé une maisonnette...

— Jolie?

— Affreuse.

— Commode?...

— A peu près inhabitable...

— Bien meublée, au moins?...

— Aussi peu et aussi mal que possible...

— Plaisantes-tu?

— Pas le moins du monde.

— Alors tu te moquais de moi, mon cher Georges, en affirmant tout à l'heure que tu avais réussi au delà de nos espérances...

— Je disais la pure vérité.

— Dans ce cas, je demande la clef de l'énigme...

— Voici cette clef : la maisonnette dont il s'agit a des inconvénients sans nombre; mais sa situation les rachète tous...

— Ah! ah!... — voyons un peu... tu piques ma curiosité...

— Tu connais l'affreuse et prétentieuse villa louée par la grosse Amadis pour ma belle-sœur de la main gauche?...

— Oui.

— Tu sais que derrière cette villa s'étend un jardin d'un demi-arpent, appelé, je ne sais pourquoi, *le Parc aux Biches*...

— Je l'ignorais... mais quel rapport?...

— Tu vas voir... La bicoque que nous allons occuper pendant quelques jours se trouve située précisément derrière ce jardin; elle le domine et n'est séparée de lui que par un mur de clôture haut de six pieds tout au plus, et dont, en cas de besoin, l'escalade serait facile... — Comprends-tu maintenant?

— Je commence...

— Et trouves-tu, comme moi, la position avantageuse?...

— Je crois du moins qu'elle peut le devenir...

— Bref, si mon approbation doit t'être agréable, je te l'accorde sans conteste...

— C'est tout ce qu'il faut... — Présentement, je vais me mettre en route pour Paris...

— As-tu donné l'ordre de seller ton cheval?

— Pas encore. — J'ai tout lieu de croire qu'il

existe un moyen de faire la route en voiture...

— Quel est ce moyen ?

— Regarde dans la cour, je te prie...

Claudia quitta le coin du feu et s'approcha de la fenêtre.

— Que vois-tu ? — reprit M. de la Tour-Vaudieu.

— Des charrettes sous un hangar, et je ne suppose pas que ton projet soit de faire usage de semblables modes de locomotion...

— Regarde plus près... sous la fenêtre... — n'y a-t-il pas quelque chose ?...

— Ah ! oui... un fiacre jaune...

— Celui-là même que nous suivions hier, à distance, et qui amenait à Brunoy la femme Amadis et la belle Esther...

— Et c'est sur ce fiacre que tu comptes ?

— Sans doute...

— Peut-être ne doit-il quitter Brunoy que lorsqu'Esther et la matrone pourront retourner à Paris...

— Ceci est possible, j'en conviens... mais le contraire l'est aussi... — Je vais d'ailleurs savoir tout de suite à quoi m'en tenir...

Georges saisit le cordon de sonnette qui pendait à côté de la cheminée, et l'agita vivement.

Au bout d'une minute la porte s'ouvrit et Denis, le garçon d'hôtel que nous connaissons déjà, montra dans l'entre-bâillement sa figure effarée et stupide.

— Si c'est pour les côtelettes, — dit-il, — ça va-t-être prêt dans l'instant... — J'arrive de chez le boucher... — il aiguise son grand couteau et il n'attend que le mouton...

— En d'autres termes, — s'écria Chaudia en riant, — les côtelettes que cet imbécile me fait espérer depuis une heure sont encore vivantes !...

— L'hôtel du *Cheval blanc* peut se vanter, sans vanité, sinon de servir du moins de promettre de la viande fraîche aux voyageurs que leur mauvaise étoile lui amène...

— Eh ! il ne s'agit pas de côtelettes ! — interrompit Georges avec impatience, — vous avez en bas un cocher de fiacre, n'est-ce pas ?...

— Oui, monsieur.

— Que fait-il en ce moment ?

— Il déjeune avec un *restant* de haricot de mouton... et une bouteille de vin d'Argenteuil...

— Savez-vous si ce cocher se dispose à repartir pour Paris ?

— Ah ! pour ça, ma foi non, monsieur, je n'en sais pas le premier mot...

— Dites à cet homme de venir me parler ici, sur-le-champ...

— Oui, monsieur... — j'y vais...

— Allez donc plus vite, animal !

— J'y cours... monsieur... j'y vole... j'y bondis..

Et Denis descendit avec une parfaite lenteur.

Au bout de quelques secondes un pas lourd retentit dans l'escalier et s'arrêta devant la porte du n° 2.

En même temps un coup vigoureux fut frappé contre l'un des panneaux de cette porte.

— Entrez, — fit le marquis de la Tour-Vandieu.

Un grand et robuste garçon d'une trentaine d'années, à la figure ronde et rouge, aux cheveux d'un blond vif et coupés en brosse, obéit à cette invitation et franchit le seuil.

Ce garçon, vêtu du classique manteau à plusieurs collets que l'homérique Bilboquet des *Saltimbanques* devait rendre immortel quelques années plus tard, avait les pieds chaussés de gros sabots garnis de paille, et tenait de la main gauche un chapeau de cuir haut de forme et à petits bords.

Sa physionomie ouverte et joviale exprimait la bonhomie et l'intelligence.

— C'est-il vous qui voulez me parler, mon bourgeois, sans vous commander? — demanda-t-il en s'adressant à Georges qui se tenait debout devant la cheminée.

— C'est moi, en effet... — répondit le marquis, — si toutefois, comme je le suppose, vous êtes le cocher du fiacre jaune qui se trouve en ce moment dans la cour...

— Et vous ne vous trompez pas en supposant ça, mon bourgeois,.. — Pierre Loriot, pour vous servir; cocher du n° 13... — Un mauvais numéro, pas vrai?.. un numéro qui porte malheur, comme dit c't'autre... — et cependant nous nous portons tous pas trop mal, bêtes et gens et le carrabas, sauf vot' respect, et nous roulons avec agrément... ça, je m'en vante...

— C'est vous qui êtes arrivé ici hier au soir, amenant deux dames?...

— En personne *véridique* et naturelle, mon bourgeois.. — deux dames, dont une forte commère à qui ses quatre repas me font l'effet de crânement profiter !.. —'Ah! nom d'un nom... en voilà une qui fait honneur à son *sesque* pour ce qui est d'être bien en chair, et qui ressemble à la femme colosse qu'on montre dans une baraque, au boulevard du Temple, pour la bagatelle de deux sous. — Avec celle-là, on en ferait quatre comme l'autre, — une jolie petite demoiselle blanche et mignonne comme une sainte vierge. — Et quand on en aurait fait quatre, il resterait encore des morceaux...

— Dites-moi, mon ami, — reprit Georges, — ces dames vous ont-elles donné l'ordre de les attendre à Brunoy?

—Pour ce qui est de ça, mon bourgeois, nenni.. — la forte commère m'a payé mon voyage, prix convenu; rubis sur l'ongle, avec un pourboire conséquent... — Je ne lui réclame rien, au contraire, et je suis libre comme le zéphir...

— Probablement vous vous disposez à repartir pour Paris ?

— *Fectivement*, mon bourgeois, je m'y apprête..
— Les poulets d'Inde sont harnachés et ils ont mangé leur picotin du matin, pendant que de mon côté j'en faisais autant.... — (la nourriture est l'amie de l'homme, ne plus ne moins que du quadrupède !..) — Je m'en vas tout de ce pas 'les brider, et hop! en avant les cocottes!..

— Vous chargez-vous de me conduire à Paris en deux heures ?

— Et même quart moins, mon bourgeois, et même quart moins, et peut-être, sans me vanter, en une heure et demie... — On voit bien que vous ne connaissez pas les poulets d'Inde... — ils sont enfants de bonne mère ! Jamais le fouet, avec eux...
— la parole suffit !... — *Lafayette* et *La Charte* n'ont point leurs pareils, voyez-vous !.. — c'est des petits noms d'amitié que je leur ai donnés comme ça... — *Lafayette*, un alezan brûlé, borgne de l'œil gauche, qui détale comme pas un, et *La Charte*, une jument noire qui boitasse un peu en sortant de l'écurie, attendu qu'elle marche sur ses quatorze ans — mais il ne lui faut que cinq minutes pour se déraidir, et une fois lancée, nom d'un nom, les chevaux du roi ne seraient pas *fichus* de la rattraper..

— C'est bien, — dit alors M. de la Tour-Vaudieu, qui avait essayé vainement d'interrompre la loquacité de Pierre Loriot. — Prouvez-moi que vos chevaux méritent les éloges que vous leur prodiguez si libéralement, et vous aurez fait une bonne journée... — il y aura quinze francs pour vous si vous me menez à Paris en une heure trois quarts, et vingt-cinq si vous faites la route en une heure et demie..

— Suffit, mon bourgeois ! — s'écria le cocher rayonnant de joie, — je vas brider et atteler les poulets d'Inde, et nous jouerons la *fille de l'air* !.. — Hue donc, les sylphides !... — regardez votre montre et apprêtez vos vingt-cinq *balles*.. — Aussi vrai que je m'appelle Pierre Loriot, c'est de l'argent gagné !....

Le cocher du fiacre n° 13 pirouetta sur ses talons, et l'on entendit ses sabots épais claquer vivement sur les marchés de l'escalier.

Tout en descendant à toute vitesse, il murmurait avec l'apparence d'une profonde jubilation :

— En v'là de la chance, nom d'un nom !... — pour si peu que la bonne hasard m'envoie de temps en temps pas mal de journées comme celles d'hier et d'aujourd'hui, j'aurai bien vite les moyens de devenir mon propre cocher... — J'achèterai le numéro à mon bourgeois, qui justement ne demanderait pas mieux que de s'en défaire... j'épouserai Véronique, et j'aurai dans ma cave un gros tonneau de petit bleu !.. — Amour et *picton* à discrétion !..

en v'là une existence soignée!.. vive la Charte, et hop les cocottes!!

Avant que quatre minutes se fussent écoulées le cheval borgne et la jument boiteuse étaient attelés au fiacre jaune, et Pierre Loriot, depuis le milieu de la cour, criait tout du haut de sa tête:

— Ohé, le bourgeois du n° 2, v'là qu'est prêt..
— Nous roulerons quand vous voudrez.

— A ce soir, Claudia... — dit Georges en quittant la chambre.

— A ce soir, mon ami... — répliqua la pécheresse.

M. de la Tour-Vaudieu descendit. — Pierre Loriot referma sur lui la portière du fiacre, puis s'élança sur son siège, et l'équipage numéroté se mit en marche avec une vélocité douteuse.

Il est vrai que la jument noire n'avait pas encore eu le temps de se déraidir!...

CHAPITRE XXIV

Un spectacle à une fenêtre.

Huit heures du soir venaient de sonner à l'horloge de la petite église de Brunoy.

Il faisait nuit depuis longtemps déjà, mais le ciel était clair, aucun nuage n'en voilait les profondeurs, et la pâle clarté des étoiles rendait l'obscurité transparente.

Un cabriolet de régie, attelé d'un vigoureux cheval et parti de Paris vers six heures et demie, roulait à grand bruit sur la route pavée et s'approchait du village.

Au moment où il allait en atteindre les premières maisons, une voix vibrante s'éleva du milieu d'un fourré de jeunes arbres qui bordaient le chemin, et cria tout à coup :

— Georges, est-ce toi ?...

Le cabriolet s'arrêta aussitôt, et un homme en descendit.

Cet homme, — nos lecteurs l'ont deviné sans peine, — était le marquis de la Tour-Vaudieu qui venait de reconnaître l'appel de Claudia.

La jeune femme sortit du fourré dans lequel elle s'était mise en embuscade.

Elle prit Georges par le bras et elle l'entraîna à quelques pas, de manière à ce que le cocher, resté dans la voiture, ne pût entendre distinctement leur conversation.

— Ah! par ma foi! — s'écria M. de la Tour-Vaudieu, — s'il est une chose en ce monde à laquelle je m'attendais peu, c'est à te rencontrer ici!...

— Il y a plus de deux heures que je suis là.

— Plus de deux heures!!... Est-ce possible ?...

— C'est possible et c'est réel...

— Et dans quel but cette faction non moins inexplicable qu'infiniment prolongée ?

— Dans le but de t'empêcher d'arriver à l'auberge du *Cheval blanc*.

— Ah! bah!... Et pourquoi donc m'en empêcher, je te prie ?

— Eh! mon Dieu, tout simplement pour t'éviter de te trouver face à face avec ton frère..

— Le duc est ici!! — murmura Georges avec un brusque mouvement de contrariété et de surprise.

— Oui, mon cher, il est ici..

— Tu en es sûre.

— Je l'ai vu, depuis ma fenêtre, descendre de cheval dans la cour de l'auberge.. Je l'ai entendu demander à cet imbécile de Denis le chemin de la villa gothique louée par la femme Amadis...

— A quelle heure est-il arrivé ?

— A quatre heures...

— Et sans doute il s'est mis en route sur-le-champ pour aller rejoindre sa bien-aimée ?

— Il n'a pas perdu une minute..

— Quel amour !..

— Ah ! tu ne m'as jamais aimée de cet amour-là toi, Georges !.. — fit Claudia avec une intonation dont une grande comédienne aurait été jalouse.

Le marquis haussa les épaules.

— Tu es folle ! — répondit-il. — Je t'ai aimée à ma manière et tu me l'as rendu à la tienne. — Tu n'avais pas, j'imagine, la prétention de te faire épouser par moi...

La pécheresse ne répliqua rien — à haute voix du moins — mais elle se dit à elle-même :

— Deviens duc de la Tour-Vaudieu, millionnaire et pair de France, mon cher Georges, et nous verrons bien si, bon gré mal gré, tu ne fais pas de moi ta très légitime et très fidèle épouse...

Le plus ironique de tous les sourires accompagna ces derniers mots.

Georges reprit :

— Enfin, il ne s'agit en ce moment ni d'union, ni de jalousie, je suppose... — Il s'agit de ne point rencontrer monsieur mon frère, à qui je viendrais difficilement à bout d'expliquer d'une façon satisfaisante ma présence à Brunoy. — Qu'allons-nous faire ?

— C'est bien simple. — Je vais monter avec toi dans le cabriolet, qui nous conduira tout droit à la maisonnette où nous allons nous installer. — Une fois là, je retournerai seule à l'auberge, pour y solder notre compte, pour y prendre ma valise qui contient différentes choses indispensables, et pour recommander d'avoir grand soin des chevaux. — Mais, j'y songe, si le duc est entré dans l'écurie, ne peut-il pas avoir reconnu ton trotteur anglais et ta petite jument irlandaise ?..

— Il ne les connaît pas... — Monsieur mon cher frère et moi, nous avions cessé depuis longtemps tous rapports quand j'ai fait l'acquisition de *Cromwell* et de *Miss Judith*.

— A merveille... — En voiture donc... — Tu as mes robes ?.

— Oui, dans un carton. — Ta femme de chambre a jugé convenable d'y joindre un châle et un chapeau...

— Elle a bien fait. — C'est une fille d'esprit...

— Moi, de mon côté, je me suis muni de toutes sortes de provisions qui nous seront fort utiles dans notre ermitage...

— De quelles provisions parles-tu ?...

— D'une notable quantité de comestibles, tels que pâtés de foies gras, jambons de Westphalie, langues à l'écarlate, fruits confits, vin de Champagne et vin de Bordeaux. — Le caisson du cabriolet en est rempli.

— Bravo, mon cher Georges !... — Je t'applaudis des deux mains, et avec d'autant plus d'enthousiasme que j'ai, comme tu sais, fort médiocrement déjeuné ce matin, et que je n'ai pas du tout dîné ce soir... — Tes foies gras et tes jambons quadruplent mon appétit...

— Hâtons-nous d'arriver...

Georges et Claudia montèrent dans le cabriolet, qui repartit au grand trot, traversa Brunoy dans toute sa longueur, et ne s'arrêta qu'en face d'une très petite maison de pauvre apparence dont M. de la Tour-Vaudieu avait la clef dans sa poche.

Les deux complices mirent pied à terre. — Georges ouvrit la porte de la maison et alluma l'une des bougies dont il s'était muni en même temps que des provisions de bouche.

Le contenu du caisson fut déballé. — Le cocher payé largement reprit la route de Paris, et Claudia put enfin se livrer à l'examen de l'humble logis dans lequel elle allait s'installer vraisemblablement pour quelques jours.

Cet examen ne lui prit d'ailleurs que peu de minutes.

Georges n'avait en rien exagéré l'étroitesse et le dénûment de cette maisonnette, destinée à quelqu'une de ces familles de bourgeois parisiens, peu riches ou notablement avares, qui brûlent de sacrifier pendant la belle saison à la manie de la villégiature, mais qui ne peuvent ou qui ne veulent pas mettre le prix nécessaire à un établissement à peu près confortable.

La *bicoque* dont il s'agit — (il nous paraît véritablement impossible de lui donner un autre nom) — se composait de quatre petites pièces, deux au rez-de-chaussée, deux au premier étage.

Au-rez-de chaussée se trouvaient la cuisine et la salle à manger, l'une ornée de trois casseroles en fer blanc, d'une marmite en terre, d'un gril rouillé, d'une poêle à frire et de deux douzaines d'assiettes de faïence; — l'autre, meublée d'une table ronde en sapin et de six chaises de bois blanc.

Au premier étage on jouissait de deux chambres à coucher, munies chacune d'une table, de deux chaises et d'un lit sans rideaux d'une simplicité un peu plus que primitive.

Nous devons ajouter que Claudia ne parut accorder à ces détails qu'une attention superficielle.

Elle gravit rapidement l'étroit escalier qui de la cuisine conduisait à l'étage supérieur, elle posa sa bougie sur une des tables de toilette, et elle s'approcha de la fenêtre.

La maisonnette dans laquelle nous avons conduit nos lecteurs n'était séparée du jardin de la veuve Rougeau-Plumeau, nous le savons déjà, que par la largeur de la rue, ou plutôt du chemin, car il n'existait que deux ou trois chaumières de paysans, disséminées çà et là, sur toute la longueur de cette étroite voie de communication.

Depuis la fenêtre où se trouvait Claudia, on dominait l'enclos du Parc aux Biches et, les arbres étant presque absolument dépouillés de leurs feuilles, rien n'empêchait les regards de s'arrêter sur les derrières de la villa gothique.

En ce moment deux des croisées de l'IMMEUBLE dont la veuve Rougeau-Plumeau était à bon droit si fière, se trouvaient vivement éclairées par les lueurs combinées des lampes et du feu.

A travers le tissu des rideaux de vitrage, rendus transparents par les clartés intérieures, on voyait passer et repasser des formes vagues.

— Tu avais raison, Georges ! — s'écria la pécheresse, — la position est inappréciable... quel malheur de n'avoir pas ici une jumelle de spectacle !... — il aurait été possible, avec une lorgnette de grande dimension, de ne perdre aucun détail de ce qui se passe là-bas...

— J'ai pensé à cela aussi, ma chère... — répondit le marquis d'un ton triomphant.

— Et tu as apporté une jumelle ?... — demanda impétueusement la pécheresse...

— Voici la jumelle demandée...

— Allons, — murmura Claudia en étendant la main pour la prendre, — ta tête est meilleure et mieux organisée que je ne l'avais cru jusqu'à cette heure, mon cher Georges...

— Merci du compliment! — fit le marquis avec un sourire un peu contraint.

Cependant la pécheresse avait braqué sur la villa gothique les canons de sa jumelle, et nous prenons sur nous d'affirmer que jamais viveur hors d'âge, fortement épris des maillots couleur de chair de l'une de ces dames du corps de ballet, n'approcha de ses prunelles les verres grossissants avec une attention plus ardente et plus soutenue.

— Eh ! bien, ma chère, — demanda Georges au bout d'un instant, — vois-tu quelque chose ?...

— Pardieu !... — est-ce que je regarderais ainsi, si je ne voyais rien ?...

— Et le spectacle est-il intéressant ?

— Pas encore, mais d'une minute à l'autre il peut le devenir...

— Enfin, que se passe-t-il là-bas ?...

— La grosse Amadis, toute reluisante d'orfèvreries, est installée dans un fauteuil au coin du feu.

— Elle fait force minauderies, comme de coutume...

— Mon frère est-il là ?

— Oui, certes, il est là, avec cet imbécile de docteur Leroyer, qui pouvait si facilement nous tirer d'affaire et qui nous a si sottement refusé son concours... — Est-ce assez bête l'honnêteté !...

— Voilà un pauvre diable de médecin à qui l'on offre de gagner en cinq minutes, sans peine et sans danger, une somme au moins égale à celle que son métier lui rapporte en deux ans !... et il refuse !...

— Que lui demandait-on, cependant ?... — Moins

que rien... — Une erreur innocente... une simple distraction... un oubli... — Le sot personnage!... — Que de fatigues et d'ennuis son refus nous cause!... — Mais tout n'est pas dit... — Le hasard peut nous livrer un jour ce vieux fou... et ce jour-là, ennuis et fatigues, il nous paiera tout, largement !...

— Que fait mon frère?...

— Il marche dans la chambre, à grands pas et d'un air inquiet... — Ah! le voilà qui s'arrête en face du médecin...— il lui parle avec animation... — il lui prend les mains... — il l'embrasserait volontiers, Dieu me pardonne!... — Sans doute il lui recommande de mettre tous ses soins et toute sa science à l'opération dont l'heure approche.....

— Et la petite ?...

— Esther Derieux... — je ne la vois pas...

— Le duc, le docteur et la grosse Amadis sont bien dans la chambre d'Esther, cependant ?...

— Oui, mais la petite est couchée, et les rideaux me masquent le lit... — Ah! ah!... Voici quelque chose de nouveau...

— Quoi donc?...

— Ton frère devient pâle et semble chanceler... — La grosse Amadis quitte son fauteuil en toute hâte... — Le docteur s'approche du lit..... — Ou je me trompe fort, mon cher Georges, ou l'intérêt va commencer...

CHAPITRE XXV

Où le docteur Leroyer revient en scène.

Claudia ne se trompait pas.

L'intérêt du drame qui se joue en ce moment sous les yeux de nos lecteurs allait en effet commencer.

Laissons le marquis de la Tour-Vaudieu et sa complice continuer dignement leur rôle honteux et funeste d'espions, à travers les vitres du misérable logis où nous les avons vus s'installer, et où sans doute nous ne tarderons guère à les retrouver.

Rejoignons des personnages plus sympathiques, c'est-à-dire Sigismond, Esther et le docteur Leroyer, dans l'intérieur de la villa gothique de madame veuve Rougeau-Plumeau.

Mais d'abord, analysons aussi brièvement que possible les incidents graves ou minimes de la journée qui venait de s'écouler.

Cette journée commencera pour nous à deux heures du matin, chez le docteur Leroyer, au moment où Claudia, déguisée en homme, après avoir échoué si complètement dans sa tentative infâme, battait en retraite avec une prudente rapidité devant le canon du pistolet que braquait sur elle la main tremblante d'indignation du vieux médecin.

M. Leroyer referma précipitamment derrière la jeune femme la grille du jardin, et sans perdre une minute regagna son logis où il avait hâte de se sentir bien clos, et à l'abri du vague péril qui, selon toute apparence, demeurait suspendu au-dessus de sa tête.

Dans la salle à manger il trouva Suzon fort agitée et fort bouleversée. — La brave fille, mise en émoi par les éclats de voix de son maître, s'était jetée en bas de son lit, n'avait pris que le temps de passer un jupon et une camisole, et accourait aux informations avec beaucoup d'inquiétude et énormément de curiosité.

Nous ne reproduirons point l'interrogatoire en forme qu'elle fit subir au bon docteur *sur faits et articles*, comme disent messieurs les juges d'instruction.

Il nous suffira d'apprendre à nos lecteurs que, pour la première fois de sa vie, M. Leroyer refusa nettement et résolument de répondre aux questions catégoriques et multipliées de sa fidèle domestique. — De guerre lasse, celle-ci fut obligée de rejoindre sa chambre et son lit sans avoir rien appris, en proie à un étonnement indicible, à une indignation comique, et se disant de la meilleure foi du monde que la fin du monde était proche, puisque son maître devenait capable, après quarante ans de vie commune et de confiance illimitée, de garder un secret pour elle.

Le docteur, enfin délivré des investigations et des obsessions de Suzanne, verrouilla les portes de la maison, remonta dans sa chambre, fit jouer serrures et verrous, se glissa dans son lit, éteignit sa lampe et s'efforça de dormir...

Mais nous n'étonnerons personne en affirmant que ce fut en vain qu'il appela le sommeil et que jusqu'à l'heure où les premières clartés de l'aube vinrent blanchir le ciel du côté de l'orient, il ne put éloigner un instant sa pensée des mystérieux événements de la soirée précédente, et que le pâle et doux visage d'Esther et la sinistre beauté de Claudia passèrent et repassèrent sans trêve et sans relâche devant ses yeux largement ouverts.

C'est à peine si la pendule de la chambre à coucher venait de sonner sept heures du matin, qu'il était déjà levé, habillé, prêt à sortir.

Il avait fait sa toilette sans feu et s'était rasé à l'eau froide, ce qui constituait une double et énorme dérogation à ses habitudes.

Suzon, qui dès le point du jour nettoyait et mettait tout en ordre dans la salle à manger avec une propreté et une régularité vraiment flamandes, ne put retenir une exclamation de surprise en voyant apparaître le docteur.

— Jésus, mon Dieu, c'est-il bien possible!! — s'écria-t-elle ensuite d'une voix pleine de reproches et de gémissements : — Comment, monsieur, vous voilà sur vos jambes de si grand matin, après vous être couché tout au beau milieu de la nuit ! — Je me figurais bonnement que vous resteriez à dormir tranquille, tout en long et bien au chaud dans votre lit, au moins jusqu'au coup de neuf ou dix heures... et vous aviez même joliment besoin de ça pour vous reposer et vous refaire un tantinet ! — A votre âge !... — Mais, monsieur, mais, mon cher maître, dites-moi, vous êtes donc las de vivre, et vous voulez donc absolument vous mener à mal et vous envoyer *ad patres !*...

— Pas que je sache, ma bonne Suzon... — répondit le médecin en souriant.

— Si vous ne le savez pas, je le sais, moi, — reprit la servante, — et je vous garantis que ça ne me met point le cœur en gaîté...

— Il est d'une hygiène bien entendue de se lever de bonne heure, ma fille... — Si tu l'ignores, je te l'apprends...

— Quand on s'est couché de bonne heure, ça se peut... — mais ce n'est ma foi guère le cas aujourd'hui... — Enfin, qu'est-ce que vous allez faire, s'il vous plaît, à présent que vous voilà sur vos jambes, à des heures pareilles ?...

— Je vais sortir...

— Sortir ! et pour où aller ?

— Pour aller où je suis attendu, vraisemblablement...

— Personne n'est venu vous chercher ce matin.. donc personne n'a besoin de vous...

— En voilà assez, ma fille... — fit le docteur avec un commencement d'impatience, — en voilà même un peu trop... — Fais-moi le plaisir de me donner ma canne et mon chapeau...

— Mais, monsieur...

— Point de *mais!* — s'écria M. Leroyer, — s'il ne te plaît pas de me les donner, je vais les prendre...

— Les voilà, monsieur, les voilà... Seulement vous conviendrez qu'il est bien dur pour une pauvre fille aussi dévouée à son maître que je le suis...

— De ne pas pouvoir absolument et sans cesse dominer ce maître! — interrompit le médecin. — Non, ma fille, je ne conviendrai nullement de cela... — Fais-moi donc le plaisir de cesser des gémissements inutiles, et de laisser en repos tes yeux qui n'ont nulle envie de pleurer...

— Ah! monsieur, vous ne m'auriez pas dit cela autrefois! je vois bien qu'à présent je vous gêne, je vous fatigue, et que vous me prenez en grippe...

— Ma pauvre Suzon, tu deviens folle!...

— Tenez, je suis sûre que vous retournez encore chez ces gens qui sont arrivés d'hier au soir, et chez qui vous avez passé la moitié de la nuit...

— Eh! bien, quand cela serait?...

— Ils vous tournent la tête, ces gens-là... et je

parierais tout ce qu'on voudrait que ce sont eux qui vous indisposent contre moi...

M. Leroyer, tout en haussant les épaules, ne put s'empêcher de rire de la bizarre et absurde supposition de Suzon.

— Au moins, — reprit cette dernière, — reviendrez-vous déjeuner?

— C'est probable...

— Ce n'est donc pas sûr?

— Qui peut répondre de rien...

— Enfin, si vous revenez, ça sera-t-il à dix heures?...

— Je l'ignore.

— Comment, vous l'ignorez !!

— Parfaitement...

— Mais, alors, monsieur, comment vais-je m'y prendre pour tenir le déjeuner prêt?

— Comme tu pourras, ma fille, comme tu pourras...

— Si vous le faites attendre?

— Il attendra...

— Il sera brûlé ou refroidi et ne vaudra plus rien... comme le dîner d'hier au soir...

— Je le mangerai tel qu'il sera, brûlé ou refroidi, et s'il ne vaut plus rien le malheur ne sera pas bien grand...

Après avoir formulé cet aphorisme éminemment philosophique et digne d'un stoïcien tout à fait détaché des choses de ce monde, le docteur se coiffa de son chapeau, brandit sa canne à pomme d'ivoire et sortit de la maison, laissant la vieille servante en proie à une stupeur indicible.

Pendant quelques secondes, Suzon sembla métamorphosée en statue par les dernières paroles de son maître.

Lorsqu'elle revint à elle-même, sa douleur et son indignation s'exhalèrent d'une façon bruyante.

— Jour de Dieu ! — s'écria-t-elle, — où allons-nous ?.. je vous le demande !.. *Monsieur* me fait des mystères et des cachotteries !.. — *Monsieur* se lève sans feu par le froid ! — *Monsieur* trouve que le malheur ne sera pas grand de manger un mauvais repas ! — On m'a changé mon maître, bien sûr, et je ne le reconnais plus ! — mais, foi de Suzon, les choses ne peuvent pas se passer longtemps comme ça ! il faudra que ça finisse, et je ne resterai certainement pas sa domestique s'il prétend se mettre sur le pied de ne plus vouloir m'obéir !...

Tandis que Suzon formulait ainsi des résolutions insurrectionnelles, le docteur se dirigeait vers la villa gothique et promenait de seconde en seconde, à droite et à gauche, ses regards quelque peu inquiets, afin de se bien assurer que son étrange ennemi de la nuit précédente ne le menaçait pas.

Il arriva sans encombre — il fut reçu à bras ouverts par madame Amadis, qui le félicita chaudement de son exactitude et le conduisit auprès d'Esther.

Mademoiselle Derieux, malgré la fatigue de la veille, malgré les inquiétudes, — nous pourrions même dire les angoisses qui l'agitaient et qui étaient les conséquences inévitables de sa situation, — avait passé une nuit presque tranquille.

Le moment décisif ne semblait point immédiat — la suprême et terrible épreuve pouvait tarder de quelques heures encore.

Les choses étant en cet état, rien ne retenait à la villa gothique le docteur Leroyer.

Il adressa quelques paroles d'encouragement à la pauvre Esther — il promit une nouvelle visite pour l'après-midi, et il reprit le chemin de son logis où, à la grande joie de Suzon, il arriva longtemps avant l'heure du déjeuner, ce qui permit de lui servir divers petits plats cuits à point et d'une réussite incomparable.

Une partie de la journée s'écoula.

Vers trois heures, un coup de cloche retentit à la porte de la villa gothique.

Madame Amadis et la femme de chambre se trouvaient auprès de mademoiselle Derieux.

— Ça ne peut être que le docteur, — dit la veuve à la soubrette. — Allez lui ouvrir...

La femme de chambre obéit.

— Qu'avez-vous donc ? mignonne Esther, — demanda madame Amadis à la jeune fille qui, soulevée à demi, s'appuyait sur son coude et prêtait l'oreille avec une attention étrange. — Depuis ce coup de sonnette vous voilà toute je ne sais comment... — Il n'y a pas une minute, vous étiez blanche comme un lis... A présent vous voilà rouge comme une pomme d'amour. — Est-ce que le sang vous monte à la tête, ma chérie ?... — Il faudrait prendre garde à cela... — Voulez-vous que je vous mette deux ou trois oreillers sous les épaules ?...

Esther ne répondit pas.

On entendit la porte du vestibule s'ouvrir, puis se refermer.

— Mon agneau, ma tourterelle, ma colombe, — reprit vivement madame Amadis, — voilà que vous changez encore et que vous redevenez toute blanche!... — Ma parole d'honneur, ça me fait peur !... Vous avez l'air de ne pas m'écouter... — Vous êtes tremblante comme la feuille et vous avez les yeux plus brillants que des étoiles... — Est-ce la fièvre?... — Souffrez-vous?... — Ma belle mignonne, ma biche chérie, je vous en supplie, répondez-moi... — Donnez-moi votre petite main, bien vite, et dites-moi ce que vous avez...

— Ah ! madame, — balbutia Esther d'une voix que l'émotion faisait vibrer ainsi que les cordes d'une harpe, — n'entendez-vous pas comme moi?...

— J'entends que Justine vient de refermer la

porte, et que voici le docteur Leroyer qui monte...

— Non, madame, non... — répondit la jeune fille, — ce n'est point le docteur Leroyer...

— Vous croyez, mignonne ?...

— Ne voyez-vous pas que mon cœur bat ? — poursuivit Esther ; — ne voyez-vous pas que mon être tout entier tressaille à son approche ?... — Ne comprenez-vous pas que c'est lui ?...

— Lui ?... qui donc ?...

— Celui qui tient dans ses mains mon cœur et mon âme... celui qui est mon amour et ma vie... Sigismond, enfin, Sigismond !...

— Ce cher duc ! — s'écria madame Amadis. — Vous vous imaginez que c'est ce cher duc !... — Allons donc, belle mignonne, vous rêvez !... — Il est impossible que notre ami soit ici sans m'avoir prévenue... — Et, d'ailleurs, comment devineriez-vous...

Mademoiselle Derieux interrompit la veuve du fournisseur.

— Je ne sais pas si c'est impossible... — dit-elle avec impétuosité. — Je ne sais pas comment je devine... mais je sais bien que c'est Sigismond... mais je suis sûre de ne pas me tromper... et la preuve, madame, la preuve...

Esther n'eut pas le temps d'achever.

La porte s'ouvrit brusquement, et le duc de la Tour-Vaudieu s'élança vers la jeune femme qui lui tendait les bras.

CHAPITRE XXVI

Tableau d'intérieur.

— O Sigismond... — balbutia mademoiselle Derieux dont une joie surhumaine illuminait le doux et beau visage, — ô mon ami, que je suis heureuse ! — C'est toi ! c'est bien toi !... c'est ta main que je presse entre les miennes !... c'est ton regard qui se noye dans mes yeux !... — Va, je n'ai plus peur maintenant !... — Je défie la souffrance, je défie la mort même, puisque te voilà !.. — Qu'aurais-je à craindre, quand tu me protèges ?... — Quel danger pourrait m'atteindre en ta présence ?... car tu vas rester auprès de moi, n'est-ce pas, Sigismond ?... — Tu ne quitteras ton Esther que lorsque l'heure terrible sera passée ?... — Tu seras là, près d'elle, toujours là, pour lui donner la force et le courage dont elle aura tant besoin ?...

— Oui, mon enfant, oui, mon enfant chérie, — répondit le duc en mettant dans sa voix toutes les tendresses de son cœur, — je serai là, près de toi... — mes mains dans tes mains comme en ce moment... — Je ne m'éloignerai que lorsque tout sera fini, et le péril, si toutefois il existe, sera parti avant moi...

— Alors, — reprit Esther avec une touchante expression de confiance absolue, — je te le répète, je suis heureuse... bien heureuse, et je ne crains plus rien...

En cet instant madame Amadis jugea convenable d'intervenir et de prendre sa part de la conversation des deux jeunes gens.

— Cher duc, — dit-elle, — vous parlez d'*heure terrible*, de *péril*, et de trente-six autres choses également peu divertissantes, et vous en parlez comme de vrais enfants sans expérience, qui ne savent pas le premier mot de ces machines-là... Vous pouvez m'en croire, je m'y connais, moi, quoique grâce au ciel et à feu mon mari — (qui aurait pu être mon père, le digne homme) — je n'aie jamais passé par là... Donc, pour ce qui est du danger, il n'y en pas l'ombre de l'ombre... La chose ira toute seule, j'en réponds, et la belle mignonne que voici sera toute joyeuse et toute surprise d'en être quitte à si bon marché !... Et je ne prends point cela sous mon bonnet, non, ma foi !... — Je vous répète les propres paroles que me disait pas plus tard qu'il y a deux heures le docteur Leroyer en personne, un fameux médecin, rapportez-vous-en à moi pour ça, et le plus brave homme qui soit sous la calotte du ciel... — Vous n'avez qu'à la regarder, d'ailleurs, cette brebis chérie, et vous serez vite et tôt de l'avis du bon docteur et du mien... — Dévisagez-la moi donc un peu, pour voir... — Vous a-t-elle une mine de beau petit ange tout fraîchement descendu du paradis !! — Qui croirait, s'il vous plaît, que nous nous sommes *trimballées* hier de Paris à Brunoy dans un abominable fiacre, dans un vrai *cabas,* que l'enfer *patafiole* !!... Regardez-nous l'une après l'autre, cher duc, et vous verrez que c'est encore moi qui parais la plus fatiguée... — Il faut ajouter aussi, pour ne point mentir, que depuis hier on l'a mise dans du coton, la tourterelle bien-aimée, on l'a dorlotée, on l'a *chouchoutée* crânement bien, bref, enfin, comme elle le mérite, ni plus ni moins, et c'est assez dire...

Les écluses étaient ouvertes...

Madame Amadis laissait jaillir, avec une satisfaction manifeste, les flots un instant contenus de sa loquacité filandreuse et intarissable.

Le *speech* commencé par elle pouvait et devait continuer indéfiniment et mettre à une formidable et presque insoutenable épreuve la patience de ses auditeurs.

Sigismond arrêta ces cataractes.

— Chère madame, — s'écria-t-il en serrant avec force les mains de madame Amadis, — comment vous remercier jamais dignement ?... Comment vous témoigner ma gratitude immense, infinie, pour votre inépuisable bonté, pour vos soins affectueux, pour tout ce que vous faites enfin avec un cœur si incomparablement bon et dévoué ?...

La pourpre ardente de l'orgueil satisfait délicieusement, de la vanité chatouillée outre mesure, vint colorer le visage de la veuve sous les pastels qui le veloutaient.

Et, certes, il y avait de quoi !...

Un duc et pair étreignait affectueusement ses gros doigts et désespérait hautement de lui témoigner jamais sa gratitude d'une façon digne d'elle !

Quel honheur !

Et si, un peu plus tard, mademoiselle Derieux — (comme cela semblait extrêmement probable) — devenait la femme légitime de Sigismond, madame Amadis, ci-devant veuve Parpaillot, n'allait-elle pas se trouver la plus intime, la meilleure amie d'une jeune duchesse portant l'un des plus beaux et des plus vieux noms de France !...

Quel avenir !...

Louis-Philippe étant roi des Français, la nouvelle duchesse, il est vrai, s'abstiendrait probablement de paraître à la cour citoyenne ; mais qui sait, peut-être un jour Sigismond jugerait-il à propos de se *rallier*, et alors, sans aucun doute, Esther conduirait madame Amadis aux fêtes des Tuileries et la présenterait au roi..

Présentée au roi !...

Invitée chez la reine !...

Distinguée par les princes !...

Certes, le jour où un tel rêve serait réalisé, madame Amadis pourrait s'écrier comme le vieillard Siméon :

— Seigneur, j'ai assez vécu !.... Mes yeux ont vu ce qu'ils n'espéraient point voir...— Rappelez-moi, je puis partir...

— Cher duc,—répondit aux dernières paroles de Sigismond la grosse femme, dont l'imagination enflammée entrevit en un instant tous ces radieux mirages, — en voilà plus long qu'il ne faudrait, sapristi !... — Oui, parole d'honneur, vous me rendez honteuse et confuse en me remerciant et congratulant de cette façon-là... — Ce que je fais est bien peu de chose, mais enfin je le fais de mon mieux, et de tout mon cœur, je vous jure.. — A la bonne franquette, saperlotte !... à la bonne franquette !... Donc, je vous en prie, parlons d'autre chose...

Un nouveau coup de sonnette, annonçant cette fois l'arrivée du docteur Léroyer, vint interrompre ce dialogue si enivrant pour madame Amadis.

Le médecin confirma les paroles rassurantes de la veuve du fournisseur.

Pris à part par Sigismond et interrogé avidement par lui, avec prière de répondre la vérité toute entière, il affirma que la jeunesse, l'excellente constitution et la bonne santé habituelle de mademoiselle Derieux lui faisaient augurer d'une façon à peu près certaine une facile délivrance, et que la somme des chances heureuses lui semblait dépasser de beaucoup celle des chances défavorables.

On aime à croire ce qu'on espère...

Les convictions évidentes du docteur furent bien vites partagées par M. de la Tour-Vaudieu, qui sentit se dissiper presque absolument ses involontaires inquiétudes.

La femme de chambre Justine, que madame Amadis ne dédaigna point d'aider elle-même dans cette grave circonstance, avait composé à la hâte un dîner convenable.

Sigismond, charmé de l'intelligence, de la science modeste et de la bonhomie du docteur, invita ce dernier à partager ce dîner improvisé.

M. Leroyer, séduit par le charmante simplicité et les manières pleines de distinction et de courtoisie de celui dont il ignorait le nom et le titre, accepta sans se faire prier.

Le couvert était mis, non point dans la salle à manger qui se trouvait au rez-de-chaussée, mais dans une petite pièce attenant à la chambre où reposait Esther.

Ce repas fut presque gai et, malgré le nombre restreint des plats, les trois convives restèrent à table pendant près de deux heures.

Au bout de ce temps, le docteur et Sigismond

rentrèrent dans la chambre à coucher et s'approchèrent sur la pointe des pieds du lit de mademoiselle Derieux.

— Voyez, — dit M. Leroyer tout bas, — voyez comme cette belle enfant dort d'un calme sommeil, et quel souffle égal et doux soulève sa poitrine à des intervalles réguliers... — Et cependant le moment est proche.. — Je vous le répète, monsieur, j'ai confiance et bon espoir..

Sigismond serra la main du docteur.

La lampe fut placée sur un guéridon, et madame Amadis s'installa dans une bergère au coin de la cheminée où flambait joyeusement un grand feu.

Là elle subit l'influence somnifère d'un flacon de *crême des Barbades*, dont elle avait absorbé une dose notable après son dîner, sans doute pour suppléer à l'insuffisance du dessert.

Elle s'endormit profondément, et — qu'on nous passe cette comparaison triviale mais juste — elle se mit à ronfler comme une toupie d'Allemagne.

Ce sommeil ne dura d'ailleurs que quelques minutes.

Esther fit un mouvement dans son lit et ouvrit les yeux.

— Sigismond... — murmura-t-elle d'une voix faible.

— Je suis là, chère enfant...— répondit le duc ; — souffrez-vous ?...

— Non... je ne souffre pas... mais il me semble que je vais bientôt souffrir...

— Qu'éprouvez-vous donc ? — demanda le docteur.

— Quelque chose de bizarre et qu'il me paraît impossible d'expliquer, car je ne le comprends pas bien moi-même... — Il me semble que ma vie est doublée... il me semble que je recèle deux existences bien distinctes, dont l'une reçoit le contre-coup des tressaillements de l'autre... Enfin, et je ne saurai jamais vous dire combien cela est étrange, dans ma poitrine je sens battre deux cœurs...

Mademoiselle Derieux s'interrompit.

Un faible gémissement s'échappa de ses lèvres entr'ouvertes.

— Ah ! je savais bien, — balbutia-t-elle, — je savais bien que la douleur allait venir... — Sigismond... Sigismond, ta main... Je veux la sentir dans la mienne...

M. de la Tour-Vaudieu s'agenouilla auprès du lit et appuya ses lèvres sur la main brûlante d'Esther.

Le docteur Leroyer prit l'autre bras de la jeune femme et appuya son doigt sur la veine pour l'interroger.

Les gémissements devenaient plus distincts. — Des frissonnements soudains secouaient le corps de mademoiselle Derieux.

Cette crise n'était qu'un avant-coureur ; elle dura seulement quelques secondes, et le calme lui succéda.

Esther laissa tomber sa tête pâlie sur les oreillers.

— Du courage, mon enfant, — lui dit le docteur avec une émotion toute paternelle, — le moment difficile n'est pas encore venu, mais maintenant, il ne tardera guère...

Sigismond, que nous avons vu s'agenouiller devant mademoiselle Derieux, se releva doucement.

— Reste...— murmura Esther d'une voix presqu'indistincte, — ne t'en vas pas... il faut que tu sois là... il le faut...

Le jeune duc ne répondit que par un ardent baiser sur le front enfiévré de la pauvre enfant. — Ce baiser était la plus éloquente de toutes les promesses, et mademoiselle Derieux le comprit bien, car elle y répondit par un angélique sourire.

Un silence profond régna dans la chambre et se prolongea pendant deux ou trois minutes.

Ce silence fut interrompu par la pendule qui sonnait dix heures.

Le bruit argentin du marteau frappant le timbre réveilla en sursaut madame Amadis.

— Eh ! eh ! — fit-elle en bâillant d'une façon démesurée et en étendant les bras, — je ne sais pas si je me trompe, mais il me paraît bien que je viens de faire un petit somme...

Puis, sans transition, elle demanda :

— Avons-nous quelque chose de nouveau ?... Comment se porte notre chère mignonne ?...

Elle n'attendit pas la réponse à cette question, et elle se mit à expliquer au docteur, avec une volubilité excessive, qu'il lui semblait se sentir la tête lourde et l'estomac quelque peu chargé.

M. Leroyer, debout à huit ou dix pas du lit, et les yeux fixés sur le visage d'Esther, n'écoutait point la grosse femme.

Sigismond, pour distraire son impatience et son inquiétude, marchait rapidement dans la chambre.

Mademoiselle Derieux fit tout à coup un mouvement brusque et ses gémissements recommencèrent.

M. de la Tour-Vaudieu s'approcha du vieux médecin et lui saisit les mains avec une expression suppliante à laquelle il était impossible de se méprendre.

— Soyez tranquille, monsieur... — murmura le docteur, — tout ce qu'un homme peut faire avec l'aide de Dieu, je le ferai, je vous le jure...

L'heure suprême arrivait.

Esther se tordit sur sa couche comme se tord un sarment jeté dans un brasier, et elle poussa l'un de ces cris déchirants que jadis, aux jours sanglants de la torture, les bourreaux entendaient souvent.

Sigismond, déjà bien pâle, devint livide et chancela.

Madame Amadis s'élança de son fauteuil.

Le docteur Leroyer s'approcha du lit.

. . . .

C'est en ce moment que, dans la maison située de l'autre côté de l'enclos, Claudia Varni, les canons de sa jumelle braqués sur le spectacle que nous venons de décrire minutieusement, disait au marquis de la Tour-Vaudieu, son complice :

— Ou je me trompe fort, mon cher Georges, ou l'intérêt va commencer...

CHAPITRE XXVII.

L'heure fatale.

— Eh bien! — demandèrent à la fois Sigismond et madame Amadis, lorsqu'il eut été possible au docteur de se rendre compte de l'état de mademoiselle Derieux.

— Le moment est venu... — répondit le vieux médecin, — ce qu'il faut à présent c'est du courage, c'est du calme surtout...

Pendant une ou deux secondes les gémissements et les cris d'Esther s'éteignirent.

— Sigismond... Sigismond... — balbutia pendant ce court instant de répit la pauvre enfant dont le visage jusque-là si pâle était devenu pourpre, et que baignait une sueur ardente, — je souffre trop... je vais mourir... Ne m'oublie pas quand je ne serai plus là... — Souviens-toi de ta pauvre Esther qui t'aimait de toute son âme... — Et vous, mon Dieu, je vous implore humblement... pardonnez-moi l'unique faute de ma vie... pardonnez-moi... et prenez pitié de mon malheureux père qui va rester seul et abandonné dans ce monde...

La voix d'Esther faiblissait de plus en plus.

Cependant le duc, avidement penché sur ce lit qui peut-être allait devenir une couche d'agonie, entendit, ou plutôt devina ces mots :

— Ta main... donne-moi ta main... Sigismond...
— En exhalant mon dernier souffle, je veux la sentir dans la mienne...

Une convulsion effrayante arrêta sur les lèvres d'Esther les paroles qui peut-être allaient s'en échapper encore.

A cette convulsion succeda une sorte de râle, entrecoupé par des cris sourds et des lamentations désespérées.

. . . .
. . . .
. . . .
. . . .

Abaissons un voile sur les terribles péripéties d'une scène qu'il nous est impossible de décrire.

Sans doute, Balzac, dans l'*Enfant maudit* — un chef-d'œuvre — a conduit ses lecteurs au chevet de la couche sinistre où le triste héros de sa nouvelle allait venir au monde.

Sans doute, sa plume hardie n'a reculé devant aucun détail — elle a tout indiqué, avec la science implacable du chirurgien le plus consommé dans les mystères de son art.

Mais Balzac était un homme de génie, et, à ce titre, il pouvait tout oser.

Laissons donc s'écouler une heure.

Au bout de cette heure un vagissement aigu se mêla aux plaintes déchirantes de mademoiselle Derieux, qui se laissa retomber en arrière, anéantie, brisée, presque sans connaissance.

En même temps le docteur Leroyer élevait dans ses mains la chétive créature qui venait de pousser son premier cri, et la présentant à Sigismond, lui disait :

— Vous avez un fils, monsieur... — L'enfant me paraît bien constitué quoiqu'un peu chétif, et je crois pouvoir vous promettre qu'il vivra...

M. de la Tour-Vaudieu approchant ses lèvres de l'oreille du médecin lui demanda d'une voix haletante :

— Et la mère, monsieur?... la mère... — Maintenant que tout est fini, le péril est passé, n'est-ce pas?... — Vous avez la croyance, vous avez la certitude, qu'aucun danger ne menace la mère?...

— Je ne pourrai vous répondre que dans un instant... — murmura le docteur.

— Pourquoi ce retard? — Voyez mes angoisses?... — L'attente et l'indécision sont horribles et me tuent...

— Je comprends ce que vous souffrez, monsieur... mais je comprends aussi que c'est une certitude qu'il vous faut, et non point une parole banale d'encouragement et d'espérance... Patience, donc, patience! Dans quelques minutes seulement, je vous le répète, il me sera possible de vous répondre...

Tandis que s'échangeaient entre Sigismond et le docteur les paroles que nous venons de rapporter, les vagissements du nouveau-né continuaient.

Malgré l'état de prostration absolue dans lequel Esther se trouvait plongée et qui ressemblait à un évanouissement, ces vagissements arrivèrent à son oreille, ou plutôt à son cœur pour y toucher la fibre maternelle.

Semblable au corps inanimé que galvanise le courant d'une électricité puissante, la jeune malade ouvrit les yeux. — Elle se souleva par un effort inouï, surhumain et, étendant ses mains tremblantes vers le duc et vers le docteur, elle balbutia à deux reprises :

— Mon enfant... donnez-moi mon enfant...

— Esther, chère Esther, — s'écria M. de la Tour-Vaudieu, en mettant lui-même la faible créature dans les bras de la jeune femme, qui l'appuya contre son cœur et la couvrit de baisers.
— Le voici, *notre* enfant. — C'est un lien de plus... un lien sacré qui nous unit à jamais... — Nous serons deux pour l'aimer, comme nous sommes deux pour nous aimer... — Il sera beau comme sa mère, notre enfant... il portera un nom qui sera bientôt le tien... — il sera noble... — il sera riche... — il sera heureux, je te le jure !...

Esther, serrant sur ses lèvres une des mains de Sigismond, écoutait avec une ivresse indicible la douce musique de ces paroles...

Cependant le docteur Leroyer, debout auprès du lit, tenait la lampe de la main gauche et se servait de la main droite comme d'un réflecteur, pour concentrer toute la lumière sur le visage de mademoiselle Derieux.

Lorsqu'il eut achevé cet examen, qui dura près d'une minute, il replaça la lampe sur le guéridon et, prenant l'un des bras d'Esther, il appuya son doigt sur la veine.

Son visage restait impassible pendant que son œil fixe interrogeait les battements tumultueux du pouls, mais il eût été possible à un observateur attentif de remarquer une ride nouvelle et de mauvais augure creusée parmi les plis du front du vieillard par la contraction de ses sourcils.

— Vous avez beaucoup souffert, mon enfant, — dit-il ensuite à Esther d'une voix douce et basse, comme s'il eût craint de fatiguer les nerfs endoloris de la jeune femme ; — mais grâce au ciel tout est fini et, vous le voyez, heureusement fini...

— Il faut à présent, et avant tout, réparer vos forces épuisées, — il vous faut du repos... — dormez... — le sommeil est le plus souverain de tous les dictames... — C'est Dieu lui-même qui verse ce baume tout-puissant sur les souffrances du corps et de l'âme, pour les soulager et pour les guérir... — Donnez-moi donc cette chère petite créature qui, elle aussi, réclame mes soins, et que je vous rendrai bientôt... — Et maintenant fermez vite les yeux, — ajouta le docteur avec un sourire, — fermez les yeux et dormez, par *ordonnance du médecin*...

Mademoiselle Derieux, dont l'énergie factice n'existait déjà plus, obéit passivement.

Elle laissa M. Leroyer prendre le petit enfant que ses mains défaillantes n'avaient plus la force de presser contre sa poitrine.

Sa tête retomba sur l'oreiller.

Ses paupières empourprées s'abaissèrent sur ses grands yeux; — elle murmura encore une fois le nom de Sigismond, et elle céda sans résistance à la somnolence fiévreuse qui s'emparait d'elle victorieusement.

M. de la Tour-Vaudieu se tourna vers le docteur, et ses lèvres s'entr'ouvrirent pour l'interroger...

Mais d'un geste rapide le vieux médecin lui imposa silence et lui fit comprendre que le moment de répondre n'était pas encore venu.

Sigismond baissa la tête et attendit. — Ses angoisses, d'ailleurs, avaient diminué. — Il voyait Esther si calme qu'il lui semblait impossible d'admettre la possibilité d'un malheur.

M. Leroyer s'assit auprès du lit, il tira sa montre, et après avoir suivi la marche des aiguilles sur le cadran pendant un demi-quart d'heure, il appuya sa main successivement sur le front d'Esther et sur les deux tempes.

Tandis qu'il se livrait à cet examen, cette ride dont nous avons déjà constaté la présence se creusait de nouveau, et plus profonde encore, entre ses sourcils contractés.

Du front de la jeune femme ses doigts descendirent au poignet, et pour la seconde fois étudièrent longuement la veine.

Sigismond, — avons-nous besoin de le dire, — suivait du regard chacun des mouvements du docteur, comme si de ces mouvements eussent dépendu sa vie ou sa mort.

Et c'était en effet un arrêt de vie ou de mort que le vieillard allait prononcer.

Dans le fond de la chambre, auprès de la cheminée, madame Amadis, avec un zèle au-dessus de tout éloge, procédait à la toilette de l'enfant, l'enveloppait dans des langes de fine batiste, chauffés ni trop ni trop peu, et lui versait dans la bouche quelques gouttes de lait tiède, sucré et étendu d'eau.

On eût dit, en vérité, que la veuve du fournisseur avait fait une étude très longue est très approfondie des soins qu'il convient de prodiguer aux nouveaux-nés...

Il n'en était rien, nous le savons ; — mais il existe des *grâces* spéciales et de circonstance, pour nous servir d'une expression empruntée au langage des casuistes.

Le docteur se leva enfin.

— Eh ! bien, — lui demanda Sigismond tout bas, — maintenant pourrez-vous répondre ?..

M. Leroyer fit signe que oui.

— Parlez donc ! — reprit le duc, — au nom du ciel, ne me faites pas attendre plus longtemps !...

Le docteur s'approcha de la cheminée ; — il prit un flambeau et il dit :

— Venez.

— Où donc ? — demanda M. de la Tour-Vaudieu.

— Dans la chambre voisine.

— Ne pouvez-vous me parlez ici ?...

— C'est impossible.

— Pourquoi ?

— Vous le comprendrez tout à l'heure en m'écoutant.

Sigismond frissonna.

Les pressentiments les plus funestes revenaient en foule l'assaillir.

Il suivit en chancelant M. Leroyer dans la petite pièce où la table avait été mise pour le dîner.

Arrivé là, et lorsque la porte se fut refermée derrière lui, il se laissa tomber sur une chaise, en proie à une complète défaillance physique et morale.

Sa pâleur était effrayante. — Les gouttes d'une

sueur froide, pareille à celle de l'agonie, mouillaient la racine de ses cheveux.

— Monsieur, — dit alors le docteur d'une voix émue et avec une pitié profonde, car l'excellent homme comprenait bien ce qui devait se passer en ce moment dans le cœur bouleversé de Sigismond, — armez-vous de courage, je vous en supplie, — votre prostration m'épouvante...

— Du courage... — répéta le duc, — j'en aurai, je vous le promets... — Je suis un homme... je suis fort... — la souffrance peut me briser... elle ne pourrait m'abattre...

— C'est la vérité que vous voulez savoir, n'est-ce pas ?... — reprit le médecin.

— Oui, — la vérité tout entière...

— Quelle qu'elle soit ?...

— Ne voyez-vous pas que je m'attends à tout, et que la réalité la plus effroyable ne saurait aller aussi loin que les craintes qui me torturent...

— Eh bien ! la vérité, la voici : — l'état de notre jeune malade m'inspire des inquiétudes sérieuses et qui sont malheureusement trop fondées...

— Ainsi, — balbutia Sigismond dont le regard prit une expression déchirante, — le danger existe ?...

— Il existe... — il est imminent...

— Que redoutez-vous donc ?... — qui vous inspire ces horribles craintes ?...

— Avant une heure, j'en ai la certitude, une fièvre cérébrale se sera déclarée...

Sigismond baissa la tête et serra convulsivement ses tempes avec ses mains crispées, comme s'il eût voulu briser la boîte osseuse de son crâne.

— La fièvre cérébrale ! — répéta-t-il au bout d'un instant, en montrant au docteur son visage décomposé et presque méconnaissable, — mais, dans l'état d'épuisement et de faiblesse où la malheureuse enfant se trouve, c'est la mort !...

Le docteur ne répondit que par son silence.

CHAPITRE XXVIII.

Une décision.

— Ainsi donc, — reprit le duc, foudroyé par ce silence du médecin, — ainsi donc, c'est vrai?... c'est possible?... — elle va mourir, cette enfant si belle, si pure, si adorée!... — elle va mourir dans la fleur à peine épanouie de sa jeunesse!... — Ah! c'est horrible!... — Et vainement j'invoquerai le Ciel... vainement j'offrirai à Dieu de la laisser vivante et de prendre ma vie!... — Dieu sera sans pitié!... Dieu ne m'entendra pas!...

Puis, s'interrompant tout à coup, il s'écria avec impétuosité :

— Docteur, écoutez-moi... — Je suis riche, immensément riche... — Eh bien! sauvez-la... sauvez Esther, et je vous donnerai la moitié de ma fortune... — Je vous donnerai ma fortune toute entière s'il le faut!... — Voulez-vous...? dites!... voulez-vous?

Le vieux médecin rougit involontairement.

— Monsieur, — répondit-il d'un ton plein de dignité, — votre désespoir me commande l'indulgence, et je vous pardonne de tout mon cœur les paroles que vous venez de prononcer.

— Oh! oui... — murmura Sigismond, — pardonnez-moi... pardonnez-moi!... — si je vous ai blessé, c'est sans le vouloir... c'est sans le savoir... — Vous voyez bien que ma tête n'est plus à moi... — vous voyez bien que je suis si malheureux qu'il me semble que je vais devenir fou... — Docteur, cher docteur, en signe de pardon et d'oubli, donnez-moi votre main...

— La voici... — dit aussitôt M. Leroyer.

— Enfin, — continua Sigismond après avoir pressé à deux reprises la main loyale qui s'offrait à lui, — n'existe-t-il aucune chance de salut... — Esther est-elle donc condamnée à mort, irrévocablement et sans appel?...

— Je n'ai pas dit cela, — répliqua le docteur.

— Mais alors... alors... — balbutia le duc dont les yeux étincelèrent — vous espérez encore?... — Je vous le demande au nom du ciel, je vous le demande à genoux, dites-moi que vous espérez...

— Dans un corps de dix-huit ans, la nature offre d'immenses ressources... — fit M. Leroyer lentement et avec une sorte d'hésitation, — un malade n'est condamné sans appel que lorsque son cœur a cessé de battre... — Dans ma longue carrière de médecin, j'ai vu plus d'une fois des guérisons quasi miraculeuses et qui ressemblaient à des résurrections... — Bref, s'il est vrai que j'ai peu d'espoir, il est également vrai que je ne désespère point...

— Docteur, vous parlez de ressources de la nature... vous parlez de guérisons inattendues et miraculeuses, et vous ne parlez pas de la science... — la science cependant, elle aussi, opère des miracles...

— Trop souvent elle est impuissante...

— Ne tentera-t-elle rien aujourd'hui ?... — N'allez-vous rien entreprendre, rien essayer, pour lutter contre ce mal terrible, implacable, dont vous devinez si bien l'approche ?...

— Hélas ! — fit M. Leroyer en secouant la tête, — je ne suis qu'un pauvre médecin du village, à qui sa vieille expérience tient lieu parfois du savoir qui lui manque... — Aujourd'hui, je vous l'avoue, je tremble et j'hésite... — Certains remèdes hardis seraient peut-être sauveurs, mais l'énergie de ces remèdes m'épouvante... — J'ai peur qu'ils ne deviennent les alliés du mal qu'ils auraient mission de combattre...

— Que faire ? mon Dieu ! que faire ?...

— Un petit nombre d'heures suffiraient pour amener auprès de notre malade quelqu'un de ces princes de la science dont l'habileté presque sans bornes commande au mal et fait souvent reculer la mort... — Ce que je n'ose pas, il l'oserait, lui...

— Vous avez raison, docteur ! cent fois raison !... — s'écria le duc dont un rayon d'espérance illumina le visage décomposé. — Cette nuit même les premiers médecins de Paris seront ici... et s'il faut un miracle pour sauver Esther, ils feront ce miracle.. — Je vais partir...

— Avez-vous un cheval à votre disposition, monsieur?...

— Oui.

— Un bon cheval ?...

— Une jument de race pure capable de parcourir en moins d'une heure le chemin qui sépare Brunoy de Paris...

— Je ne vous adressais cette question, monsieur, que pour pouvoir vous offrir, le cas échéant, ma modeste monture... — Un pauvre bidet de médecin villageois... — Il n'est pas beau, mais il marche bien...

— Merci, docteur, merci, comme si j'acceptais... Je pars...

Sigismond fit deux ou trois pas vers la porte, mais au moment de sortir il s'arrêta et se retourna.

— Docteur, — demanda-t-il d'une voix tremblante, — à cette minute suprême où je vais m'éloigner de celle qui est tout pour moi, me jurez-vous au moins que j'ai la certitude de la retrouver vivante ?...

— Je vous le jure, — répondit M. Leroyer sans hésitation. — Si grand que puisse être le danger, il ne saurait devenir foudroyant... — la maladie suivra son cours naturel, et, qu'elle doive aboutir à une guérison ou à une catastrophe, elle n'en durera pas moins plusieurs jours...

— Ne m'avez-vous pas dit qu'avant une heure la fièvre cérébrale se sera déclarée ?...

— Je vous l'ai dit, et je vous le répète...

— Cette fièvre n'est-elle pas accompagnée de délire ?...

— Sans doute.

— Ce délire commence-t-il en même temps qu'elle ?

— Oui.

— Toujours ?

— Toujours, — ceci est une règle sans exception.

— Alors, dans une heure, ma pauvre Esther n'aura plus le libre usage de sa raison ?...

M. Leroyer fit un signe affirmatif.

Sigismond continua.

— Et, si les efforts de la science échouent... — si la malheureuse enfant doit succomber... — la mort viendra-t-elle la saisir et l'emporter sans qu'elle ait repris connaissance ?...

— Cela est probable et presque certain...

— Alors, — murmura le duc après un silence, — je ne partirai pour Paris que dans une heure...

— A quoi bon ce retard inutile, et même dangereux ?...

— A me donner le temps de remplir un devoir sacré...

M. Leroyer n'interrogea point, — mais la question que ses lèvres ne formulaient pas se lut clairement dans son regard.

Sa curiosité, du reste, fut promptement satisfaite.

— Docteur — reprit Sigismond, redevenu complètement maître de lui-même, ainsi qu'il arrive presque toujours aux hommes d'élite dans les circonstances solennelles, — j'ai une question à vous faire et un service à vous demander...

— Je suis prêt à répondre à la question, comme à rendre le service...

— Connaissez-vous le curé de Brunoy?

— Je le connais...

— Beaucoup?...

— Depuis vingt ans et quelques mois il est le desservant de cette commune... Mes relations avec lui datent de l'époque de son arrivée parmi nous...
— Nous sommes à peu près du même âge et nous nous voyons souvent...

— Enfin, vous l'estimez?...

— Je le regarde comme le meilleur des prêtres et le plus excellent des hommes... Sa prudence, sa discrétion, sa charité sont admirables et ne sauraient être surpassées...

— Je suis heureux de cette réponse, à laquelle

d'ailleurs je m'attendais, et j'en arrive au service que je réclame de vous...

— Je suis prêt.

— Soyez donc assez bon pour vous rendre chez le digne prêtre, votre ami, et pour le ramener ici avec vous...

Le docteur fit un mouvement de surprise.

— Ma prière vous étonne, monsieur? — demanda Sigismond.

— Elle m'étonne et elle m'afflige...

— Pourquoi?

— Parce que je crains que les conséquences de cette demande ne soient funestes à notre malade...

— Comment?... que voulez-vous dire?...

— Je ne suis point un impie, monsieur... — le vieillard qui doute de Dieu me paraît un méchant homme ou un fou... — Je m'incline devant les pratiques de la religion, et je comprends qu'au milieu des luttes suprêmes de l'agonie la présence du prêtre venu pour pardonner et pour bénir, console et fortifie la pauvre âme qui va s'envoler... — Mais, en ma qualité de médecin, je ne saurais admettre qu'on tue le corps pour sauver l'âme... — Or, je vous le déclare, dans l'état où se trouve notre malade, frapper vivement son imagination c'est porter à sa vie un coup fatal... — Elle comprendra bien que le prêtre ne viendrait pas si le danger n'était immense... — Elle se sentira condamnée, elle perdra la force nécessaire pour lutter contre la mort, et le dernier et le faible espoir de salut s'envolera... — Voilà ce que je pense, monsieur, voilà ce que je devais vous dire; mais si mes observations ne vous semblent pas convaincantes, si vous persistez dans votre première intention, je suis prêt à faire ce que vous demandez...

— Je persiste, docteur, et vous allez le comprendre... — La présence d'un prêtre dans cette maison n'a point le but que vous lui supposez... — Il ne s'agit ici ni d'une confession à recevoir, ni d'une absolution à donner...

— Et, de quoi donc alors ?...

— Il s'agit d'un mariage...

— Un mariage!! — répéta le médecin stupéfait.

— Oui, docteur... — Vous n'ignorez pas, je suppose, que dans certains cas, — heureusement bien rares, — la loi autorise ou plutôt tolère le mariage *in extremis*?...

— Je ne l'ignore pas, non, monsieur...

— Eh bien, je me trouve aujourd'hui dans l'un des cas prévus par la loi... — Je vais, par une réparation trop tardive, hélas!... donner mon nom à l'ange à qui mon cœur et ma vie appartiennent tout entiers... — Je vais légitimer l'enfant qui vient de naître... Je vais, en un mot, faire mon devoir, et vous êtes un trop honnête homme, pour ne me point approuver du fond du cœur...

— Et je vous approuve en effet, monsieur, de toutes mes forces!... J'ai toujours cru, comme l'Évangile, qu'il était plus beau de réparer une faute que de ne pas la commettre... — Je cours de ce pas chez l'abbé Simon et je le ramène avec moi... — Je serai l'un des témoins... — le bedeau, le marguillier et l'instituteur compléteront le nombre voulu... — Le presbytère et la maison d'école sont à cinquante pas d'ici... — Avant un petit quart d'heure nous serons de retour...

— Allez, docteur, et croyez que ma reconnaissance sera profonde et éternelle...

Le vieux médecin fit quelques pas vers la porte, mais au lieu de sortir il revint au jeune homme.

— Monsieur, — lui dit-il avec un embarras très visible, — excusez-moi, je vous prie... mais...

— Qu'y a-t-il ? — demanda Sigismond. — Je vous en supplie, docteur, parlez vite...

— Eh bien ! monsieur, — mon ami, l'abbé Simon, me questionnera peut-être... je devrais même dire : me questionnera très certainement au sujet de la personne qui sollicite le concours de son ministère dans une circonstance aussi grave... — et je ne vous cacherai pas qu'il me serait pénible d'être forcé de convenir vis-à-vis de lui que le nom de cette personne m'est absolument inconnu...

— Je comprends cela, docteur, — répliqua l'amant d'Esther, — et je vais vous sortir d'embarras à l'instant même... — Si l'abbé Simon, comme cela est probable en effet, vous interroge à mon

22.

sujet, vous lui répondrez que je suis le duc Sigismond de la Tour-Vaudieu, pair de France...

Le docteur Leroyer, après avoir entendu ce nom et ces titres, regarda pendant quelques secondes Sigismond avec une stupeur admirative qui, dans tout autre moment, eût paru souverainement comique.

Placé par le hasard en face d'un grand seigneur pour la première fois de sa vie, l'excellent homme était ébloui.

— Monsieur le duc, — balbutia-t-il, — je cours chez l'abbé Simon...

Et, après avoir salué jusqu'à terre, il traversa l'antichambre, descendit rapidement l'escalier, franchit le vestibule et se dirigea du côté du presbytère de toute la vitesse de ses petites jambes.

Deux ou trois minutes s'écoulèrent.

Le duc, debout et immobile, essuyait avec le revers de sa main quelques larmes qui tombaient de ses paupières et roulaient sur ses joues pâles.

Il fit ensuite un geste de résignation suprême, et il rentra dans la chambre où se trouvaient Esther et son enfant.

CHAPITRE XXIX.

Le curé de Brunoy.

Au moment où Sigismond rentra dans la chambre, mademoiselle Derieux dormait toujours, mais son sommeil, bien loin d'être calme et réparateur, ne devait lui apporter que fatigue et que souffrance.

En effet des tressaillements brusques, des mouvements nerveux continuels, secouaient le corps de la pauvre Esther.

Ses mains s'agitaient presque sans cesse comme pour repousser toute une légion d'agresseurs invisibles.

Des soupirs, des gémissements s'échappaient de ses lèvres comme dans une lutte douloureuse.

Enfin, l'ardente rougeur de son visage augmentait d'intensité de seconde en seconde, et prenait des tons d'un pourpre alarmant qui ne confirmait que trop les funestes pronostics du médecin.

Toujours assise au coin de la cheminée, madame Amadis berçait dans ses bras le petit enfant qui reposait de la façon la plus paisible.

— Est-il gentil, ce chérubin du bon Dieu ! — dit la grosse femme à voix basse, en montrant le nouveau-né à Sigismond ; — il vous ressemble déjà, mon cher duc... Il aura votre air distingué... je vois ça d'ici... — Ah! le beau mignon ! — *C'est un vrai n'amour ! c'est le joli n'amour à sa mémère !*...

Nous savons depuis longtemps que la veuve du fournisseur se préoccupait de façon médiocre du grand art des transitions.

Nous allons en avoir une preuve nouvelle.

— *A propos*, — demanda-t-elle brusquement, — qu'est-ce que ce bon docteur Leroyer vous a dit de notre petite Esther adorée ?..

— Des choses bien tristes et bien effrayantes... — murmura Sigismond.

— Si c'est possible !! — Ah! miséricorde ! que m'apprenez-vous là, cher duc ?... — Est-ce qu'il est véritablement inquiet, le docteur ?...

— Oui, et de la façon la plus grave...

— Seigneur, mon Dieu, oh! là là !... Qu'allons-nous devenir !... — Voilà une nouvelle qui me fait *perdre la tramontane*, savez-vous !... — Je n'y puis croire, non, en vérité, je n'y puis croire !... — Enfin, qu'est-ce qu'il redoute, ce diable de médecin *Tant-Pis ?*...

— Une fièvre cérébrale.

— C'est mauvais, je ne dis pas non, mais on en revient... on en revient même souvent...

— Malheureusement, la situation dans laquelle se trouve Esther centuple le danger...

— Que le bon Dieu nous préserve d'une catastrophe !... — D'abord, moi, je n'en ferais ni une ni deux, je me jetterais la tête la première dans la Seine... — ça, c'est la pure et vraie vérité, et je vous le dis comme je le pense, car enfin jamais, au grand jamais, je ne me sentirais le courage de reparaître devant le colonel Derieux sans lui ramener sa fille... — Ah ! mon cher duc, mon cher duc, comment nous tirer de là ?... — Oui, comment ?... — Vous êtes un homme de bon sens, vous avez dû prendre un parti... — Qu'est-ce que vous allez faire ?...

— Partir pour Paris dans une heure, et ramener ici les plus célèbres médecins...

— C'est une idée, ça, et une fameuse... seulement, croyez-moi, n'attendez point une heure... — ne perdez pas une minute... — partez tout de suite...

— Je ne puis partir avant le grand acte qui va s'accomplir dans quelques instants...

— De quel acte parlez-vous ?... — Qu'est-ce que vous appelez un grand acte ?...

— Mon mariage avec Esther...

Madame Amadis leva les mains et les yeux vers le plafond avec un véritable transport d'allégresse.

— Ah ! mon cher duc, — dit-elle ensuite, — que je vous embrasserais de bon cœur ! — J'ai beau me retenir, je ne réponds pas de moi... méfiez-vous !... — Vous allez donc enfin l'épouser, notre belle mignonne !... alors tout ira bien... — il n'y a plus de danger !... — Pour si malade qu'elle soit, voyez-vous, l'idée qu'elle est votre femme suffirait, à elle toute seule, pour la guérir de fond en comble... — C'est moi qui vous en réponds !

— Que Dieu vous entende !...

— Laissez donc ! — Je regarde la chose comme faite... — le meilleur et le plus sûr de tous les remèdes, voyez-vous, c'est la joie... — Et dites-moi, cher duc, quel est le brave curé qui va célébrer ce mariage-là ?

— Le curé de Brunoy.

— Quand arrivera-t-il ici ?

— Dans un instant.

— Vous l'avez donc envoyé chercher ?...

— Le docteur Leroyer s'est chargé de ce soin...

— Quel digne homme que ce docteur ! il me plaît tout à fait, je vous assure... Sa figure m'est revenue du premier coup, et je suis connaisseuse en physionomies... — Mais pourquoi n'ai-je pas pu prévoir qu'il y aurait ici un mariage ?... — je me serais arrangée de manière à pouvoir faire un peu de toilette... la moindre des choses... une robe décolletée et quelques diamants... — Je vous devais bien ça, et à ma petite Esther aussi. — Enfin, à l'impossible nul n'est tenu, et je prends mon parti en brave... — Si vous me trouvez suffisante, vous, un duc et pair, un simple curé de campagne serait mal venu à se formaliser de la simplicité de ma mise... — Je suppose que c'est votre avis?

Madame Amadis se regarda dans la glace verdâtre de la cheminée, et mit en bon ordre les orfèvreries de son corsage, puis elle reprit :

— J'imagine qu'on profitera de l'occasion pour baptiser le mignon chérubin que voici...

— N'en doutez pas... — répondit Sigismond, — le baptême de l'enfant s'accomplira en même temps que le mariage de la mère..

— Mon cher duc, voulez-vous me permettre de vous donner un bon conseil?...

— Oui, certes!...

— Eh bien, n'attendez pas que le curé soit arrivé dans cette chambre pour éveiller notre petite tourterelle et pour lui dire de quoi il retourne...
— Si notre tendre amie, voyez-vous, en ouvrant ses beaux yeux, trouvait un curé en face d'elle, il y aurait de quoi lui faire croire qu'elle est bien mal et lui causer une révolution... — Or, les révolutions, il n'y a rien de pis, témoin celle de 1830!... — Tandis qu'au contraire, en lui annonçant d'avance les choses, elle n'éprouvera point d'inquiétude et sera tout entière à la jubilation et au bonheur... — Qu'en pensez-vous?

— Je pense que vous êtes dans le vrai, chère

madame, et je vais suivre votre conseil à l'instant même...

Sigismond, en effet, s'approcha du lit d'Esther et, prenant une des mains de la jeune femme, il l'éleva jusqu'à ses lèvres contre lesquelles il l'appuya à plusieurs reprises, doucement d'abord, puis un peu plus fort.

Ce contact doux et caressant tira mademoiselle Derieux de la fiévreuse somnolence dans laquelle elle était plongée.

Ses paupières se soulevèrent.

Elle vit et elle reconnut Sigismond. — Elle lui sourit, et sa main se pressa d'elle-même contre les lèvres qui l'effleuraient.

— Mon enfant chérie, — lui dit le duc, — je suis de ceux qui croient que les grandes joies comme les grandes douleurs peuvent être funestes à ceux qui les éprouvent, et qu'une bonne nouvelle doit être annoncée avec autant de ménagements qu'un malheur...

— Puisque tu me dis cela... — balbutia Esther, — c'est que tu m'apportes une heureuse nouvelle... — Est-ce que je me trompe?

— Non, tu ne te trompes pas. — La nouvelle que je t'apporte est en effet la meilleure de toutes, et c'est pour cela que je veux te préparer à l'accueillir avec calme...

— Quelle que soit cette nouvelle, tu peux parler sans crainte... — Si grand que puisse être le bonheur que tu vas m'annoncer, je te promets de rester calme, je te promets de demeurer forte...

— Eh bien, sache donc, — et je ne pouvais t'apprendre cela plus tôt, car avant la naissance de notre enfant, toute émotion vive aurait été dangereuse pour toi, — sache donc, mon Esther adorée, que par un miracle qu'il faut bénir, mais que je ne saurais expliquer, les dispositions de ma mère à notre égard ont changé tout à coup, et que ce matin même au moment où j'allais partir pour venir te rejoindre, elle m'a accordé son consentement à notre mariage.

Le but et la nécessité de cet innocent mensonge nous paraissent si évidents, que nous ne ferons point à la perspicacité de nos lecteurs l'injure d'une explication inutile.

— Madame la duchesse consent à me nommer sa fille!! — s'écria Esther d'une voix tremblante d'émotion.

— Elle y consent... — reprit Sigismond, — elle fait plus, elle le désire. — Elle est prête à t'ouvrir ses bras en même temps que son cœur...

— Oh! que Dieu bénisse et récompense ta mère, mon ami!... — Je l'aimerai tant, qu'elle finira par m'aimer un peu... Va, je suis heureuse, bien heureuse... Et maintenant je n'ai plus rien à désirer en ce monde, puisque je vais t'appartenir pour toujours devant Dieu et devant les hommes, et puisque notre enfant aura le droit de porter ton nom et de t'appeler tout haut son père !... — Quel rêve, Sigismond !... — quel beau rêve !...

— Ne désires-tu pas savoir quand ce rêve se réalisera ?...

— Ce sera bientôt, n'est-ce pas? — Ton impatience, j'en suis sûre, est pareille à la mienne...

— Oui, bientôt, mon enfant chérie... — plus tôt sans doute que tu ne le crois... — Essaye de deviner quelle sera l'époque de cette union bénie?

— Le lendemain de notre retour à Paris, peut-être...

— Ce serait trop tard... — Le courage me manquerait pour attendre jusque-là, tant j'ai hâte de légitimer mon bonheur...

— Ainsi, nous nous marierons dans ce village ?...

— Sans doute...

— A l'église de Brunoy ?

— Non, puisque tu ne pourras pas sortir de cette maison avait quelques jours...

— Le curé de Brunoy consentira donc à venir célébrer notre union dans la chambre où nous sommes?...

— Il y consentira.

— Tu en as la certitude ?...

— Oui.

— Mais quand?...

— Je te le répète de nouveau, devine toi-même...

— Eh bien ! dans trois jours ?...

— Plus tôt que cela...

— Demain ?...

— Plus tôt encore...

Mademoiselle Derieux attacha sur Sigismond un regard étonné.

— Plus tôt que demain... — murmura-t-elle.

— Oui.

— Cette nuit même, alors ?... — Ce soir ?... — Mais, non, c'est impossible !. . Je ne puis ni le croire, ni l'espérer...

— Et tu as tort, — répliqua vivement Sigismond. Dans quelques instants le curé de cette paroisse sera près de nous. — Dans quelques instants, mon Esther, tu t'appelleras la duchesse de la Tour-Vaudieu !...

La jeune femme, à demi suffoquée par la joie et par la surprise, malgré les précautions oratoires de Sigismond, n'eut pas le temps de répondre aux dernières paroles qu'elle venait d'entendre.

CHAPITRE XXX.

Le curé de Brunoy (suite).

La porte s'ouvrit et le docteur Leroyer entra dans la chambre, accompagné de l'abbé Simon.

En même temps un bruit de voix au dehors annonça clairement que les trois témoins, à savoir, le marguillier, le bedeau et le maître d'école, avaient été laissés provisoirement dans la pièce voisine.

L'abbé Simon, nous le savons déjà par quelques mots de M. Leroyer, avait dépassé depuis plusieurs années les limites de l'âge mûr.

C'était un beau vieillard aux longs cheveux d'une blancheur argentée. —Des yeux d'un bleu pâle, dont le regard exprimait une bienveillance et une charité sans bornes, éclairaient sa figure presque incolore, à qui le ton de la peau et une multitude de petites rides croisées dans tous les sens donnaient une vague ressemblance avec un masque d'ivoire, jauni et fendillé par le temps.

— Monsieur le duc, — murmura le docteur Leroyer en s'approchant de Sigismond, — j'ai l'honneur de vous présenter l'abbé Simon, mon ami, curé de la paroisse de Brunoy... — Il vient d'être instruit par moi de ce que vous attendiez de lui et il s'est rendu aux graves raisons qui lui faisaient une loi de ne vous point refuser le concours de son ministère sacré... — En conséquence, le voici à votre disposition...

— M. le curé, — dit Sigismond en s'inclinant devant le prêtre, — je vous reçois avec le même respect que si Dieu lui-même se montrait à moi... — Je vous adresse mes actions de grâce avec la même ferveur que si je les adressais à celui dont vous êtes le digne représentant sur la terre...

— J'ai deux devoirs à remplir ici, monsieur le duc... — répliqua l'abbé Simon, — le premier, c'est de verser l'eau sainte du baptême sur la tête de l'enfant qui vient de venir au monde... — Le second, c'est de consacrer un mariage de réparation... — Je vais m'acquitter de l'un comme de l'autre... — l'enfant d'abord, la mère ensuite...

Le baptême de la frêle créature, à qui l'avenir réservait de si étranges destinées, ne dura que quelques minutes.

Deux ou trois gouttes d'eau jetées sur la tête de ce petit être vagissant firent de lui un chrétien, et le placèrent dans le giron de l'église catholique, apostolique et romaine.

Le docteur Leroyer, naturellement, fut le parrain, et madame Amadis fut la marraine.

Malgré la terreur et la tristesse dans lesquelles la plongeait la pensée du péril planant sur la tête d'Esther, que véritablement elle aimait autant qu'il lui était possible d'aimer, la veuve du fournisseur se sentait gonflée de joie et d'orgueil en se voyant pour filleul le fils aîné d'un duc et pair.

— Quand le *petiot* que voilà sera devenu grand, — se disait-elle avec une immense jubilation, — quand il sera général, ministre, ambassadeur, car il ne saurait manquer de devenir quelque chose de très illustre et de très haut placé, il m'appellera sa marraine et moi je l'appellerai mon *fillot*... — Ah! sapristi!... rien que d'y songer, j'en frétille d'aise!...

Nous avons raconté, au commencement de ce livre — (en traçant une rapide esquisse biographique de madame Amadis, veuve Parpaillot), — que la fille de la blanchisseuse de la place Maubert se nommait *Flore-Céphyse-Rosalba*.

De son côté, le docteur Leroyer s'appelait *Pierre-Sylvain-Népomucène*.

Aucune des appellations un peu trop fantaisistes de la marraine, cela se comprend, ne pouvait convenir au filleul. — Un seul des prénoms du parrain était acceptable.

Le fils du pair de France, le futur duc de la

Tour-Vaudieu, reçut donc au baptême les noms de *Pierre-Sigismond-Maximilien.*

Tandis que notre héros embrassait son enfant, l'abbé Simon s'approcha du lit d'Esther.

La jeune femme, par respect, voulut se soulever à son approche, malgré son anéantissement et sa faiblesse qui croissaient de minute en minute.

— Restez ainsi, mon enfant, — lui dit le prêtre avec une douceur toute paternelle, en arrangeant de ses mains les oreillers placés sous la tête de la malade, — restez ainsi... — Je viens à vous de la part de Dieu, comme un messager de paix, de pardon et d'espérance... — Vous allez, dans quelques instants, devenir la femme d'un galant homme que vous aimez et qui vous aime... — Vous devez vous présenter au sacrement de mariage avec une âme pure de toute faute?... Que faut-il pour cela : — un aveu... — un mouvement de repentir, et l'absolution du prêtre qui vous lavera des souillures terrestres... — Avant de vous donner la bénédiction nuptiale je vais entendre votre confession...

— Mon père, je suis prête... — balbutia la pauvre enfant, à qui la grandeur et la solennité de la situation causaient un frisson involontaire.

Nous connaissons la vie tout entière de mademoiselle Derieux.

Nous savons, et nous l'avons déjà dit, que dans son existence de dix-huit ans il n'y avait qu'une seule faute, et nous croyons fermement que, dans les balances de la divine justice, cette faute, malgré son apparente gravité, devait être trouvée bien légère...

La confession d'Esther fut courte.

— Mon père, murmura la jeune femme avec une humilité touchante quand elle eut achevé, pardonnez-moi, parce que j'ai péché... pardonnez-moi, car je me repens...

— Soyez pardonnée, mon enfant, — répondit le prêtre à voix basse, — soyez pardonnée et soyez bénie...

Sa main droite fit le signe du salut sur le front d'Esther; ensuite, se tournant vers Sigismond, il dit à voix haute :

— Maintenant, monsieur le duc, faites entrer les témoins, je vais célébrer votre mariage...

Madame Amadis, agenouillée dans un coin, et émue outre mesure sans trop savoir pourquoi, se coyait aux avant-scènes de l'Ambigu-Comique ou de la Gaîté, pendant une scène attendrissante, et pleurait à chaudes larmes.

Le docteur Leroyer ouvrit la porte qui séparait la chambre à coucher de la pièce voisine.

— Messieurs, — dit-il en s'adressant aux témoins, — vous êtes attendus par M. le curé, venez...

Les trois citoyens de Brunoy entrèrent aussitôt, en saluant gauchement et d'un air embarrassé.

Il était facile de voir que la curiosité de ces braves gens atteignait des proportions invraisemblables...

Tout en affectant une tenue réservée et discrète, ils promenaient autour d'eux, à la dérobée, certains regards avides et investigateurs dont messieurs les agents de police se réservent habituellement le monopole.

Leurs yeux vairons allaient de Sigismond à Esther, d'Esther à l'enfant, et de l'enfant à madame Amadis.

Ils se sentaient en plein mystère, en plein drame, et ils imploraient le mot de l'énigme, comme le voyageur égaré dans le désert implore l'oasis bienfaisante.

Sigismond venait de remettre à l'abbé Simon une feuille de papier sur laquelle se trouvaient écrits ses noms et prénoms ainsi que ceux de la fille du colonel.

— Messieurs, — dit le curé au bedeau, au sacristain et au maître d'école, après avoir jeté les yeux sur ce papier, — je vous ai amenés ici avec moi pour vous prier d'être témoins, conjointement avec M. le docteur Leroyer, du mariage de M. le duc Sigismond-Henri-Maximilien de la Tour-Vaudieu, pair de France, avec mademoiselle Esther-Éléonore-Henriette Derieux, ainsi que de la reconnaissance par les deux époux de l'enfant qui vient de naître et qu'ils vont légitimer par le mariage... — Le docteur Leroyer et M. Jean Durand seront les témoins du duc de la Tour-Vaudieu ; — MM. Denis Régnier et Mathurin Carré seront ceux de mademoiselle Esther Derieux.

FIN DU PREMIER VOLUME.

TABLE

		Pages.
CHAPITRE Ier.	— Un médecin de campagne	1
— II.	— Une petite nouvelle de grande importance	20
— III.	— L'analyse d'un vieux roman	38
— IV.	— Ce qui se dit, par une nuit de novembre, dans la villa gothique de madame veuve Rougeau-Plumeau	60
— V.	— Ce qui se dit, par une nuit de novembre, dans la maison blanche du docteur Leroyer	77
— VI.	— A l'auberge du Cheval-Blanc	97
— VII.	— Georges et Claudia	111
— VIII.	— Sigismond	127
— IX.	— Deux loges à l'Opéra	140
— X.	— La solution d'un problème	151
— XI.	— A la recherche d'un nom	165
— XII.	— Amour, amour, quand tu nous tiens.	183
— XIII.	— Madame Amadis	201
— XIV.	— Esther et Sigismond	213
— XV.	— Esther et Sigismond (suite)	230
— XVI.	— Préludes d'amour	243
— XVII.	— Une situation sans issue	252
— XVIII.	— Parti pris	263
— XIX.	— La mère et le fils	273
— XX.	— Esther	296

TABLE.

		Pages.
CHAPITRE XXI.	— Dernières explications............	307
— XXII.	— Le réveil de Claudia............	321
— XXIII.	— Pierre Loriot.................	331
— XXIV.	— Un spectacle à une fenêtre.......	341
— XXV.	— Où le docteur Leroyer revient en scène.................	350
— XXVI.	— Tableau d'intérieur............	360
— XXVII.	— L'heure fatale................	371
— XXVIII.	— Une décision.................	381
— XXIX.	— Le curé de Brunoy............	391
— XXX.	— Le curé de Brunoy (suite).......	400

FIN DE LA TABLE DU PREMIER VOLUME.

Clichy. — Impr. Paul Dupont, 12, rue du Bac-d'Asnjères, (13-9-79).

www.ingramcontent.com/pod-product-compliance
Lightning Source LLC
Chambersburg PA
CBHW052131230426
43671CB00009B/1210